Gerhard Merget
unter Mitarbeit von Jochen Hock, Hermann Schwind und Elisabeth Wilczek

Erziehen mit Musik

Stam 1600.

www.stam.de

Stam Verlag
Fuggerstraße 7 · 51149 Köln

ISBN 3-8237-**1600**-X

Inhaltsverzeichnis

Vorwort

Das vorliegende Lehrbuch wurde in erster Linie für die musikpädagogische Ausbildung von Erzieherinnen und Erziehern an Fachakademien und Fachschulen für Sozialpädagogik entwickelt. Daneben kann es im Studiengang Sozialpädagogik an Fachhochschulen und ebenso im Lehramtsstudium Grundschuldidaktik eingesetzt werden.

Angehende Erzieherinnen und Erzieher sind keine musikalischen Fachleute. Sie bringen für ihre Ausbildung in der Regel weder spezielle musikalische Kenntnisse und Fähigkeiten noch überdurchschnittliche Motivationen für den musikalischen Bereich mit. Dennoch sollen sie nach Abschluss der Ausbildung in der Lage sein die Musikerziehung in ihre pädagogische Arbeit planvoll einzubauen und musikalische Aktivitäten mit Gruppen durchzuführen. Erschwerend kommt hinzu, dass die sozialpädagogische Arbeit in gänzlich **unterschiedlichen Berufsfeldern** stattfinden kann. Mit Kinderkrippe, Kindergarten, Hort, stationärer Jugendhilfe, Jugendarbeit sowie Sonder- und Heilpädagogik ist das breite Feld der unterschiedlichen sozialpädagogischen Einrichtungen nur grob strukturiert.

Die Ausbildung in Musikerziehung erhält somit eine **Mehrfachaufgabe**. Sie muss die Studierenden musikalisch motivieren, sie muss grundlegende musikalische Kenntnisse und Fähigkeiten vermitteln und sie muss eine umfassende didaktisch-methodische Qualifikation ermöglichen.

Inhalt und Aufbau des Buches orientieren sich an dem **Lehrplan** des Faches Musikerziehung für die Fachakademie für Sozialpädagogik in **Bayern von 1994**, an dem ich selbst mitgearbeitet habe. Das Buch gliedert sich in zwei Teile mit unterschiedlichen Ansätzen.

Teil A vermittelt die didaktisch-methodische Kompetenz für die konkrete Arbeit mit Gruppen. Die Themen der einzelnen Kapitel ergeben sich aus den Erscheinungsformen der Musik, die die sozialpädagogische Arbeit bestimmen: das Kinderlied und der Kindervers, das Klangspiel, die Klangszene, der Tanz, das Musikwerk als Gegenstand des bewussten Hörens sowie die Popularmusik. Es wird nicht als sinnvoll erachtet diese Erscheinungsformen nach verschiedenen Tätigkeitsfeldern und Zielgruppen inhaltlich oder methodisch zu trennen. Vielmehr wird davon ausgegangen, dass diese Inhalte der elementaren Musikerziehung für alle Tätigkeitsfelder von Bedeutung sind. Neben dem didaktischen Aspekt erwerben die Studierenden dabei eigene praktische Erfahrung und musikalisches Können.

Dennoch erschien es notwendig im **Teil B** einige theoretische und musikpraktische Grundlagen gesondert bereitzustellen. Dies ist insbesondere die Musiklehre, zunächst als theoretischer Überblick zum Nachschlagen (Kap. 7), dann als praktischer Lehrgang mit Rhythmen (Kap. 8) und schließlich mit Melodien und Akkorden (Kap. 9) sowie die Beschäftigung mit der Funktionsweise der menschlichen Stimme (Kap. 10). Diese Inhalte bilden ganz bewusst den zweiten Teil des Buches um nicht den Eindruck zu erwecken, dass zunächst die Grundlagen erarbeitet werden müssten, bevor mit der eigentlichen Aufgabe begonnen werden kann. Beides geht Hand in Hand und kann auf vielfache Weise miteinander verknüpft werden.

Zur Auflockerung der Lektüre sind im ganzen Buch **Abbildungen der elementaren Instrumente** mit erläuternden Versen verteilt. Die Verse können darüber hinaus zur rhythmischen Übung und zur praktischen Arbeit mit Kindergruppen verwendet werden.

Ein besonderer Dank gilt den Co-Autoren für die Beiträge aus ihren Spezialgebieten:

Elisabeth Wilczek	Kap. 4 Tanz
Jochen Hock	Kap. 6 Popularmusik,
	Beiträge zu Kap. 7 Musiklehre
Hermann Schwind	Beiträge zu Kap. 5 Musikhören

Elisabeth Wilczek unterrichtet an der Fachakademie für Sozialpädagogik in Hof in den Fächern Musikerziehung und Rhythmik und hat Tanz und Bewegung als Schwerpunkt ausgebildet. **Jochen Hock** unterrichtet an einer städtischen Musikschule, leitet Kinderbands und Jugendchöre, betreibt ein eigenes Aufnahmestudio und ist als Musiker und Komponist in verschiedenen Bands tätig. **Hermann Schwind** unterrichtet an der Fachakademie für Sozialpädagogik in Aschaffenburg und widmet sich als gelernter Orchestermusiker in besonderer Weise dem Musikwerk.

Ein weiterer Dank gilt schließlich meinen Studierenden an der Fachakademie für Sozialpädagogik Aschaffenburg, die durch ihre engagierte Mitarbeit, ihre Fragen und ihre Vorschläge wertvolle Bestätigung und Anregungen für die Entwicklung meines Ausbildungskonzeptes gegeben haben.

Bekanntermaßen sind die Studierenden an Fachakademien und Fachschulen für Sozialpädagogik überwiegend weiblich ebenso wie die Erzieherinnen in der Praxis. Wenn auch jeder männliche Erzieher besondere Beachtung verdient, so werden diese es sicher verstehen, wenn in den folgenden Texten fast ausschließlich von der „Erzieherin" die Rede ist.

Gerhard Merget

1   Das Kinderlied: Singen und Spielen

Wer eine Kindergruppe fragt: „Wollen wir etwas singen?", wird sicher bei einem Teil Zustimmung finden. Wer aber fragt: „Wollen wir ein Spiel machen?", wird meist alle auf seiner Seite haben. Kinder sind von sich aus zum Spielen motiviert. Alles, was mit Spielen zu tun hat, tun sie gerne. Im Spiel entwickeln sich Fantasie, Kreativität, Intelligenz und Persönlichkeit.

Singen ist zwar wie das Spielen zweckfrei, aber das Absingen eines gelernten Textes ist für sich genommen noch kein Spiel. Solange Kinder stillsitzen und nur nachmachen, was sie vorgemacht bekommen, lernen sie zwar, aber sie spielen noch nicht. Singen wird dann zum Spielen, wenn das Kind durch weitere Aktivitäten angeregt wird an dem Lied teilzuhaben, es zu erleben. Solche Aktivitäten ergeben sich aus den *Spielideen*, die Kinderlieder enthalten und die man aus den Liedern herauslesen muss. Spielideen sind sehr vielfältig und haben in jedem Lied andere Ausformungen. Es lassen sich jedoch vier grundlegende Spielideen unterscheiden, mit denen sehr viele Lieder zum Spiellied gemacht werden können:

- das Erfinden weiterer Strophen,
- das Darstellen von Geschichten,
- die tänzerische Bewegung im Raum,
- die Bewegung am Platz durch Ausführen von textbezogenen Gesten.

Natürlich können auch mehrere dieser Spielideen oder Mischformen in einem Lied enthalten sein. Im Folgenden werden zu diesen vier Spielideen Beispiele und die methodischen Schritte der Liedvermittlung vorgestellt.

> *Spiellieder* sind also solche Lieder, in denen man eine Spielidee entdecken kann, so dass das gemeinsame Singen durch eine andere spielerische Aktivität ergänzt und bereichert wird. Ob ein Lied ein Spiellied ist oder wird, hängt im Wesentlichen von der methodischen Fantasie der Erzieherin ab. Spiellieder in diesem Sinne haben besonderen pädagogischen Wert, da sie der Spielhaltung des Kindes gerecht werden. Darüber hinaus besteht zwischen Singen und Spielen ein Motivationszirkel: Durch das Spielen steigt die Erlebnisqualität des Singens und umgekehrt. Durch die Gemeinsamkeit von Singen und Spielen wird das Kinderlied ganzheitlich erlebt.

Im Kindergarten gehört der kreative Umgang mit dem Kinderlied zum beruflichen Alltag der Erzieherin. Auch in der Kinderkrippe oder in Gruppen mit behinderten Kindern ist das Kinderlied ein fester Bestandteil der inhaltlichen Planung. Hierbei genügt es nicht einige schöne Kinderlieder zu kennen und der Gruppe vorsingen zu können. Kinder wollen Lieder nicht nur *singen*, sie wollen auch mit ihnen *spielen*, sie wollen von Liedern berührt und angeregt werden. Die Aufgabe der Erzieherin ist es die dafür richtigen Lieder auszuwählen und sie für die Kinder zum musikalischen Erlebnis werden zu lassen.

Aufgaben

1 Was versteht man unter einem Spiellied?

2 Worin besteht sein besonderer pädagogischer Wert?

3 Welche grundlegenden Spielideen lassen sich unterscheiden?

1.1 Liedvermittlung in Kindergruppen

Wenn Kinder Lieder als Spiel erleben wollen, dann wollen sie sie auch spielend lernen. Vorsprechen – nachsprechen, vorsingen – nachsingen – das hat mit dem Spielbedürfnis des Kindes nicht viel gemein. Es ist vielmehr eine schulische Methode, die angebracht sein kann, wenn die Kinder von einem Liedblatt ablesen können. Wenn man ein Lied erst „lernen" muss, bevor man zum Spielen kommt, dann ist bereits viel von der Faszination des ganzheitlichen Erlebnisses vertan. Spielen und Singen gehören von Anfang an zusammen; die Spielidee muss beim ersten Kontakt mit dem Lied zum Zuge kommen.

Natürlich kann die Aneignung eines Liedes nicht in einer Stunde oder an einem Tag geschehen. Wichtig ist, dass das Lied über einen längeren Zeitraum immer wieder aufgegriffen wird. Dadurch kann sich das Singen und Spielen erst mit der erforderlichen Selbstverständlichkeit entfalten. In diesem Prozess wird sich schließlich zeigen, ob sich die Gruppe das Lied zu eigen macht oder nach einigen Wiederholungen wieder fallen lässt. Dennoch ist das erste Kennenlernen eines Liedes von entscheidender Bedeutung, da es sich auf die weitere Motivation auswirken wird.

Dieses erste Kennenlernen wird hier im engeren Sinne als Liedvermittlung bezeichnet. Für die **Liedvermittlung** *gilt als* **wichtigster Grundsatz:** *Die Liedvermittlung geht niemals von dem Auswendiglernen des Liedtextes, sondern von der Spielidee aus.*

Wie das im Einzelnen geschehen soll, wird in den folgenden Abschnitten an Beispielen erarbeitet.

1.1.1 Spielidee: Strophenerfindung

Wenn ich ein Kuchen wär

T.: D. Kreusch-Jakob; aus: D. Kreusch-Jakob: Das Liedmobil, Verlag Ellermann, M.: G. Merget

Für weitere Strophen müssen neue Speisen eingesetzt werden. Diese müssen nicht immer nur zwei Silben haben. Auch Worte mit drei und vier Silben lassen sich mit kleinen rhythmischen Veränderungen ohne Probleme einbauen.

Zum *Kuchenlied* ist nur eine Strophe angegeben. Es fällt jedoch nicht schwer weitere Strophen zu ergänzen. Man braucht nur eine andere Speise zu wählen und dementsprechend zu überlegen, was man auf die Speise „drauf tut" und schon ergibt sich ohne einen Reim finden zu müssen eine neue Strophe.

Z. B.:   Wenn ich ein Braten wär … schütt ich noch Soße drauf …
        Wenn ich ein Pfannekuchen wär … streich ich Marmelade drauf …

> *Lieder, die so aufgebaut sind, sind Strophen-Erfindungslieder.* **Strophen-Erfindungslieder** *beruhen auf einem Textmodell, das in jeder Strophe gleich bleibt. Damit können neue Strophen gebildet werden ohne Reimwörter suchen zu müssen.*

Diese Spielidee gilt es bei der **Liedvermittlung** zu nutzen. Falsch wäre es fünf Strophen mit den Kindern zu üben und sie dann zu fragen, ob sie auch noch eine Strophe wüssten. Vielmehr wird das Lied von Anfang an mit den Kindern entwickelt.

Das Vorsingen der ersten Strophe löst bereits genügend Motivation aus, da es eine lustige Idee ist sich in einen Kuchen zu verwandeln und sich selbst aufzuessen. Nach dem ersten Vorsingen wird die Strophe kurz (!) durch zeilenweises Vor- und Nachsingen eingeübt. Dazu ist kein Begleitinstrument erforderlich. Das unbegleitete Singen ist in dieser Phase der Liedvermittlung direkter und flexibler. Keinesfalls ist ein langwieriges Üben gemeint, bis das letzte Kind mitsingt und den Text auswendig kann. Es soll sich lediglich um eine erste Annäherung an Text und Melodie handeln. Die Festigung erfolgt durch die folgenden Wiederholungen. Diese sind aber durch die Spielidee motiviert und werden daher vom Kind nicht als Übung aufgefasst.

Schon jetzt werden die Kinder zur Strophenerfindung aufgefordert: „Überlegt mal, welche Speise ihr sein wollt, und was ihr damit macht, damit sie euch besonders gut schmeckt?" Die Kinder bringen jetzt noch keine fertige Strophe ein. Sie nennen zunächst eine Speise, etwa Pommes Frites. Die Erzieherin bezieht diese Idee sofort auf die Melodie und beginnt zu singen: *„Wenn ich eine Pommes wär und selbst versuchen könnt, wie ich mir schmeck ..."* Die Kinder werden sofort einstimmen. Nach der Hälfte bricht die Erzieherin den Gesang ab und fragt, wie diese Speise verfeinert wird. In der Regel kommt nun als Vorschlag: „Ketchup", und es geht weiter mit: *„... streich ich noch Ketchup drauf, ess mich dann selber auf und schon bin ich weg."* Diese Strophe kann dann noch einmal zusammenhängend wiederholt werden, bevor die nächste Idee aufgegriffen wird. Natürlich muss jetzt darauf geachtet werden, dass nicht ein Kind mehrere Vorschläge einbringt, bevor alle anderen, die möchten, ihre Speise genannt haben. Dabei macht es gar nichts, wenn eine Speise zweimal vorkommt. Am besten ist es, wenn jedes Kind eine Idee äußert. Auf diese Weise wird die Strophe so oft gesungen wie Kinder in der Gruppe sind, ohne dass es langweilig wird. Die Liedvermittlung soll nicht möglichst schnell gehen, sondern möglichst lange dauern. Dieses Verweilen gelingt durch die Nutzung der Spielidee.

Im Laufe der Wiederholungen durch die Vorschläge der Kinder kann die Erzieherin allmählich weitere Abwechslungen einfließen lassen, indem sie z. B. die Pausen durch Klatschen ausfüllt. Begonnen wird am besten mit den beiden Pausen im vorletzten Takt: ... und schon bin – – ich – – weg. Bei weiteren Wiederholungen könnten immer mehr Pausen durch Klatschen ausgefüllt werden. Auch das wird für die Kinder zu einem spannenden Spiel. Ebenso kann die Erzieherin nun zur Steigerung mit einem Instrument (z. B. Gitarre, Stabspiel) begleiten.

Neben der Spielidee *Strophenerfindung* steckt in dem Lied auch die Spielidee *Bewegung*. Sie steht hier erst an zweiter Stelle, weil die gleichzeitige Berücksichtigung zweier Spielideen die Gruppe verwirren würde. Das soll aber keinesfalls heißen, dass Bewegung immer erst eine Rolle spielt, wenn das Lied bereits bekannt ist. Im Gegenteil, bei anderen Liedern baut die Liedvermittlung von Anfang an auf Bewegung auf. Das Bewegungsspiel ist in der Form sicher vielen Kindern bekannt: Alle stellen sich in einer Schlange hintereinander auf. Das erste Kind gibt an, welche Speise es sein will. Auf den Schlusston springen alle in Grätschstellung. Das erste Kind krabbelt nun zwischen den Beinen durch und stellt sich hinten an.

**Methodische Schritte für die Vermittlung
eines Strophen-Erfindungsliedes:**

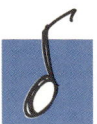

- Nur eine Strophe vorsingen,
- Einmal abschnittweise vor- und nachsingen; gemeinsam singen,
- Auf den Liedtext bezogen zur Strophenerfindung anregen; die geäußerten Ideen sofort aufgreifen und gemeinsam singen,
- Zur Abwechslung Klanggesten an bestimmten Liedstellen einbringen, z. B. Klatschen in den Pausen,
- Weitere Spielideen umsetzen, wie z. B. Bewegungsspiel.

1 An welchen Merkmalen lässt sich erkennen, ob ein Lied die Spielidee Strophenerfindung enthält?

Aufgaben

2 Übertragen Sie die Merkmale auf das Lied „Max und Moritz stehn vorm Laden".

3 Suchen Sie aus einem Liederbuch Lieder heraus, die die Spielidee Strophenerfindung enthalten.

4 An welchen methodischen Schritten kann man sich bei der Vermittlung eines Strophenerfindungsliedes orientieren?

5 Übertragen Sie die methodischen Schritte auf das Lied „Max und Moritz stehn vorm Laden".

6 Führen Sie eine Liedvermittlung mit einem Strophenerfindungslied in Ihrer Lerngruppe oder in einer Praktikumsgruppe durch.

Max und Moritz stehn vorm Laden

*T.: volkstümlich; M.: W. Jehn; aus: M. und W. Jehn: Kinderspiele aus aller Welt;
Rechte: Autorenverlag Worpsweder Musikwerkstatt, Worpswede*

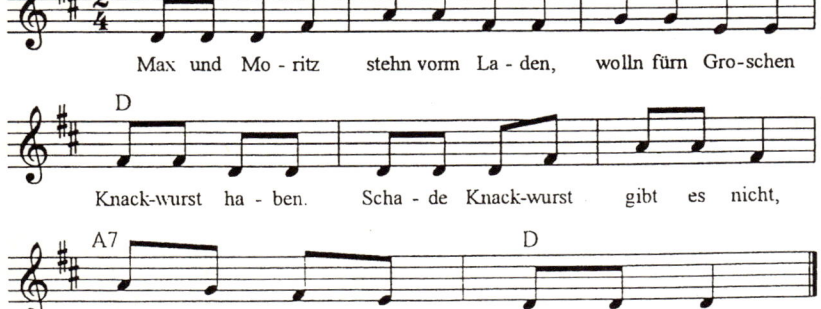

1.1.2 Spielidee: Geschichte darstellen

In vielen Liedern wird etwas erzählt. Aber nicht immer ist der Inhalt eine fortlaufende Handlung wie in dem Radieschenlied.

Das Radieschenlied

T. und M.: F. Vahle; aus: Liederspatz; Rechte: Aktive Musikverlag, Dortmund

Ein Ra-dies-chen rund und dick, ein Ra-dies-chen rund und dick,

ein Ra-dies-chen rund und dick wächst in un-serm Gar-ten.

Hau-ruck, hau-ruck das Ra-dies-chen rückt kein Stück.

Seine Blätter recken sich,
seine Blätter strecken sich,
seine Blätter recken sich.
Ach was für'n Radieschen.

Silke kommt und guckt und staunt,
Silke kommt und guckt und staunt,
Silke kommt und guckt und staunt.
Ach was für'n Radieschen.

Hauruck, hauruck,
das Radieschen rückt kein Stück.
Hauruck, hauruck,
das Radieschen rückt kein Stück.

Silke geht zu Monika,
die zum Glück zu Hause war.
Monika steht staunend da:
Ach was für'n Radieschen.

Hauruck, hauruck,
das Radieschen rückt kein Stück.
Hauruck, hauruck,
das Radieschen rückt kein Stück.

Du jetzt brauchen wir den Knut,
wo der Kerl nur stecken tut.
Sein Versteck das kenn ich gut.
Komm wir gehn ihn suchen.

Hauruck, hauruck,
das Radieschen rückt ein Stück.
Hauruck, mit Mann und Maus,
das Radieschen kommt schon raus.

Und dann tanzen alle um
das riesige Radieschen rum.
Und dann tanzen alle um
das riesige Radieschen.

Hauruck, mit Mann und Maus,
das Radieschen das ist raus.
Hauruck, mit Mann und Maus,
das Radieschen das ist raus.

Das Radieschenlied erzählt die Geschichte von dem dicken Radieschen, das sich einfach nicht aus der Erde ziehen lassen will. Da muss die Silke noch die Monika und den Knut um Hilfe bitten, bis es endlich gelingt. Neben den genannten Personen enthält die Geschichte mit dem Radieschen fünf Rollen, die von Kindern dargestellt werden können.

Für die Spielidee **Geschichte darstellen** *gilt:*
Das Darstellen der Geschichte ist immer dann möglich, wenn das Lied eine kontinuierliche Handlung erzählt, die von mindestens zwei Personen spielbar ist.

Bei der **Liedvermittlung** sollen die Geschichte und das darstellende Spiel von Anfang an im Mittelpunkt stehen.

Bei Liedern mit einem *Refrain* empfiehlt es sich grundsätzlich die Liedvermittlung mit dem Refrain zu beginnen, da damit nach jeder Strophe eine bekannte Stelle folgt, bei der alle Kinder mitmachen können. Zudem drückt der Refrain meist den Kern des Liedes bzw. der Geschichte deutlich aus.

Die Zeile: *„Hauruck, hauruck das Radieschen rückt kein Stück"*, führt direkt in die Geschichte ein. Man stellt sich mit den Kindern vor, sie wollten eine Rübe, eine Kartoffel oder ein Radieschen aus der Erde ziehen und alle machen die entsprechende Bewegung. Jetzt hat man aber ein ganz hartnäckiges Radieschen, das sich nicht herausziehen lassen will. Die Gruppe zieht mit beiden Händen und spricht gemeinsam: *„Hauruck, hauruck."* Die Erzieherin zieht noch einmal und spricht: *„Hauruck, hauruck das Radieschen rückt kein Stück!"*

Bisher wurde noch nicht gesungen, aber die Kinder haben den Refrain bereits im Spiel erfahren. Sie sind motiviert zu erfahren, was mit dem Radieschen passiert. Die Kinder sollen die Geschichte nun nicht erst hören und dann darstellen, sondern bereits beim ersten Hören dazu spielen. Dadurch wird das Erzählen entsprechend länger dauern. Die Kinder können die Handlung und vor allem die aufgebaute Spannung besser mitvollziehen.

Die Klangstäbe
Als Klangstäbe gleicht unser Klang
einem harten Kern.
Schlag' uns aufeinander,
dann kannst du es hör'n.

Die Erzieherin erzählt die Geschichte frei und verteilt die Rollen erst dann, wenn sie im Text vorkommen. Zunächst braucht man ein „Radieschen". Das entsprechende Kind setzt sich in die Mitte des Kreises. Gleichzeitig zu der Erzählung versucht es sich ganz dick zu machen und seine Blätter zu recken und zu strecken. Hier kann man ruhig innehalten und die anderen Kinder Vorschläge machen lassen, wie man das gut darstellen kann. Alle bewundern jetzt das schöne Radieschen und sprechen gemeinsam: *„Ach was für'n Radieschen"*. Das sollte man öfter wiederholen, bis die Bewunderung richtig zu hören ist. Nun wird die zweite Rolle vergeben. Silke bestaunt das Radieschen. Das kann man in der Erzählung etwas ausschmücken. Jetzt will Silke das Radieschen herausziehen. Alle helfen von ihrem Platz aus mit und sprechen gemeinsam den Refraintext. Und so geht es weiter. Monika und Knut spielen spontan, was sie hören. Dabei erzählt die Erzieherin frei und geht in ihrem Tempo auf die spielenden Kinder ein. Immer wenn der Refrain in der Liedgeschichte vorkommt, wird er von allen gesprochen und in der Bewegung verdeutlicht. Den letzten, veränderten Refraintext spricht sie zunächst alleine. Die vier Kinder tanzen um das Radieschen und alle Kinder klatschen dazu im Schritttempo.

Die Geschichte wurde unter Beteiligung von allen Kindern im Spiel erlebt. Die nun hinzukommenden musikalischen Elemente können dadurch leichter aufgenommen werden und bringen Abwechslung und intensiveres Erleben. In der Regel fordern die Kinder weitere Wiederholungen, da auch andere Kinder die Rollen übernehmen wollen.

Vor dem zweiten Durchgang singt die Erzieherin den Refrain vor und übt ihn kurz mit der Gruppe. Dann wird die Geschichte etwas kürzer, d. h. näher am Liedtext erzählt. Der Refrain wird jetzt jeweils gemeinsam gesungen. Beim dritten Durchgang wird die Geschichte singend erzählt. Die Erzieherin singt die Strophen alleine, bleibt aber im Tempo flexibel, gestattet sich Pausen und Wiederholungen um das darstellende Spiel der Kinder zu unterstützen. Bei weiteren Wiederholungen mit jeweils neuen Rollenverteilungen nehmen die Kinder die Liedmelodie auf und singen immer größere Teile der Strophen mit. Zur Festigung des Singens kann das Lied nun auch einmal ohne Spiel geübt werden, damit die ganze Aufmerksamkeit dem Singen zufällt. Das sollte aber nicht am ersten Tag stattfinden. Wenn möglich sollte ein Begleitinstrument den Gesang unterstützen.

Methodische Schritte für die Vermittlung eines Geschichtenliedes:

- Hinführung mit dem Refrain: gemeinsames Sprechen, wenn möglich mit passender Bewegungsübung.
- Freies Erzählen der Liedgeschichte; gleichzeitiges Spiel der Kinder; Rollen erst vergeben, wenn sie vorkommen; Refraintext an den gleichen Stellen wie im Lied einfügen und gemeinsam sprechen.
- Zweiter Durchgang mit neuer Rollenverteilung; Refrain singen; nah am Liedtext erzählen.
- Dritter Durchgang mit neuer Rollenverteilung; singend erzählen.
- Bei weiteren Wiederholungen singen die Kinder allmählich immer mehr mit.
- Zur Festigung evtl. gemeinsam singen ohne darstellendes Spiel.

Aufgaben

1 Welche Merkmale kennzeichnen ein Geschichtenlied?

2 Suchen Sie aus einem Liederbuch Lieder heraus, die das Darstellen der Geschichte ermöglichen.

3 Erläutern Sie die methodischen Schritte der Vermittlung eines Geschichtenliedes.

4 Übertragen Sie die methodischen Schritte auf ein selbst gewähltes Lied.

5 Führen Sie eine Liedvermittlung mit einem Geschichtenlied in Ihrer Lerngruppe oder in einer Praktikumsgruppe durch.

1.1.3 Spielidee: Bewegung und Tanz

Im Kuckucksland

T. u. M.: Thilde Lorenz, aus T. Lorenz: Rummelbummel; Rechte: Verlag Fidula, Boppard/Rhein

Wir nehmen ein Rhabarberblatt, schnick schnack.
Und reiten auf den Ararat, schnick schnack.
Wir ri-ra-ri-ra-reiten, reiten, reiten.
Wir ri-ra-ri-ra-reiten den lieben langen Tag.

Wir fangen uns ein Spinnweb ein, schnick schnack.
Und tanzen drauf im Sonnenschein, schnick schnack.
Wir ti-ta-ti-ta-tanzen, tanzen, tanzen.
Wir ti-ta-ti-ta-tanzen den lieben langen Tag.

Auch das Lied „Im Kuckucksland" erzählt etwas, aber es erzählt keine Geschichte, keine fortlaufende Handlung. Man erfährt, was man im Kuckucksland tun kann: *wir spannen unsre Schürze aus und segeln; wir nehmen ein Rhabarberblatt und reiten; wir fangen uns einen Spinnfaden ein und tanzen.* Hier sind keine Rollen vorgegeben, die zu spielen wären, vielmehr lädt das Lied ein die angesprochenen Bewegungen mit der ganzen Kinder-

gruppe umzusetzen. Es sind drei Liedteile und drei Strophen zu unterscheiden, die die Bewegung – wie weiter unter erklärt – ebenfalls in mehrere Teile
gliedern. An der tänzerischen Bewegungsgestaltung können alle Kinder
gleichzeitig aktiv mitwirken.

Für die Spielidee tänzerische Bewegung gilt:
Tänzerische Bewegung *ist eine Bewegung im Raum, an der alle Kinder
gleichzeitig teilhaben. Dies ist dann möglich, wenn der Liedtext eine
Bewegung anregt, wobei verschiedene Liedteile verschiedene Bewegungsformen ermöglichen sollen. Je nach Lied können die Bewegungsteile unterschiedlich genau verabredet werden: von der allgemeinen Be-
wegungsidee bis zur konkreten Schrittfolge. Das Lied erhält erst durch die
Bewegung seinen eigentlichen Sinn.*

Wenn die **Liedvermittlung** von der Spielidee *Bewegung* ausgeht, dann heißt
das, dass die Gruppe sich nicht etwa im Stuhlkreis, sondern im Gymnastik-
raum ohne Stühle befindet.

Im Kuckucksland im Kuckucksland da ist die Welt verhext, dideldext! Diese
Refrainzeile vermittelt die Liedidee und ist zur Einführung bestens geeignet.
Die Kinder gehen im Kuckucksland durcheinander im Raum spazieren. Auf
einen lauten Beckenschlag sind alle verhext und bleiben wie angewurzelt
stehen. Auf den folgenden leisen Beckenschlag gehen sie wieder weiter. Bei
dem verhexten Stillstehen probieren sie verschiedene Haltungen aus und
versuchen sich keinen Millimeter zu bewegen. Diese Bewegungsübung wird
mehrfach wiederholt. Allmählich spricht die Erzieherin den Refraintext
zunächst alleine und dann mit allen gemeinsam dazu. Dabei erfolgt der laute
Beckenschlag auf die Silbe „hext", danach macht man eine beliebig lange
Pause und spielt den leisen Beckenschlag auf die Silbe „dext". Nach einigen
Wiederholungen geht man in das Singen über; die Gruppe wird folgen.

Die Kinder können nun die Refrainzeile singen und haben sich bereits einige
Minuten konzentriert bewegt. Sie wissen aber noch nicht, was sie im
Kuckucksland erwartet. Man geht nun mit einer zweiten Bewegungsübung
auf die erste Strophe ein. „Im Kuckucksland haben wir große Schürzen um.
Wir spannen sie aus – schnick-schnack – jetzt haben wir ein Segel. Damit
segeln wir aufs Meer hinaus." Alle halten mit ihren Händen ihr imaginäres
Segel hoch und segeln frei im Raum. Dabei macht man mit den Kindern kleine schnelle Schritte, damit es so aussieht, als würden sie vom Wind gebla-
sen. Dazu singt man die Strophenmelodie (wir si-sa-si-sa segeln …) am
besten auf eine Klangsilbe, wie z. B. „la". Die Kinder werden sicher zum Teil
mitsingen.

Bevor die zweite Strophe kommt, stellen sich die Kinder im Kreis auf und
wiederholen im Kreis gehend den Refrain. Dabei wird bei der Wiederholung
der Zeile die Richtung gewechselt.

Auch zur zweiten Strophe wird die Situation vorgestellt: „Im Kuckucksland
gibt es den Berg Ararat und es gibt große Rhabarberblätter mit dicken Stän-

geln. Davon reißen wir uns eines ab – schnick-schnack – nehmen das große Blatt wie einen Besen zwischen die Beine und reiten auf den Berg Ararat". Alle reiten dann frei im Raum und die Erzieherin singt wieder die Melodie auf „la" dazu.

Zur dritten Strophe erläutert man etwa: „Im Kuckucksland ziehen die Spinnen ganz lange Spinnfäden. Davon fangen wir uns einen ein – schnick-schnack – und legen ihn vor uns aus. Darauf tanzen wir nun. Da aber der Faden ja ganz dünn ist, müssen wir auch ganz vorsichtig balancieren. Das ist ein besonderer Tanz!" Mit solchen Erläuterungen, die in die Spielsituation eingeflochten sind, werden den Kindern die Vorstellungen vermittelt, die die Bewegung leiten. Die auf „la" gesungene Liedmelodie kann in Tempo und Ausdruck der Bewegung angepasst werden.

Die Kinder haben nun zum Refrain und zu drei weiteren Spielsituationen getanzt. Sie haben den Refrain gesungen und sie haben die Melodie des zweiten Strophenteiles mehrfach gehört und zum Teil mitgesungen. Sie kennen aber weder den Strophentext noch die Melodie des ersten Strophenteiles noch den Zusammenhang des ganzen Liedes. Also gibt es in der folgenden Zusammenführung der Teile noch genügend Neues für die Kinder zu erleben.

Die Gruppe stellt sich wieder im Kreis auf und beginnt mit dem Refrain wie gewohnt. Danach singt die Erzieherin alleine weiter, während die Kinder stehen und zuhören. Sie können aufgrund der vorhergehenden Einführung den Text direkt verstehen und spannen mit ihr auf „schnick-schnack" ihre Schürze aus. Auch den folgenden Liedteil singt sie zunächst alleine. Sie verlässt dabei die Kreisordnung und tanzt frei im Raum. Die Kinder werden ohne jede Aufforderung ihrem Beispiel folgen und nach kurzer Zeit selbst mitsingen. Zum Ende der Strophe stellt sich die Erzieherin wieder auf die Kreislinie und breitet die Hände aus, was für alle Kinder das unmissverständliche Signal ist, die Kreisordnung wieder einzunehmen. In gleicher Weise schließen sich nun zunächst der Refrain sowie die zwei weiteren Strophen an.

Durch die Vorübung der einzelnen Bewegungsteile in Spielsituationen wird die Zusammenführung des Ganzen einfacher und zudem von den Kindern als Steigerung erlebt. Zur Festigung des Singens kann das Lied an folgenden Tagen nun auch einmal ohne Tanz geübt werden. Dazu ist es günstig das Lied mit einem Instrument zu begleiten.

Natürlich sind Tanzlieder recht verschieden und dementsprechend unterschiedlich wird die Lied- und Tanzvermittlung aufzubauen sein. Dennoch lassen sich auch hier grundsätzliche methodische Schritte zusammenfassen, an denen man sich bei der Vermittlung von Tanzliedern orientieren kann:

Methodische Schritte für die Vermittlung von Tanzliedern:

- Hinführung mit dem Refrain: Bewegungsübung und singen.
- Bewegungsübungen zu den verschiedenen Liedteilen; dabei in die Spielsituation des Liedes einführen ohne langes Erklären; Teile der Liedmelodie dazu auf Klangsilben singen oder auch Teile des Liedtextes rhythmisch sprechen; dazwischen den Refrain immer wiederholen.
- Zusammenführung der einzelnen Teile gemäß des Liedablaufs ohne weitere Erläuterungen; Sie singen zunächst alleine, allmählich singen die Kinder immer mehr Textteile mit.
- Festigung des Singens ohne Bewegung, evtl. mit Begleitinstrument.

Aufgaben

1. Welche Merkmale kennzeichnen ein Tanz- und Bewegungslied?

2. Suchen Sie aus einem Liederbuch Lieder heraus, die die *Spielidee tänzerische Bewegung* ermöglichen.

3. Erläutern Sie die grundsätzlichen methodischen Schritte, an denen wir uns bei der Vermittlung eines Tanz- und Bewegungsliedes orientieren können.

4. Wenden Sie die methodischen Schritte auf ein selbst gewähltes Lied an.

5. Führen Sie eine Liedvermittlung mit einem Tanz- und Bewegungslied in Ihrer Lerngruppe oder in einer Praktikumsgruppe durch.

1.1.4 Spielidee: Gesten – Sitztanz

Das Papageien-Lied

T. und M.: P. Ehlebracht, aus: Knackfrosch, Bd. 1, KJG Verlag, Düsseldorf

C   Am   F   G   C   Am

Der Pa-ga-gei ein Vo-gel ist, rot-gelb und grün ge

F   G   C   Am   F   G   C   Am

tupft a-ha. Er wohnt dort auf dem Gum-mibaum und wenn er da so

F   G   C   Am   F   G

hupft, ja dann singt er: En-ke den-ke min-ki, a bumms do-se din-ki,

C   Am   F   G   C   Am

a-ba da-ba sa-ra-guai, a-ha. Si-ne mi-ne bi-ni, a

F   G   C   G7   C

e-le ga-da mi-ni, a-ba da-ba sa-ra-guai.

In Afrika am großen Fluss,
da wohnt ein Krokodil, aha,
das braucht zum Zähneputzen
'nen Schrubber mit 'nem Stiel,
und dann singt es:
Refrain: Enke denke …

Die Affen im Bananenhain,
die lieben Obstsalat, aha,
sie werfen mit der Kokosnuss,
denn sie ist rund und hart,
und dann singen sie:
Refrain: Enke denke …

Das Nilpferd grüne Seife liebt,
die es zum Baden nutzt, aha,
es schläft so gern am Uferrand
aber wenn es sich dort putzt,
ja dann singt es:
Refrain: Enke denke …

Ein alter Elefant im Zoo,
der kannte dies' Lied nicht, aha,
und weil er so alleine war,
machte er sich ein Gedicht
und das ging wie:
Refrain: Enke denke …

Das *Papageienlied* erzählt etwas über fünf verschiedene Tiere im Urwald. Es hat einen – zumindest auf den ersten Blick – nicht einfachen Refrain und mit fünf Strophen recht viel Text. Obwohl über die Tiere Lustiges berichtet wird, enthält es keine eigentliche Handlung und ist somit für ein darstellendes Spiel nicht geeignet. Weil aber so viel verschiedenes über die Tiere enthalten ist, kann man zu jeder Liedzeile eine Geste finden, die den Inhalt verdeutlicht. Der Text des Refrains vermittelt keinen Inhalt. Hierzu können dennoch Bewegungen mit den Händen wie in einem Sitztanz verabredet werden.

*Für **Gestenlieder** gilt:*
Gesten sind Bewegungen, die mit Händen oder Füßen im Sitzen von allen Kindern gleichzeitig ausgeführt werden. Dies ist bei einem Lied dann möglich, wenn die einzelnen Strophen recht viele Aussagen enthalten und der ganze Inhalt mit den Händen erzählt – bzw. verdeutlicht – werden kann. Da die Gesten im rhythmischen Fluss des Liedes ausgeführt werden, entsteht eine Art Sitztanz.

Die Rasseln

Als Rasseln oder Maracas
sind wir oft ein Paar.
Die eine tief, die and're hoch,
klingen wir wunderbar.

In der **Liedvermittlung** ermöglichen die Gesten einen leichteren Einstieg, denn die Beteiligung an der Bewegung ist schneller möglich als die Beteiligung am Singen. Zudem sind die Gesten eine Hilfe für das Textgedächtnis.

Man beginnt auch bei diesem Lied mit dem Refrain, denn er fasst die fünf Strophen in der Idee des gemeinsamen Urwald-Liedes zusammen. Es ließe sich etwa so einführen: „Unser Lied handelt von lustigen Tieren in einem besonderen Urwald. Sie singen alle die gleiche Melodie in der Urwaldsprache und bewegen sich dazu." Dann spricht man den Text zeilenweise rhythmisch vor und macht die angegebenen Gesten dazu. Die Gruppe wiederholt. Natürlich macht die Erzieherin bei der Wiederholung durch die Gruppe ebenfalls mit, damit die Kinder abschauen können.

Enke denke minki	rhythmisch mit Ellenbogen nach außen wippen;
a bumms dose dinki	rhythmisch mit einer Faust auf die andere schlagen;
aba daba saraquai aha	mit den Händen vor dem Körper gegeneinander kreisen;
Sine mine bini	rhythmisch mit den flachen Händen gegeneinander wippen;
a elegada mini	rhythmisch mit den Ellenbogen gegeneinander schlagen;
aba daba paraquai	mit den Händen vor dem Körper gegeneinander kreisen;

Es versteht sich von selbst, dass die Kinder sich diesen Text nicht so schnell merken können, aber es macht ihnen sicherlich Spaß und es wird durch die gleichzeitig eingeführten Gesten nicht etwa schwerer, sondern leichter. Durch die leicht abzuschauenden Gesten haben die Kinder ständig eine Beteiligungsmöglichkeit und somit ein Erfolgserlebnis. Den Text nehmen sie nebenbei auf und können immer größere Teile mitsprechen. Dennoch sollte man auch das nicht zu viel üben. Nach einigen Malen geht man zum Singen über. Der Refrain muss keinesfalls gut gekonnt werden, bevor mit den Strophen begonnen wird.

Die Erzieherin singt nun mehrere Strophen mit Gesten vor. Dabei singt sie so langsam, dass die Kinder die Gesten gleich mitvollziehen können. Beim Refrain werden die Kinder auch mitsingen. Damit sich der Bewegungsablauf rhythmisch gut einfügt, ist es wichtig jede Zeile mit einer Geste zu versehen. Zur ersten Strophe könnte dies etwa so aussehen:

Der Papagei ein Vogel ist	Flügelschlagen mit den Armen;
rotgelb und grün getupft.	rhythmisch mit den Zeigefingern auf den Körper tupfen;
Er wohnt dort auf dem Gummibaum,	eine Hand mit gespreizten Fingern wie einen Baum aufstellen;
und wenn er da so hüpft,	mit dem Zeigefinger der anderen Hand rhythmisch von einem Finger zum anderen springen.

Nach einigen Strophen jeweils mit Refrain bricht man ab und fragt die Kinder, wovon sie gesungen haben. Die Kinder werden ungeordnet das einbringen, woran sie sich erinnern. Man kann nun etwas gezielter nachfragen, um den Inhalt einer Strophe zusammenzuführen, etwa: „Was haben die Affen noch gemacht?" Mit den entsprechenden Gesten kann dabei der Erinnerung auf die Sprünge geholfen werden. Sobald der Inhalt einer Stophe wiederholt ist, wird diese Strophe mit Gesten und Refrain gemeinsam gesungen.

Für die weiteren Strophen gibt es mehrere Möglichkeiten. Die Erzieherin könnte z. B. zu einer noch unbekannten Strophe die Gesten vormachen und die Kinder raten lassen, was ungefähr gemeint sein könnte. Das kann sicher nicht ganz gelingen, bringt aber Abwechslung und fördert die Aufmerksamkeit. Oder sie spricht eine Strophe vor und findet mit den Kindern gemeinsam passende Gesten.

Jetzt wird es Zeit das ganze Lied zusammenhängend mit Gesten zu singen. Je nachdem wie gut die Kinder sich die Gesten bereits gemerkt haben, ist es ratsam bei der Wiederholung ein Begleitinstrument hinzu zu nehmen.

Die Verbindung von Gesten und Text erlaubt noch weitere Spiele zur Vertiefung. So können die Gesten zum „inneren Singen", d. h. im gedachten Liedtempo gemeinsam ausgeführt werden. Ebenso ist ein Rätselspiel denkbar: Die Gesten zu einer Strophe werden vorgemacht; die Gruppe soll die Strophe erraten und den Text ergänzen.

Methodische Schritte für die Vermittlung eines Gestenliedes:

- Hinführung durch den Refrain: sprechen, bzw. singen mit Gesten.
- Mehrere Strophen mit Gesten vorsingen; Gruppe beteiligt sich mit Gesten und singt beim Refrain mit.
- Gemeinsame Texterinnerung: Inhalte einer Strophe im Gespräch zusammentragen und sofort anschließend gemeinsam singen.
- Zu noch unbekannten Strophen Gesten vormachen und die Kinder den Inhalt fantasieren lassen, oder den Text vorsprechen und mit den Kindern gemeinsam Gesten finden.
- Lied zusammenhängend mit Gesten singen.
- Weitere Möglichkeiten: inneres Singen; Rätselspiel.

Aufgaben

1 Welche Merkmale kennzeichnen ein Gestenlied?

2 Suchen Sie aus einem Liederbuch Gestenlieder heraus.

3 Erläutern Sie die grundsätzlichen methodischen Schritte für die Vermittlung eines Gestenliedes.

4 Übertragen Sie die methodischen Schritte auf ein selbst gewähltes Lied.

5 Führen Sie eine Liedvermittlung mit einem Gestenlied in Ihrer Lerngruppe oder in einer Praktikumsgruppe durch.

1.1.5 Lieder ohne Refrain

Außer den Liedbeispielen für die Spielidee Strophenerfindung weisen alle bisher besprochenen Lieder einen Refrain auf. Mit gutem Grund wurde die Liedvermittlung grundsätzlich beim Refrain begonnen. Er fasst in der Regel den Liedinhalt gut zusammen und ist so zur Hinführung geeignet. Außerdem ist er meist die melodisch einprägsamste Liedstelle und gibt daher für die Kinder die Möglichkeit in jeder Strophe eine Stelle sofort mitsingen zu können.

Bei Liedern ohne Refrain haben die Kinder es schwer einen Einstieg zum Mitsingen zu finden. Es ist ständig Konzentration auf neuen Text gefordert, ohne dass sich eine Stelle richtig einprägen kann. Hat das Lied mehrere Strophen, ist die Gefahr groß, dass die Kinder durch langwieriges Vor- und Nachsprechen gelangweilt werden und der Spaß am Lied nicht so recht aufkommen will.

*Lieder mit **Refrain** sind also für die Liedvermittlung wie überhaupt für das gemeinsame Singen in der Regel besser geeignet. Bei Liedern ohne Refrain empfiehlt es sich daher, selbst einen **Refrainersatz** bzw. eine Mitsingstelle hinzuzufügen, die sich in jeder Strophe in gleicher oder ähnlicher Weise wiederholt.*

Ich bin die kleine Maus

T.: J. Richter, M.: L. Edelkötter; aus: L. Edelkötter: Ich gebe dir die Hände; Rechte: Impulse Musikverlag, Drensteinfurt

Ich bin die kleine Maus.
Ich wohn im Mausehaus.
Ich komme jeden Abend
zum Krümelfressen raus.

Ich komme um halb zehn.
Dann kann mich keiner sehn.
Die Küche ist ganz dunkel,
wo sonst die Menschen gehn.

Ich laufe auf den Schrank.
Der Weg ist schrecklich lang.
Wenn's in der Ecke knistert,
dann wird mir's angst und bang.

Die Katze ist nicht nett,
ist schwarz und groß und fett.
Sie will mich lang schon fressen,
als ob sie Hunger hätt'.

Ich bin der Katzenschreck.
Ich lauf' der Katze weg.
Ich sitze hinterm Ofen
und das ist mein Versteck.

Wenn dann die Katze schläft,
dann komm' ich wieder raus
und trag' die dicken Krümel
schnell in mein Mausehaus.

Das Lied „Ich bin die kleine Maus" ist ein Geschichtenlied. Es erzählt von der kleinen Maus, die jeden Abend zum Krümelfressen in die Küche kommt, dabei aber von der Katze gestört wird. Beim Spielen des Liedes können zwei Kinder die Rollen der Katze und der Maus übernehmen, zwei oder drei weitere können das Mausehaus darstellen. Damit ist es möglich die Liedvermittlung so durchzuführen, wie es für Geschichtenlieder beschrieben wurde. Ohne Mitsingstelle sind aber die Kinder, die nicht direkt am Spiel beteiligt sind, längere Zeit nur passiv.

Deshalb ist es sinnvoll einen Refrainersatz zu bilden. Da die Strophe mit acht Takten recht kurz ist, kann als Refrainmelodie die gesamte Strophenmelodie herangezogen werden. Als Text genügt es jeder Strophe eine Klangsilbe zuzuordnen, die zum Inhalt der jeweiligen Strophe passt:

Inhalt der Strophen	**Klangsilbe**
1. Die Maus stellt sich vor.	*piep piep*
2. Die Maus läuft in die Küche.	*trap trap*
3. Die Maus hat Angst.	*uhu uhu*

4. Die Maus denkt,
   die Katze will sie fressen.   *oje oje*
5. Die Maus läuft weg.   *hi hi*
6. Die Maus geht wieder in die Küche.   *trap trap*

Zur Liedvermittlung wird die Geschichte nun erzählt und gleichzeitig von den Kindern dargestellt. Nach dem Inhalt einer Strophe wird die ganze Melodie gemeinsam auf die jeweilige Klangsilbe gesungen. Hier können sich die Kinder sofort ohne Schwierigkeiten beteiligen. Erfahrungsgemäß bereitet auch nach der Liedvermittlung das Singen der Klangsilbenstrophen noch mindestens ebensoviel Spaß wie das Singen der Textstrophen, da sich die Kinder hierbei gut in die Stimmung der Maus versetzen können.

Ziele für die Bildung eines Refrainersatzes:
- *Die Aufmerksamkeit wird durch sofortiges Mitmachen unterstützt.*
- *Die Kinder haben ein Erfolgserlebnis, weil das Mitsingen ohne langes Üben möglich ist.*
- *Der Melodieverlauf kann gut aufgenommen werden und prägt sich besser ein.*

Für das Mauselied ist die beschriebene Methode, einen Refrain mit Klangsilben zu bilden, am besten geeignet, weil dadurch der Ausdrucksgehalt der Strophen vertieft wird und die Kinder auf diese Weise die Geschichte intensiver erleben. Es gibt jedoch auch noch *andere Möglichkeiten für einen Refrainersatz*.

Es kann sein, dass der Text einer ganze Strophe als Refraintext geeignet erscheint. Dann könnte diese Strophe als Refrain zwischen den anderen wiederholt werden. Beim Mauselied könnte das die erste Strophe sein. Ist eine Strophe zu lang, so kann auch nur ein Teil einer Strophe als Refrain wiederholt werden.

Ebenso könnte man die Liedmelodie ganz oder teilweise mit immer derselben Textzeile singen. In dem Mauselied würde sich die erste Textzeile eignen. Nach jeder Strophe singt man dann viermal „ich bin die kleine Maus" auf die Liedmelodie. Ebenso würde es genügen nur ein Wort zu nehmen, etwa nur: „die Maus".

Um eine leichtere Mitsing-Möglichkeit zu schaffen genügt es oft schon immer den letzten Teil der Strophe zu wiederholen. Auch beim Mauselied wäre das mit der zweiten Hälfte jeder Strophe möglich.

Die Verdeutlichungen anhand des Mauseliedes sollten nur das Verständnis erleichtern. Für Geschichtenlieder ist, wie bereits angedeutet, ein Refrain mit Klangsilben am besten geeignet. Die zusätzlich aufgeführten Möglichkeiten sollten eher bei Liedern mit anderen Spielideen verwendet werden.

Möglichkeiten für die Bildung eines Refrainersatzes:
- *Liedmelodie mit einer passenden Klangsilbe für jede Strophe.*
- *Eine Strophe ganz oder teilweise als Refrain wiederholen.*
- *Liedmelodie mit nur einer Textzeile oder nur einem Wort.*
- *Immer den letzten Teil der Strophe wiederholen.*

1 Warum sind Lieder mit Refrain für die Liedvermittlung besser geeignet? **Aufgaben**

2 Welche Ziele sind mit der Bildung eines Refrainersatzes verbunden?

3 Welche Methoden können Sie zur Bildung eines Refrainersatzes anwenden?

4 Suchen Sie aus einem Liederbuch Kinderlieder ohne Refrain heraus und überlegen Sie, welche Methode zur Bildung eines Refrainersatzes angewendet werden kann.

5 Führen Sie eine Liedvermittlung mit einem dieser Liedbeispiele in Ihrer Lerngruppe oder in einer Praktikumsgruppe durch.

1.1.6 Textunabhängige Spielanregungen

In der Fachliteratur zur Liedvermittlung wird übereinstimmend betont, dass es keine allein gültige Methode und auch kein starres Schema gibt. Dementsprechend sollen die hier besprochenen Spielideen auch nicht als Schema, sondern als Orientierungsrahmen verstanden werden. Bei vielen Liedern sind die Spielideen nicht in einer so klaren Form ersichtlich wie in den hier ausgewählten Liedbeispielen. Es ist auch möglich, dass man nicht leicht entscheiden kann, welche Spielidee dominiert, da Merkmale von mehreren zu erkennen sind. So muss jedes Lied individuell betrachtet und überlegt werden, welcher methodische Weg der richtige ist. Grundsatz bleibt jedoch, dass ein spielerischer Weg gesucht wird, dafür bilden die erarbeiteten Spielideen einen guten Fundus.

Dennoch: Bei manchen Liedern fällt die Umsetzung als Spiel nicht leicht. Das sind solche Lieder, in deren Text zu wenig Spielerisches steckt, die also nicht zu Spielliedern gemacht werden können. Obwohl solche Lieder weniger kindgemäß sind, können sie nicht einfach ausgeschlossen werden. In der Praxis kommen sicherlich genügend Situationen vor, wo ein Lied wegen seines zum Thema passenden Textes oder wegen seiner besonders schönen Melodie unbedingt eingeführt werden soll.

Auch wenn sich aus dem Liedinhalt kein Spiel erschließt, soll der Grundsatz des Spiels für die Liedvermittlung maßgebend sein.

Unabhängig vom Text können mit jeder Liedmelodie einfache Spiele gestaltet werden. Dazu wird die Melodie entweder auf einem Instrument gespielt oder auf Klangsilben gepfiffen oder gesungen, aber noch nicht mit dem Liedtext:

- Während die Erzieherin die Melodie spielt, gehen die Kinder frei durch den Raum. Wenn sie unterbricht, bleiben die Kinder sofort stehen bis sie weiterspielt.
- Reifen werden im Raum ausgelegt. Während des Liedes gehen die Kinder wieder frei im Raum herum. Mit dem Schluss der Liedstrophe sollen sich die Kinder in einen Reifen setzen. Mit mehrfacher Wiederholung der Übung sollen die Kinder den Schluss immer besser voraushören und sich möglichst genau auf den Schlusston setzen.
- Ein Kind trägt in der Kreismitte eine Kerze oder es balanciert einen Luftballon und gibt ihn zum Liedende an ein anderes Kind weiter.
- Die Erzieherin spielt die Melodie und die Kinder summen leise mit. Wenn sie aufhört, summen die Kinder alleine weiter – soweit sie kommen, dann hilft die Erzieherin wieder.
- Während des Vorspielens denken sich die Kinder einen Weg im Raum aus, den sie dann bei den folgenden Wiederholungen einzeln nacheinander gehen.
- Die Kinder bewegen sich frei zur vorgespielten Melodie. Einige Kinder stellen ihre Bewegungsform vor und die anderen imitieren sie.
- Zur vorgespielten Melodie legen die Kinder mit Bausteinen oder Hölzchen in der Kreismitte ein gemeinsames Fantasiebild, indem sie nacheinander ihren Stein anlegen.
- Die Kinder malen die gehörte Melodie als Weg auf ein Blatt. Bei den Wiederholungen fahren sie diesen Weg mit den Fingern mehrfach nach.

All diese spielerischen Übungen haben den Sinn den Kindern die Liedmelodie bekanntzumachen und sie zum aufmerksamen Zuhören zu motivieren.

Sie haben zudem meditativen Charakter und führen die Gruppe zur Stille. Wenn man gern ein Melodieinstrument spielt und mit der Gruppe regelmäßig solche Spiele durchführt, wird sich das auch auf die allgemeine Zuhörfähigkeit auswirken. Der Text folgt erst im zweiten Schritt und vertieft das bisherige musikalische Erlebnis.

Die Handtrommel

Als Handtrommel spielt ihr mich
am besten mit der Hand.
Der Schlägel kommt nur selten dran,
jetzt ist es euch bekannt.

Auch die leider viel zu häufig strapazierte *Vor- und Nachsingmethode kann spielerisch erfolgen* und musikalisch sinnvoll sein. Die Aufforderung: „Ich singe vor und wer kann, singt gleich mit!", wird dem nicht gerecht. In der richtigen Form ist die Methode als Echospiel oder als Wechselgesang zu bezeichnen. Der Liedtext wird zeilenweise rhythmisch vorgesprochen und die Gruppe wiederholt sofort ebenfalls rhythmisch. Dabei muss die Spielregel eingehalten werden: Wenn die Erzieherin spricht, spricht sie alleine und die Kinder hören zu um den Text richtig zu erfassen. Wer meint, dass er den Text bereits kann, muss sich trotzdem gedulden. Zur Verdeutlichung kann man während des Sprechens auf sich und während der Wiederholung auf die Gruppe deuten. Genauso verfährt man beim Vor- und Nachsingen. Ob ein Text zunächst gesprochen wird oder sofort gesungen werden kann, hängt vom Lied ab. Wenn dieses Echospiel richtig durchgeführt wird, so entsteht ein rhythmischer Wechselgesang zwischen dem Solo der Erzieherin und der Gruppe. Dies ist bereits eine musikalisch reizvolle Form. Wenn die Erzieherin ein Begleitinstrument spielt, kann sie beim Singen zusätzlich die Wiederholungen begleiten. Damit klingt ein Echospiel so gut wie ein eingeübtes Lied, was sich auf die Motivation der Kinder auswirken wird.

Eine spielerische Erweiterung ist es auch, wenn man die Kinder auffordert, zu einer beliebigen Stelle aus dem Lied ein Bild zu malen. Alle Bilder gemäß des Liedablaufs aneinandergereiht und aufgehängt ergeben ein Wandbild, das das Singen begleitet.

> **Spielideen, die sich nicht aus dem Liedtext ergeben:**
> * *spielerische Übungen zum Hören der auf einem Instrument vorgespielten Liedmelodie,*
> * *das Echospiel als Wechselgesang zwischen Erzieherin und Gruppe im rhythmischen Fluss,*
> * *Anfertigung eines Wandbildes.*

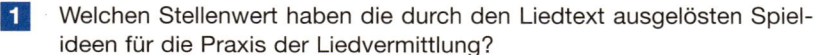

1 Welchen Stellenwert haben die durch den Liedtext ausgelösten Spielideen für die Praxis der Liedvermittlung?   **Aufgaben**

2 Mit welchen Methoden können wir auch bei Liedern ohne Spielidee die Liedvermittlung spielerisch gestalten?

3 Suchen Sie aus einem Liederbuch Kinderlieder, zu deren Inhalt Ihnen keine Spielidee einfällt und überlegen Sie, welche Methoden Sie bei der Liedvermittlung anwenden würden.

4 Führen Sie eine Liedvermittlung mit einem dieser Liedbeispiele in Ihrer Lerngruppe oder in einer Praktikumsgruppe durch.

1.1.7 Stimmbildnerische Aspekte

Beim Singen in Kindergruppen geht es nicht um das künstlerische, sondern um das umgangsmäßige Singen ohne stimmliche Voraussetzungen. Die Förderung der Singstimme steht daher nicht im Mittelpunkt der pädagogischen Absichten. Dennoch können einige stimmbildnerische Aspekte beachtet werden, die mit der Methodik der Liedvermittlung im Zusammenhang stehen.

Ein erster Gesichtspunkt ergibt sich aus der untrennbaren Einheit von Atem, Bewegung und Stimme. Körperhaltung und Körperspannung wirken sich auf die Atemführung aus, umgekehrt beeinflusst die Atmung Haltung und Spannung. Beides kann nur über die Bewegungserfahrung angebahnt und geübt werden. Richtige Atmung und Körperspannung wirken sich nicht nur auf das allgemeine Wohlbefinden aus, sondern erschließen auch die für das gesunde Singen erforderlichen Resonanzräume.

Die sich daraus ergebende Verknüpfung von Singen und Bewegen ist bei Tanzliedern und bei Gestenliedern bereits gegeben. Beim Tanzlied ist das Kind ständig in ganzkörperlicher Bewegung. Durch die erhöhte Sauerstoffaufnahme wird die Atmung forciert. Auch wenn die Bewegung der Auslöser ist, wird hier im Zusammenhang mit dem Singen die Tiefatmung aktiviert. Beim Gestenlied sitzt das Kind zwar am Platz, doch sind Hände oder Füße in rhythmischer Bewegung. Auch dadurch wird eine tiefere Atmung angeregt. Um Bewegungen im Sitzen richtig ausführen zu können, muss man eine aufrechte, gespannte Sitzhaltung einnehmen. Damit ergeben sich die wichtigsten Voraussetzungen für das Singen von selbst.

Bei Strophen-Erfindungsliedern und bei Geschichtenliedern ist die Bewegung nicht unmittelbar eingeschlossen. Daraus ergibt sich die Notwendigkeit, Bewegungsmöglichkeiten für alle Kinder in den Verlauf der Liedvermittlung einzubauen. Es ist also auch vom Standpunkt der Stimmbildung her gesehen sehr wichtig, beim Geschichtenlied den Refrain möglichst mit einer Bewegung für alle Kinder zu versehen oder beim Strophenerfindungslied Übungen mit Klanggesten oder Bewegungsideen einzubringen.

Ein zweiter Gesichtspunkt ist, dass die Liedmelodie auch ein Übungsmaterial für die Artikulation und die Resonanzbildung darstellt. Bereits bei Liedern ohne Refrain wurde das Singen auf passenden Klangsilben als eine Möglichkeit festgehalten einen Refrainersatz zu schaffen. Ein solches Singen auf Klangsilben kann zur Abwechslung immer wieder praktiziert werden und ist in Hinblick auf die Stimmbildung von immensem Wert. Wenn eine Strophe auf eine Klangsilbe gesungen wird, wird die gleiche Lautbildung immer wieder geübt. Im rhythmischen Fluss des Singens treten jedoch sonstige Sprachschwierigkeiten nicht so gravierend in Erscheinung. Indem nun entsprechende Klangsilben ausgewählt werden, lässt sich auf entwicklungsbedingte Lautbildungsschwächen der Gruppe ebenso eingehen wie auf besondere Probleme einzelner Kinder.

Neben den Klangsilben kann die Liedmelodie auch auf die Vokale und Umlaute gesungen werden. Mit einer A- O- oder Ü-Strophe wird nicht nur das weiche, gebundene Singen, sondern auch die dem Vokal entsprechende Mundhaltung und Resonanzbildung gefördert. Auch die Verwendung eines Kazoos ist im Sinne der Resonanzbildung besonders anzuraten. Das Kazoo ist ein Effekt-Instrument, das nicht durch Blasen, sondern durch „Hineinsingen" zum Klingen gebracht wird. Durch das Singen wird eine Membran in Bewegung versetzt, die den Stimmklang verfremdet und gleichzeitig verstärkt. Dies gelingt aber nicht mit einer häufig anzutreffenden, zurückhaltendnäselnden Stimmgebung, sondern mit einer auch für das sonstige Singen anzustrebenden Ausnutzung der Resonanzräume (vgl. Kap. 10.3.). Der zweite Vorteil des Kazoos liegt darin, dass durch die Stimmverfremdung eventuelle Singhemmungen leichter überwunden werden. Aus diesen Gründen empfiehlt es sich für alle Kinder der Gruppe Kazoos anzuschaffen oder gemeinsam zu basteln und diese regelmäßig beim Singen zur Abwechslung einzusetzen.

Schließlich ist für die Stimmbildung auch wichtig, dass beim Singen das Hören nicht vergessen wird. Es ist nicht sinnvoll, immer mit der gleichen, geschweige denn immer mit voller Lautstärke zu singen. Wenn der Liedinhalt geeignet ist, sollte die Lautstärke darauf abgestellt sein, wie es z. B. bei dem Lied „Ich bin die kleine Maus" sehr gut möglich ist. Bei anderen Liedern kann die Lautstärke beliebig variiert werden, indem einmal eine „ganz leise" oder eine „noch leisere" Strophe gesungen wird. Mit dem Variieren der Lautstärke werden neben dem Hinhören auf den leisen Klang auch die verschiedenen Stimmregister (vgl. Kap. 10.2) geübt.

Stimmbildnerische Möglichkeiten durch die Liedvermittlung:
- *Möglichst häufige Verknüpfung von Singen und Bewegen,*
- *Singen von Liedmelodien auf Klangsilben und Vokalen,*
- *Verwendung von Kazoos,*
- *Variieren der Lautstärke.*

Aufgaben

1 Warum ist die Verknüpfung von Singen und Bewegen für die Stimmbildung wichtig?

2 Was ist bei Liedern, die nicht mit Bewegungsideen vermittelt werden, besonders zu beachten?

3 Welche Effekte ermöglicht das Singen mit Klangsilben?

4 Was wird durch das Singen mit Vokalen gefördert?

5 Was spricht für die Verwendung eines Kazoos?

6 Warum ist das Variieren der Lautstärke wichtig?

1.2 Gestaltung von Versen und Liedern mit Rhythmusinstrumenten

Sprachrhythmen und Liedmelodien sind die beste Grundlage um Rhythmusinstrumente ins Spiel zu bringen. Da die rhythmische Gestaltung von Versen auch für Kindergruppen eine gute Hinführung für die rhythmische Liedbegleitung darstellt, wird zuerst der Kindervers behandelt.

1.2.1 Rhythmische Gestaltung von Kinderversen

Der Kindervers ist die kürzeste und einfachste Form des Kinderliedes. Er wurde bisher nicht erwähnt, da er keiner besonderen Vermittlungsmethode bedarf. Er dient hier hauptsächlich als Grundlage von rhythmischen Spielen mit Sprache, Klanggesten und Rhythmusinstrumenten.

Rubbe dubbe dub ein Fischersmann
Rubbe dubbe dub was hat er dann.
Rubbe dubbe dub ein Sack voll Fisch.
Rubbe dubbe dub der ist für dich.

(aus: S. Abel-Struth: Musikalischer Beginn in Kindergarten und Vorschule, Bd. 3 Materialien, Mappe 5, Bärenreiter, Kassel 1973)

Jeder Vers hat einen ihm eigenen Sprachrhythmus, den es zu entdecken gilt. In dem Beispiel ist der Rhythmus in allen Zeilen gleich und geht über zwei Takte. Insgesamt ergibt dies einen achttaktigen Rhythmus, mit dem gespielt werden kann.

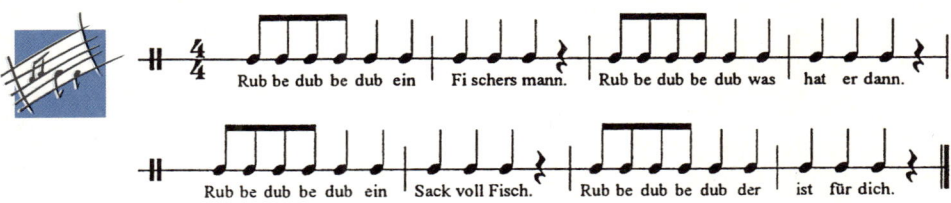

Am besten führt man den Vers mit dem Echospiel ein. Wichtig ist, dass die Erzieherin beim zeilenweisen Vor- und Nachsprechen der Gruppe zur richtigen Zeit die Einsätze gibt und so im ununterbrochenen rhythmischen Fluss bleibt. Die Wiederholungen werden anfangs von ihr mitgesprochen.

Für das rhythmische Spielen gibt es nun viele Möglichkeiten, aus denen man auswählen kann und die sich teilweise auch miteinander verbinden lassen.

Der Vers kann im Sprachrhythmus geklatscht werden, d. h. auf jede Silbe einen Schlag. Dies braucht nicht erklärt, sondern nur vorgemacht werden und die Kinder werden folgen. Dann teilt man die Verszeilen auf: der erste Takt jeder Zeile wird geklatscht, der zweite Takt jeder Zeile auf die Beine gepatscht. Auch das versteht die Gruppe ohne jede Erklärung. Jetzt wird die Kindergruppe in zwei Hälften geteilt. Der rechte Teil des Kreises spielt nur die Klatschstellen, der linke Teil nur die Patschstellen. Die Erzieherin leitet, indem sie für jede Gruppe die entsprechende Klanggeste mitmacht und die jeweilige Gruppe ansieht.

Nun werden Instrumente verteilt. Um den Wechsel gut hören zu können, muss jede Gruppe einheitliche Instrumente erhalten, also die rechte Gruppe z. B. Klangstäbe und die linke Gruppe Rasseln. Wenn nicht genügend von diesen Instrumenten vorhanden sind, sollte nicht mit anderen ergänzt werden. Die Kinder, die kein Instrument bekommen, spielen weiter mit ihrer Klanggeste. Beim nächsten Durchgang wird gewechselt. Dies kann mit Sprechen, mit Flüstern und ganz ohne Stimme probiert werden.

Zum nächsten Schritt legen die Kinder die Instrumente vor sich auf den Boden und üben etwas anderes. Jede Zeile hat am Ende eine Viertelpause. Die Erzieherin spricht nur den Text ohne Begleitung und stampft in jeder Pause einmal kräftig mit den Füßen auf. Auch dies kann die Gruppe ohne wortreiche Erklärung sofort mitmachen. Gemeinsam mit den Kindern wird überlegt, welches Instrument die neue Aufgabe übernehmen soll. Jedes Instrument, das einen klaren Schlag erzeugt, ist geeignet, Handtrommel ebenso wie Becken oder Triangel. Fällt die Entscheidung z. B. für Handtrommeln, so bildet sich eine dritte, kleinere Gruppe mit Handtrommeln. Auch die

Kinder mit den Handtrommeln müssen nebeneinander sitzen. Schließlich wird der Vers mit allen drei Instrumentengruppen gespielt.

Man hat nun eine Gestaltung mit drei verschiedenen rhythmischen Aufgaben. Wenn die Kinder nicht immer das gleiche Instrument spielen möchten, so ist es günstiger die Plätze zu wechseln als das Instrument, damit die gleiche optische Ordnung erhalten bleibt.

Der Versrhythmus ergibt noch weitere Möglichkeiten, die alternativ genutzt werden können. So ist es denkbar, den ganzen Vers nicht mit dem Sprachrhythmus, sondern mit dem Taktgrundschlag, also in Vierteln zu begleiten. Der Wechsel der Instrumentengruppen könnte auch nicht nach jedem Takt, sondern erst nach jeder Zeile einsetzen.

Eine schwierigere Variante ist es, den Vers mit einem rhythmischen Ostinato, also einem ständig wiederholten rhythmischen Motiv zu begleiten. Einen solchen Ostinato bildet man am besten aus einem Teil des Verses. In diesem Beispiel würde sich der Rhythmus des Wortes Fischersmann anbieten.

Schließlich kann man mit etwas geübteren Gruppen versuchen zwei verschiedene Aufgaben gleichzeitig laufen zu lassen: So spielt eine Gruppe den Versrhythmus mit Trommeln und spricht dazu, die zweite Gruppe begleitet mit dem Grundschlag oder mit dem Ostinato mit Rasseln.

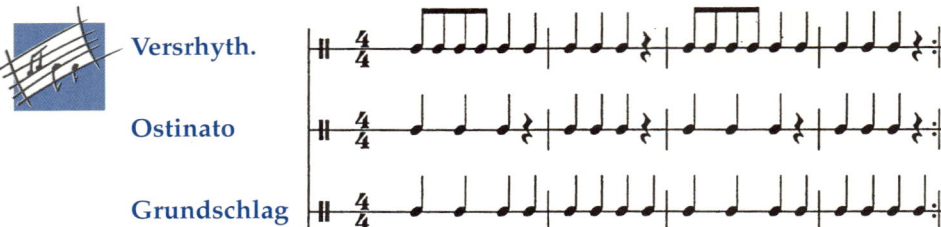

Versrhyth.

Ostinato

Grundschlag

Weitere geeignete Versbeispiele sind die hier enthaltenen Instrumentenverse.

In ähnlicher Weise wie mit Versen können rhythmische Spiele auch mit *rhythmischen Bausteinen* durchgeführt werden. Als rhythmische Bausteine bezeichnet man die kleinsten rhythmischen Motive im 2/4-Takt. Sie lassen sich gut aus den Eigennamen oder auch aus den Instrumentennamen ableiten. Zum Beispiel:

Ras - sel   Schel-len-trom-mel   Klang-stä - be   Tam-bou - rin   Gong

Die im Hinblick auf Verse dargestellten rhythmischen Möglichkeiten und Methoden lassen sich auch auf das Spielen mit rhythmischen Bausteinen übertragen.

> ### Rhythmische Möglichkeiten der Gestaltung von Versen:
> * *Verse im Sprachrhythmus begleiten,*
> * *Verse im Taktgrundschlag begleiten,*
> * *Verse mit einem Ostinato begleiten,*
> * *Verschiedene Teile mit verschiedenen Instrumentengruppen spielen,*
> * *Pausen ausfüllen.*

Rhythmische Spiele erfordern etwas Übung. Das heißt aber nicht, dass an einem Versbeispiel geübt werden soll, bis alles perfekt klappt und niemand mehr Lust hat. Der Übungseffekt stellt sich vielmehr durch wiederholtes rhythmisches Spielen an verschiedenen Versen ein. Allmählich können die Kinder selbst Vorschläge für die Gestaltung machen. Bei der rhythmischen Gestaltung geht man grundsätzlich von der Sprache über die Klanggeste zum Rhythmusinstrument. Eine neue rhythmische Aufgabe lässt sich mit Klanggesten leichter vermitteln als mit einem Instrument.

Methodische Schritte für die Vermittlung einer rhythmischen Versgestaltung:

> * Vers mit dem Echospiel einführen.
> * Alle rhythmischen Aufgaben mit verschiedenen Klanggesten mit der ganzen Gruppe üben.
> * Die Gruppe in Klanggestengruppen aufteilen.
> * Entsprechend der Klanggestengruppen Instrumente verteilen.

1 Notieren Sie den Rhythmus des folgenden Vers und entwickeln Sie rhythmische Gestaltungsmöglichkeiten.

> *Eins zwei drei vier, alle Kinder sitzen hier,*
> *sitzen beieinander, gelber Salamander,*
> *gritzegraue Maus und du bist raus.*

2 Wählen Sie einige der in diesem Buch enthaltenen Instrumentenverse. Notieren Sie die Versrhythmen und entwickeln Sie rhythmische Gestaltungsmöglichkeiten.

3 Überlegen Sie methodische Schritte für die Vermittlung.

4 Suchen Sie weitere geeignete Kinderverse und Abzählreime.

5 Führen Sie eine rhythmische Versgestaltung mit Ihrer Lerngruppe oder einer Kindergruppe durch.

6 Entwickeln Sie eine Gestaltungsidee für das Spiel mit rhythmischen Bausteinen.

1.2.2 Rhythmische Begleitung von Kinderliedern

Die Kinder haben ein Lied ausgehend von der Spielidee gut kennen gelernt und schon oft gespielt. Sie können es durch diese häufigen Wiederholungen nun auch sicher singen. Darauf aufbauend kann mit der rhythmischen Begleitung ein weiteres musikalisches Erlebnis vermittelt werden, das das Lied von Neuem interessant macht. Dabei wird die bisherige Spielidee beiseite gelassen. Sie wird sozusagen durch die rhythmische Begleitung ersetzt.

Wenn der Elefant in die Disco geht

T. u. M.: Klaus W. Hoffmann, aus: K. W. Hoffmann: Wenn der Elefant in die Disco geht; Rechte: Ravensburger Buchverlag, Ravensburg

Wenn der Bär in die Disco geht,
weißt du wie er sich auf der Tanzfläche dreht?
Die Vordertatzen hebt er und brummt ganz leis
und dreht sich langsam um sich selbst im Kreis.
Eins, zwei, drei …

Wenn der Affe in die Disco geht,
weißt du wie er sich auf der Tanzfläche dreht?
Er baumelt mit den Armen und hüpft ein Stück
nach links und rechts, vor und wieder zurück.
Eins zwei drei …

Auch bei dem Lied „Wenn der Elefant in die Disco geht" bleibt es der Erzieherin überlassen zu überlegen, wie sie die Einführung ausgehend von der Spielidee *Bewegung und Tanz* gestalten möchte. Im Folgenden wird nur die rhythmische Begleitung erörtert.

Das Lied ist deutlich in Strophe und Refrain gegliedert. Der Refrain enthält acht Takte, die in Zweitaktgruppen aufgeteilt sind: Die Takte 1–2 und 5–6 haben das gleiche melodische Motiv und einen ähnlichen Text; dazwischen liegen die Takte 3–4 und 7–8 mit jeweils anderen Motiven. Die Takte 1–2 und 5–6 werden mit „a", die Takte 3–4 mit „b" und die Takte 7–8 mit „c" bezeichnet. Demnach kann die Gliederung des Refrains mit der Kurzform *a b a c* festhalten werden. Diese Gliederung des Refrains wie auch die Aufteilung in Refrain und Strophe macht man sich bei der Liedbegleitung zu Nutze.

Auch die Liedbegleitung beginnt in der Regel mit dem Refrain:

Eins zwei drei und vier der	Klatschen auf die Zahlen in halben Notenwerten
Elefant ruft: Kommt und tanzt mit mir!	Patschen in Vierteln
Fünf sechs sieben und acht und	Klatschen auf die Zahlen in Halben
alle haben mitgemacht	Patschen in Vierteln

Bei der Vermittlung dieser Begleitidee wird genauso vorgegangen wie für Verse beschrieben. Die Erzieherin singt den Refrain und klatscht auf die Takte 1–2 und 5–6 und achtet darauf, dass die Gruppe ebenfalls nur diese Stellen begleitet. Nach wenigen Wiederholungen wird die Weiterführung im Patschen hinzugefügt. Man erklärt nicht, dass man schneller patscht als klatscht. Das würde nur verwirren. Die Kinder verlassen sich sowieso auf das, was sie hören. Nun wird gemeinsam eine Strophe gesungen und beim Refrain mit den Klanggesten eingesetzt.

Die Strophe wird in durchgehenden Vierteln begleitet. Als Klanggeste benutzt man das Stampfen abwechselnd mit rechtem und linkem Fuß. Die Kinder werden sich sofort anschließen. So sind drei rhythmische Aufgaben mit drei Klanggesten eingeführt.

Im nächsten Schritt bildet man drei Gruppen, die zunächst nochmals mit Klanggesten begleiten. Schließlich erhält jede Gruppe gleiche Instrumente also z. B. die Klatschgruppe Klangstäbe, die Patschgruppe Rasseln und die Stampfgruppe Handtrommeln.

Die Begleitidee für dieses Lied war die Aufteilung in drei Liedteile und die Begleitung dieser Teile mit verschiedenen Instrumenten in verschiedenen Notenwerten. Eine solche Begleitidee führt nicht nur zu einem befriedigenden Klangergebnis, sondern hilft dem Kind die Liedgliederung unbewusst mitzuvollziehen und trägt so zu rhythmischer Sicherheit bei.

In der Liedbegleitung werden die Instrumente grundsätzlich in einheitlichen Klanggruppen eingesetzt, damit die verschiedenen Gruppen sich klanglich klar voneinander absetzen. Dafür ist es erforderlich von einer Instrumentenart jeweils mehrere Instrumente zur Verfügung zu haben.

Ja, ja, bei uns ist immer etwas los

T.: R. Krenzer, M.: L. Edelkötter; aus: L. Edelkötter: Ich gebe dir die Hände; Rechte:
Impulse Musikverlag, Drensteinfurt

Dienstag, da ist Hausputz …
Mittwoch, da ist Wandertag …
Donnerstag, da ist Kichertag …
Freitag, da ist Radfahrtag …
Samstag, da ist Zahltag …
Sonntag, da ist Schlaftag …

oder andere Tage, je nach Vorschlägen der Gruppe!

Auch das Lied *„Ja ja bei uns ist immer etwas los"* könnte man auf ähnliche Weise begleiten. An diesem Beispiel sollen aber andere Begleitideen verdeutlicht werden.

Im Refrain wird der jeweilige Tag, also z. B. „Waschtag" viermal an rhythmisch prägnanten Stellen wiederholt. Anschließend folgt dreimal eine Halbepause und einmal eine Viertelpause. Hier können Sie bereits zwei Instrumentengruppen einsetzen:

Waschtag   zwei Schläge mit Trommeln

Pausen   zwei Schläge mit Triangeln

Auch in der Strophe wird die Stelle „immer etwas los" viermal im gleichen Rhythmus wiederholt. Diese Stelle können Sie mit einer dritten Gruppe hervorheben:

immer etwas los   mit Klangstäben im Wortrhythmus
                                                     oder auch mit drei Vierteln

Damit haben Sie wiederum drei verschiedene Aufgaben auf drei Gruppen aufgeteilt. Wichtig ist, dass jede Gruppe grundsätzlich nur eine rhythmische Aufgabe erhält. Die Begleitideen sind hier das Hervorheben einzelner Worte und das Ausfüllen von Pausen.

Die Vermittlung der Begleitung geht wiederum von der Klanggeste zum Instrument und muss nicht mehr im Einzelnen beschrieben werden.

> **Möglichkeiten der rhythmischen Liedbegleitung:**
> * *Verschiedene Liedteile mit verschiedenen Instrumentengruppen begleiten.*
> * *Begleiten in unterschiedlichen Notenwerten: in Vierteln, in Halben, in Ganzen, im Textrhythmus.*
> * *Mitspielen einzelner rhythmisch prägnanter Worte.*
> * *Ausfüllen von Pausen.*

Methodische Schritte für die Vermittlung einer rhythmischen Liedbegleitung:

> * Zwei bis drei verschiedene rhythmische Aufgaben pro Lied.
> * Bildung einheitlicher Klanggruppen.
> * Jede Gruppe erhält nur eine rhythmische Aufgabe.
> * Die methodischen Schritte gehen wie bei der Versgestaltung von der Klanggeste zum Instrument.

Aufgaben

1 Welche Begleitideen können Sie bei einer Liedbegleitung anwenden?

2 Begründen Sie die methodischen Prinzipien.

3 Entwickeln Sie Begleitideen für die Liedbeispiele des Kapitels Liedvermittlung.

4 Schreiben Sie Ihre Begleitideen mit Noten auf.

5 Überlegen Sie für ein Beispiel die methodischen Schritte für die Vermittlung.

6 Führen Sie eine rhythmische Liedbegleitung mit Ihrer Lerngruppe oder mit einer Kindergruppe durch.

1.3 Die Liedanalyse

Die Gründe für die Auswahl eines Liedes sind häufig spontan und gefühlsbetont. Sie können z. B. darin liegen, dass das Lied gut zu dem augenblicklichen Thema passt oder dass die Liedmelodie gut gefällt. Um zu überprüfen, ob ein Lied für die Gruppe geeignet ist, muss es nach musikalischen und nach methodischen Kriterien befragt werden. Hier kommen viele bereits besprochene Gesichtspunkte zur Geltung.

1.3.1 Musikalische Analyse

Ich schenk' dir einen Regenbogen

T. u. M.: Dorothee Kreusch-Jakob; aus: D. Kreusch-Jakob: Musikerziehung; Rechte: Patmos Verlag, Düsseldorf

Ich schenk' dir ei - nen Re - gen - bo - gen

rot und gelb und blau. Ich wünsch' dir was! Was

ist denn das? Du weißt es doch ge - nau.

Ich schenk' dir hundert Seifenblasen, die spiegeln mein Gesicht.
Ich wünsch' dir was! Was ist denn das?
Nein ich verrat's dir nicht!

Ich schenk' dir eine weiße Wolke hoch am Himmel dort.
Ich wünsch' dir was! Was ist denn das?
Es ist ein Zauberwort.

Ich schenk' dir einen Kieselstein, den ich am Wege fand.
Ich wünsch' dir was! Was ist denn das?
Ich schreib's in deine Hand.

Ich schenk' dir einen Luftballon, er schwebt ganz leicht empor.
Ich wünsch' dir was! Was ist denn das?
Ich sag's dir leis ins Ohr.

Ich schenke dir ein Kuchenherz, drauf steht: Ich mag dich so!
Ich wünsch' dir was! Was ist denn das?
Jetzt weißt du's sowieso!

Das Lied „*Ich schenk dir einen Regenbogen*" ist in der Tonart D-Dur geschrieben, d. h., die Liedmelodie besteht aus Tönen der D-Dur Tonleiter. Durch die Vorzeichen am Anfang der Zeilen werden die Töne *f zu fis* und *c zu cis* erhöht. Dies ist zu beachten, wenn die Melodie mit einem Instrument gespielt wird. (vgl. Kap. 7.2.1)

Mit dem Tonumfang bezeichnet man den Abstand zwischen dem tiefsten und dem höchsten Ton eines Liedes. Zwischen dem tiefsten Ton *cis'* und dem höchsten Ton *h"* liegt ein Abstand von sieben Tönen, also einer Septime (zu Intervallbezeichnungen vgl. Kap. 7.3.1). Der Tonumfang liegt damit unter einer Oktave und ist für die Kinderstimme keine Überforderung. Auch die allgemeine Tonlage entspricht der Lage der Kinderstimme gut. Es besteht nicht die Gefahr, dass der Gesang in einen undifferenzierten Sprechgesang abgleitet (vgl. Kap. 10.2). Auch die höchste Liedstelle im dritten Takt ist von jedem Kind gut zu erreichen. Dies alles trifft natürlich nur zu, wenn das Lied auch in der angegebenen Tonhöhe gesungen wird. Nicht in jedem Falle ist die im Liederbuch angegebene Tonhöhe so optimal wie in diesem Beispiel. Zum Teil sind Veränderungen nach oben oder unten sinnvoll.

Die Melodieführung enthält keine großen Sprünge. Sie bewegt sich in Tonschritten und in kleinen Sprüngen im Terzabstand. Sie geht damit leicht ins Ohr und enthält keine besonderen Schwierigkeiten.

Die Gesamtlänge des Liedes beträgt acht Takte im Viervierteltakt. Das Lied beginnt mit einem unvollständigen Takt, dem so genannten Auftakt. Diesen zählt man bei der Feststellung der Taktzahl nicht mit, da er lediglich den letzten Takt zu einem vollständigen Takt ergänzt. Die acht Takte sind deutlich in zwei Viertaktgruppen geteilt. Sie werden durch eine Pause voneinander getrennt und weisen den gleichen Rhythmus auf. Auch wenn die melodische Wendung in der zweiten Liedhälfte etwas anders ist, erlebt man durch die rhythmische Gleichheit die beiden Liedhälften beim Singen als ähnlich. Diese Melodiegliederung kann mit der Kurzformel *a-a'* bezeichnet werden. Dies bedeutet, dass die Melodie *a* in einer veränderten Form *a'* wiederholt wird.

Der Liedrhythmus ist durch das Motiv des ersten Taktes bestimmt, das insgesamt sechsmal auftritt. Dieses Motiv hat einen federnden, leicht beschwingten Charakter und ist durch die häufigen Wiederholungen leicht im Singen aufzunehmen. Der gleiche Rhythmus würde jedoch auf einem Instrument deutliche Schwierigkeiten bereiten und ist daher für die rhythmische Begleitung nicht zu empfehlen. Die beiden Liedhälften werden mit zwei Achteln beendet. Daran schließt sich eine Halbepause an. Beides ist reizvoll, enthält jedoch die Gefahr, dass dieser Reiz durch oberflächliches Singen verloren geht. Insbesondere auf das Einhalten der Pausen ist also besonders zu achten.

Kriterien der musikalischen Liedanalyse:
- *Tonart,*
- *Tonumfang und allgemeine Tonlage,*
- *Melodieführung und besondere melodische Schwierigkeiten,*
- *Liedgliederung,*
- *Liedrhythmus und besondere rhythmische Schwierigkeiten.*

1.3.2 Methodische Analyse

Spricht die Textaussage die Kinder an und ist sie für Kinder verständlich? Mit dem Regenbogenlied soll jemand beschenkt werden oder man beschenkt sich gegenseitig. Das Lied eignet sich für alle Zusammenhänge, in denen die Idee des Schenkens enthalten ist, also bei Geburtstagsfeiern, zum Muttertag, zu Weihnachten und anderen Festen. Der Inhalt des Liedes sind symbolische Geschenke und geheimnisvolle Wünsche. Regenbogen, Seifenblasen, Wolke, Kieselstein, Luftballon und schließlich das Kuchenherz sind Symbole, die sich dem Kind gefühlsmäßig erschließen und keiner Erklärung bedürfen. Durch die wiederholt gestellte Frage „Ich wünsch dir was! Was ist denn das?" wird eine geheimnisvolle Spannung aufgebaut. Die Frage wird zwar nicht konkret beantwortet, aber durch den Satz „Ich mag dich so!" emotional gut aufgelöst. Die durch die Symbole ausgelösten Vorstellungen und die durch die Frage ausgelöste Spannung ergeben zusammen mit der ruhigen Liedmelodie eine offene, warmherzige Stimmung, die die Haltung des Schenkens genau trifft.

Die Bongos
Als Bongos sind wir immer zwei,
wir klingen tief und hell.
Schlagt ihr uns mit den Händen an,
denn merkt ihr das ganz schnell.

Das Lied enthält mit sechs Strophen recht viel Text. Lediglich die Zeile „Ich wünsch dir was! Was ist denn das?" wird in jeder Strophe in gleicher Weise wiederholt. Man findet hier also keinen richtigen Refrain, hat aber mit dieser Stelle einen Refrainersatz, der das Mitsingen erheblich erleichtert.

Die wichtigste methodische Frage ist die nach den Spielideen. Welche Spielideen sind enthalten, welche eignen sich dazu das Lied mit Kindern zu erleben? Das Regenbogenlied drängt sich auf den ersten Blick nicht als Spiellied auf. Dennoch ergeben sich bei genauerer Betrachtung mehrere spielerische Möglichkeiten. Die ausgesprochenen Geschenke lassen sich sehr schön als *Gesten* verdeutlichen und auch zu den übrigen Liedzeilen fällt es nicht schwer Gesten zu finden. Ebenso wäre es denkbar den *Liedinhalt im Tanz* darzustellen. Für die erste Hälfte jeder Strophe werden jeweils verschiedene Bewegungen verabredet, für die zweite Hälfte bleiben die Bewegungen in jeder Strophe gleich. Weiterhin eignen sich die Strophen für das *Erstellen einer Bilderreihe*. Jedes Kind wählt eine Strophe aus und malt, was ihm dazu enfällt. Schließlich können mit der kurzen und deutlich gegliederten Liedmelodie sehr gut *spielerische Hörübungen* durchgeführt werden (vgl. Kap. 1.6). Solche Spiele könnten hier zudem auf die Geschenke des Liedes bezogen werden, indem z. B. zur wiederholten Liedmelodie mit Bausteinen ein gemeinsamer Regenbogen gelegt wird. Welche dieser Ideen nun der Schwerpunkt der Liedvermittlung sein soll, hängt von Ihnen und Ihren Absichten ab. Es lassen sich auch mehrere Ideen verbinden.

Auch in stimmbildnerischer Hinsicht kann das Lied ergiebig sein. Aufgrund der geringen Taktzahl und der klaren Gliederung bietet sich die Liedmelodie für das Singen auf Vokalen oder Klangsilben an. Beim Singen des Textes ist es sinnvoll die zweite Hälfte jeder Strophe leiser zu singen.

> **Kriterien der methodischen Analyse:**
> - *Textaussage,*
> - *Textgliederung,*
> - *Spielideen,*
> - *Stimmbildnerische Möglichkeiten.*

Aufgaben

1 Was ist das Ziel einer Liedanalyse?

2 Erläutern Sie die Kriterien der musikalischen Analyse.

3 Übertragen Sie die Kriterien der musikalischen Analyse auf ein Liedbeispiel des Kapitels Liedeinführung.

4 Erläutern Sie die Kriterien der methodischen Analyse.

5 Übertragen Sie die Kriterien der methodischen Analyse auf ein Liedbeispiel des Kapitels Liedbegleitung.

1.3.3 Liedauswahl

Die Frage nach der Liedauswahl wird ganz bewusst erst zum Ende des Kapitels über das Kinderlied gestellt, denn nun können viele der erarbeiteten Gesichtspunkte zusammenfassend bedacht werden. Aus der musikalischen und methodischen Liedanalyse ergeben sich auch die Kriterien für die Liedauswahl.

Von der melodischen Seite her sollte ein Kinderlied „leicht ins Ohr gehen", also leicht mitzusingen sein. Dies hängt von Tonumfang, Tonlage, Liedgliederung und Melodieführung ab.

Um die Kinderstimme nicht zu überfordern sollte der **Tonumfang** nicht viel mehr als eine Oktave betragen. Eine zu hohe **Tonlage** kommt dabei der Singfreude genauso wenig entgegen wie eine zu tiefe Lage. Die Kinderstimme fühlt sich in der Oktave c-c' am wohlsten. Lieder, die deutlich darüber oder darunter liegen, wären entsprechend in der Tonlage zu verändern.

Eine **klare Gliederung der Melodie** erleichtert das Mitsingen ebenso wie eine **Gliederung des Textes** in Strophe und Refrain. Die Melodieführung sollte sich eher in Tonleiterschritten und kleinen Sprüngen vollziehen und auf häufige, große Sprünge verzichten.

All diese Kriterien sind in der Regel erfüllt, wenn Sie selbst ein Lied schnell und leicht erlernt haben.

Auch an den Textinhalt sind wichtige Forderungen zu richten. Dass ein Lied gut zu dem augenblicklichen Thema passt, genügt hier sicherlich nicht; es ist meist gar nicht so wichtig. Kinder erwarten von einem Lied nicht, dass es das, was zu einem Thema besprochen wurde, noch einmal zusammenfasst; d. h., sie erwarten keine Wissensvermittlung. Sie erwarten vielmehr ein ganzheitliches, spielerisches Erleben des Liedes. Voraussetzung dafür ist, dass der **Textinhalt** die Kinder anspricht und für sie verständlich ist. Die im Text angesprochenen Bilder, Stimmungen und Handlungen müssen der Erlebniswelt der Kinder entstammen und entsprechende Vorstellungen, Fantasien und Identifikationen ermöglichen.

Die wichtigste und konkreteste Forderung an den Liedtext ist, dass er spielerisches Erleben ermöglicht. Was könnte man außer dem Singen mit dem Lied noch anfangen? Das ist die entscheidende Frage nach den im Text **enthaltenen Spielideen**. Lieder, die auf diese Frage keine Antworten enthalten, sind für die Kindergruppenarbeit nur bedingt geeignet.

1　Erläutern Sie die Kriterien der Liedauswahl.

2　Suchen Sie aus einem Liederbuch drei nach diesen Kriterien geeignete Kinderlieder heraus.

3　Vergleichen Sie Liederbücher verschiedener Autoren im Hinblick auf die Eignung der Lieder für die Kindergruppenarbeit.

Aufgaben

1.4　Zum pädagogischen Wert des Kinderliedes

Ein Kinderlied ist für das Kind ein Spielinhalt. Darin sind Musik und Spiel als untrennbare Teile enthalten. Ein Lied singen zu können ist somit nur ein Aspekt der Absichten, die mit einer Liedvermittlung zu verfolgen sind. Lieder sollen für Kinder zu einem ganzheitlichen Erlebnis werden. Wichtig ist in erster Linie, dass die Kinder ein Lied lustvoll erleben und Freude an dem spielerischen Umgang mit Liedern entwickeln. Ebenso wichtig sind die musikalischen und die allgemeinen Fähigkeiten, die die Kinder auf dem Weg der Liedvermittlung gewinnen.

Im Einzelnen kann der hohe pädagogische Wert des Kinderliedes und der damit verbundenen musikalischen und spielerischen Aktivitäten durch die folgenden Aspekte verdeutlicht werden:

- Singen ist eine wesensgemäße Ausdrucksmöglichkeit des Menschen. Die Fähigkeit ist als elementare Lebensäußerung jedem Menschen gegeben. Dabei ist es völlig gleichgültig, wie gut oder wie richtig der Einzelne singen kann. Kinder haben ein *grundlegendes Bedürfnis* diese Lebensäußerung zu erfahren und zu erproben. Durch die Befriedigung dieses Grundbedürfnisses wird das Singen zu einem *lustvollen* Erlebnis.
- Das gleiche gilt für die Bewegung. Kinderlieder enthalten Bewegungsanreize, die von der Geste über die pantomimische Darstellung bis zum Tanz reichen. Gemeinsam ist allen Bewegungsaufgaben, dass sie im zeitlichen Ablauf und damit im rhythmischen Fluss des Liedes erfolgen. Damit wird insgesamt nicht nur die *Grobmotorik*, sondern darüber hinaus die *rhythmische Bewegungsfähigkeit* gefördert.

- Im Singen werden fast automatisch *alle Stimmfunktionen* geübt, die nicht nur für die Singstimme, sondern ebenfalls für die Sprechstimme wichtig sind. Es fördert insbesondere in der Verbindung mit Bewegung die richtige Atmung, die Resonanz und die Lautbildung.
- Eng damit verbunden ist auch eine Erweiterung der *Sprachfähigkeit.* Die Kinder sind in einer wichtigen Phase ihrer Sprachentwicklung, die durch entwicklungsbedingte Sprachfehler gekennzeichnet ist. Hier bietet das Kinderlied ein ideales Übungsmaterial. Beim wiederholten Singen der Lieder wird immer wieder die gleiche Lautbildung im rhythmischen Fluss verlangt. Individuelle Mängel fallen hier nicht auf, erfahren aber eine regelmäßige Übung.
- Ein besonderer Aspekt ist dabei bei dialektgeprägten Sprachräumen zu beachten. Das Kinderlied bietet auch hier für Aussprache, Wortschatz und Satzbildung ein ständiges Material zur *Übung der Hochsprache*.
- Beim Erlernen eines neuen Liedes müssen sich die Kinder genau auf den gezeigten Ablauf des Textes, der Melodie und der Bewegungen konzentrieren. Es dauert einige Zeit, bis die einzelnen Teile des Liedes kombiniert und im Gedächtnis behalten werden können. Durch die beliebig häufigen Wiederholungen erhält aber jedes Kind die für sich erforderliche Zeit. Das Kinderlied ist also ein wesentliches Mittel der *Konzentrations- und Gedächtnisschulung*.
- Mit dem Liedinhalt wird den Kindern häufig eine Situation angeboten, die ihre *Vorstellung und Fantasie* anregt, in die sie sich hineinversetzen müssen. Durch die Liedmelodie und die dazu durchgeführten Spielaktivitäten sollen die im Lied enthaltenen *Stimmungen und Gefühle* mitvollzogen werden können.
- Andere Liedinhalte sind dazu geeignet vorher besprochene *Erkenntnisse oder Verhaltensweisen zu vertiefen*. Hier ist durch die häufigere Wiederholungmöglichkeit im Lied ein spielerischer Übungseffekt gegeben.
- Singen und Bewegen und insbesondere die rhythmische Begleitung mit Instrumenten fördert das *Gefühl für Rhythmus und Takt*, d. h. für gleichmäßige zeitliche Gliederungen.
- Durch die zum Lied ausgeführten Spielaktivitäten gibt es immer wieder Anlässe mit anderen Kindern in *Kontakt* zu treten. Davon sind auch Kinder betroffen, die sich im sonstigen Gruppengeschehen kaum wahrnehmen. Durch das Liedspiel gerät aber die *ganze Gruppe in das Wahrnehmungsfeld* des Kindes.
- Im gemeinsamen Singen befindet sich das Kind im Gleichklang mit der ganzen Gruppe. Es erlebt sich als Teil des Ganzen, es erlebt die Gemeinschaft, zu der es gehört. Der gemeinsame „Besitz" von Liedern ist ein äußeres Zeichen der Gemeinschaft einer Gruppe, wodurch das *Gemeinschaftgefühl* wiederum gestärkt wird.
- Dennoch ermöglichen es die Spielaktivitäten häufig besondere Aufgaben zu übernehmen. Dies erfordert *Mut* und stärkt durch das *Erfolgserlebnis das Selbstbewusstsein.*

Die Eltern begrüßen es in der Regel, wenn mit ihren Kindern häufig gesungen wird, weil sie die gute Stimmung, die in der Gruppe dadurch entsteht, bemerken. Der hohe pädagogische Wert, ja der eigentliche Grund des häufigen Singens ist, ist ihnen aber selten bewusst. Ganz im Gegenteil dazu wird dem Singen mit Kindern in jüngerer Zeit in der Öffentlichkeit eine geringere Bedeutung beigemessen. Dies zeigt sich z. B. darin, wenn zur Verdeutlichung des hohen Anspruchs der Aufgabe der Erzieherin darauf hingewiesen wird, dass eine Erzieherin mehr können muss als nur mit den Kindern zu singen und zu spielen. Wenn dies auch gut gemeint und zweifellos richtig ist, wird hier doch eine Abwertung deutlich. Obwohl das Singen als Bestandteil der Kindergruppenarbeit akzeptiert ist, wird es doch in seiner Bedeutung nicht geschätzt und damit auch nicht die Erzieherin, die durch das häufige Singen mutmaßlich anderen Aufgaben aus dem Weg gehen will.

Dies zeigt, wie wichtig es ist, dass sich die Erzieherin der eigenen pädagogischen Absichten nicht nur bewusst ist, sondern sie auch den Eltern erläutert. Man sollte sich nicht damit begnügen, den Eltern mit der Gruppe etwas vorzuführen und dafür von den Eltern ein Lob zu erhalten. Auch Eltern verstehen am besten durch das eigene Tun. Wenn bei einem Elternabend ein Lied nicht nur gesungen, sondern genau so wie in der Kindergruppe gespielt wird, so lernen die Eltern sich dabei nicht nur gut kennen, sondern können im anschließenden Gespräch den pädagogischen Wert des Kinderliedes zum großen Teil selbst erschließen, bzw. die Erläuterungen der Erzieherin gut nachvollziehen.

Die Schellentrommel

Als Schellentrommel könnt ihr mich schütteln oder schlagen.
Das ist mir ganz gleich, ich kann beides gut vertragen.

Häufig besteht ein großes Interesse bei den Eltern, die in der Gruppe verwendeten Lieder auch zu Hause singen zu können. Dies kann durch mehrere Angebote von Seiten der Erzieherin unterstützt werden. Neue Lieder könnten bei Elterntreffen regelmäßig mit der ganzen Elterngruppe gesungen werden. Ebenso können sie mit Noten in der Kindergartenzeitschrift oder in Elterninformationen abgedruckt werden. Ein besonderes Projekt wäre die Herstellung einer eigenen Liederkassette mit der Kindergruppe, die für jede Familie vervielfältigt werden kann.

1 Inwiefern ist bei der Liedvermittlung der Prozess wichtiger als das Ergebnis?

Aufgaben

2 Übertragen Sie die übergeordneten Ziele der Liedvermittlung auf eines der erarbeiteten Liedbeispiele. Überlegen Sie, welche der Ziele hier besonders zutreffen, und konkretisieren Sie diese.

Literaturhinweise

AUERBACH, L.: Hören lernen – Musikerleben, Möseler Verlag, Wolfenbüttel 1971, Kapitel 7: Das Erleben von Liedformen aus dem Umgang mit deren musikalischen Elementen, S. 78–104

GROSSE-JÄGER, H.: Freude an Musik gewinnen, Herder Verlag, Freiburg 1983

GROSSE-JÄGER, H.: Mein Wagen hat vier Räder – Singen im Kindergarten, Fidula Verlag, Boppard 1985

GROSSE-JÄGER, H.: Musikpraxis, Arbeitshilfen für Musik in Kindergarten und Grundschule, Zeitschrift vierteljährlich, Fidula Verlag, Boppard. In jedem Heft finden sich zwei bis drei Liedbeispiele mit guten methodischen Anregungen.

HOERBURGER, Ch.: Singen, Tanzen, Tönen, Mimen. Spielorientierte Musikerziehung, Auer Verlag, Donauwörth 1984

KREUSCH-JAKOB, D.: Musikerziehung, Don Bosco Verlag, München 1995, Kapitel: Stimme, Sprache, Lieder S. 19–68

MERGET, G.: Musik als Spiel, in: Horst Wagner (Hrsg.): Kinder spielen mit Musik, Ergänzungsband: Beiträge zu Theorie und Praxis, Schriftenreihe des Sozialpäd. Instituts des Landes Nordrhein-Westfalen (SPI), Köln 1989

MERGET, G.: Rhythmisches Musizieren mit Instrumentennamen, in: H. Grosse-Jäger: Musikpraxis Heft Nr. 30, Fidula Verlag, Boppard 1986

Kinderliederbücher

Das Angebot an Ausgaben mit traditionellen und neuen Kinderliedern ist nahezu unüberschaubar. Die folgende Liste ist lediglich eine Auswahl, in die vor allem Sammelbände der wichtigsten Autoren und Verlage aufgenommen wurden. Fast jeder genannte Autor und Verlag bietet eine Vielzahl weiterer Bücher und Hefte an.

EDELKÖTTER, L.: Weil du mich so magst, Verlag Impulse, Drensteinfurt

HOFFMANN, W.: Wie kommt die Maus in die Posaune, Verlag Aktive Musik, Dortmund 1989

JEHN, M. und W.: Kinderspiele aus aller Welt, Verlag Eres, Lilienthal, Bremen o. J.

JÖCKER, D.: Seine schönsten Lieder, Verlag Menschenkinder, Münster 1995

KATHOLISCHE JUNGE GEMEINDE (Hrsg.): Knackfrosch Bände 1 und 2, KJG-Verlag Düsseldorf 1988 und 1992

KRENZER, R.: Meine schönsten Lieder Band 1 und 2, Verlag Herder, Freiburg 1989, 1990

KREUSCH-JAKOB, D.: Das Liedmobil, Verlag Ellermann, München 1989

LEMMERMANN, H.: Die Sonnenblume, Die Zugabe Bd. 4 Verlag Fidula, Boppard/Rhein 1992

NEUHAUS, K.: Dackel Wackel Tanz, Verlag Aktive Musik, Dortmund 1989

ROSIN, V.: Itzibitz die Liedermaus, Don Bosco Verlag, München 1991

SPODE, W.: Die Wundertüte, Verlag Fidula, Boppard 1993

VAHLE, F.: Liederspatz, Verlag Pläne, Dortmund 1982

2   Klangspiele

Das Spielen von Melodien und Rhythmen stellt bereits Anforderungen an die musikalischen Fähigkeiten. Dabei ist es nicht immer möglich, dass sich jeder ohne Vorkenntnisse und ohne Angst vor Misserfolg beteiligen kann. Elementarer als Melodien und Rhythmen ist der Klang und die klangliche Ebene des musikalischen Spiels.

Die Fingercymbel

Als Fingercymbeln haben wir
einen hellen Klang.
Man schlägt uns aufeinander,
unser Ton hält ziemlich lang.

Das Spielen mit Tönen, Klängen und Geräuschen umfasst mehrere Seiten. Zunächst meint es das Ausprobieren von und das Experimentieren mit Materialien, die Klänge erzeugen. Das Experimentieren schließt das genaue Hinhören auf die selbst produzierten Klänge ein. Spielen heißt schließlich auch die Klänge in einen Spielablauf zu integrieren. In der Praxis des Spiels fließen diese Elemente zusammen.

Der Spielablauf wird durch eine Spielregel ermöglicht. Dadurch grenzt sich das Klangspiel von der Klangszene ab, in der der Spielablauf durch einen außermusikalischen Inhalt (Geschichte o. Ä.) gegeben ist. Spieltheoretisch kann das Klangspiel damit dem Regelspiel zugeordnet werden.

Die Motivation für Regelspiele ist in allen Altersgruppen recht hoch. Insbesondere kann damit auch das Spielinteresse von Jugendlichen und Erwachsenen angesprochen werden. In Klangspielen wird diese Spielmotivation für die Entwicklung von Klangsensibilität und spontanem musikalischem Verhalten genutzt. Regelspiele sind hier immer Gruppenspiele. Daher richtet sich das Interesse gleichstark auf die Gruppenaktivität.

2.1   Klangmaterial und musikalische Parameter

In Klangspielen werden gleichberechtigt Töne, Klänge und Geräusche einbezogen. Töne beruhen auf regelmäßigen Schwingungen, wie sie von Melodieinstrumenten erzeugt werden, und sind nachsingbar. Klänge sind ein Gemisch aus regelmäßigen Schwingungen. Obwohl sie deutlich lange nachklingen (Becken, Triangel, Handtrommel), sind sie nicht nachsingbar. Geräusche beruhen auf unregelmäßigen Schwingungen und sind nicht nachsingbar. Obwohl die physikalische Abgrenzung einfach und klar erscheint, sind auch Mischformen und Grenzfälle denkbar. Der Überbegriff über diese drei Erscheinungsformen wäre eigentlich der *Schall*. Daher spricht man auch von Schallspielen (vgl. W. Keller 1972, S. 7 ff.). Es hat sich jedoch eingebürgert den Begriff Klang auch zusätzlich als Überbegriff zu verwenden und Spiele mit Tönen, Klängen und Geräuschen als Klangspiele zu bezeichnen. Der Einfachheit halber wird auch im Folgenden der Begriff Klang als Gesamtbegriff benutzt.

Für die Erzeugung von Klängen werden alle möglichen Materialien benutzt. Da ist zunächst die *Stimme*, die nicht nur Sprachlaute, sondern auch verschiedene Geräusche produzieren kann. *Gegenstände*, die im Gruppenraum vorhanden sind, können ebenfalls Klänge erzeugen. Da der Klang im Wesentlichen von der Materialbeschaffenheit abhängt, sind in den unterschiedlichen Spielmaterialien vielfältige Klangquellen zu finden. *Selbstgebaute Instrumente*, die sich häufig für das rhythmische Spiel nicht so gut eignen, können in Klangspielen umso besser verwendet werden. Die wichtigste Klangquelle sind jedoch die *vorhandenen elementaren Instumente*. Als **elementar** werden solche Instrumente bezeichnet, auf denen jeder ohne Vorkenntnisse und ohne lange Übung spielen kann. Im Wesentlichen sind dies die von Carl Orff (1895–1982) entwickelten und in seinen Kompositionen für die Schule (Orff Schulwerk) eingesetzten Instrumente. Sie werden heute mit dem Begriff Orff-Instrumente zusammengefasst. Das Orff-Instrumentarium gliedert sich in das kleine Schlagwerk (= kleine Rhythmusinstrumente), das große Schlagwerk (= größere Fellinstrumente) und Stabspiele (= Melodieinstrumente). In jüngerer Zeit wird das Orff-Instrumentarium jedoch zunehmend durch weitere Rhythmus- und Klanginstrumente ergänzt, die vor allem der lateinamerikanischen und der afrikanischen Folklore entstammen.

Elementare Instrumente

Orff-Instrumente	*Kleines Schlagwerk*	• Triangel • Becken • Fingerzymbel • Klangstäbe • Holzblocktrommel • Holzrohrtrommel • Rassel • Schellenkranz • Schellenrassel • Schellenband
	Großes Schlagwerk	• große Trommel • Pauke • Handtrommel • Schellentrommel • Bongos
	Stabspiele	• Xylofon • Metallofon • Glockenspiel
weitere Rhythmus- und Klanginstrumente		• Maracas • Tambourin • Guiro • Cabasa • Vibraslap • Kuhglocke • Conga • Tempelblocks • Flexaton

Abbildungen der elementaren Instrumente finden sich in loser Anordnung im ganzen Buch verteilt.

> **Die Inhalte**, auf die sich die Regeln **der Klangspiele** beziehen, sind die Eigenschaften der Klänge oder anders ausgedrückt, die elementaren musikalischen Parameter: Klangfarbe, Klangdauer, Lautstärke, Tonhöhe, Tempo, Klangort und Klangdichte.

Jedes Instrument, jede Stimme hat eine andere *Klangfarbe*. Sie hängt vom Material und der Art der Klangerzeugung ab. Das Material ist z. B. Holz, Fell und Metall; die Arten der Klangerzeugung sind z. B. schlagen, reiben, zupfen, blasen und schütteln. Die Spielregeln beziehen sich z. B. auf das Wiedererkennen und Heraushören von Klangfarben.

Die *Klangdauer* kann man beliebig beeinflussen. Dies gelingt jedoch nicht mit jedem Instrument. Die Spielregeln beziehen sich z. B. auf die Unterscheidung von kurz, mittellang und lang klingenden Instrumenten oder auf das allmähliche Verklingen von Tönen.

Verschiedene *Tonhöhen* kann man nur mit der Stimme oder mit Melodieinstrumenten erzeugen. Bei manchen Rhythmusinstrumenten wie z. B. Bongo, Conga oder Tempelblocks können Klanghöhen unterschieden werden. Spielregeln gehen im Wesentlichen auf extreme Gegensätze oder allmähliche Veränderungen der Tonhöhe ein.

Lautstärke und *Tempo* kann man bei nahezu allen Klangmaterialien beliebig beeinflussen. Auch hier sind meist Gegensätze oder allmähliche Veränderungen die Inhalte der Spielregeln.

Mit der *Klangdichte* wird ausgesagt, ob viele oder wenige Klänge oder Instrumente gleichzeitig erklingen. Die Spielregeln erfordern z. B. den plötzlichen Wechsel oder das Zu- bzw. Abnehmen der Anzahl der Spieler.

Der *Klangort* ergibt sich aus der Beziehung zwischen Hörer und Klangquelle und meint die Richtung, aus der ein Klang zum Hörer dringt. In Spielen geht es z. B. um das Finden von Klangquellen, um mehrere Klangquellen aus verschiedenen Richtungen oder um sich im Raum bewegende Klänge.

In der Regel stehen bei einem Klangspiel eine oder zwei dieser Parameter im Vordergrund, andere können eher nebenbei beteiligt sein. Die Zusammenstellung des Klangmaterials und der musikalischen Parameter ergibt einen Überblick über die Inhalte von Klangspielen.

Aufgaben

1 Erläutern Sie den Begriff Klangspiel.

2 Worin besteht der besondere pädagogische Wert von Klangspielen?

3 Welche Klangmaterialien werden bei der Durchführung von Klangspielen einbezogen?

4 Erläutern Sie die elementaren musikalischen Parameter.

2.2 Wahrnehmungs- und Interaktionsspiele

Bei diesen Spielen kommt es zunächst auf das genaue Hinhören an. Man hört aufmerksam auf bestimmte Eigenschaften von selbst erzeugten Klängen und reagiert darauf. Die Klangimpulse können von der Spielleiterin oder von Gruppenmitgliedern gegeben werden. Die Reaktionen erfolgen durch Bewegung im Raum, Bewegung am Platz oder Klangaktionen mit Stimme und Instrumenten. Somit dienen diese Spiele der Konzentration auf das Hören, der Sensibilisierung auf klangliche Unterschiede und Entwicklungen und damit der Förderung der akustischen Wahrnehmung.

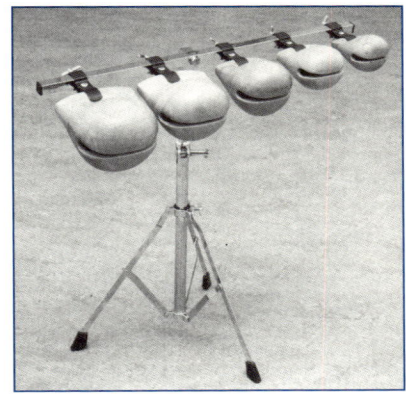

Der Spielablauf beschränkt sich auf den Kreislauf aus Klangimpuls – Hören – Reagieren. Dies erfordert nonverbale Kommunikation. Nonverbale Kommunikation findet durch den Spielaufbau, durch die unterschiedlichen Spielkonstellationen in immer anderer und unterschiedlich komplexer Weise statt. In den Spielkonstellationen wird v. a. festgelegt, welche Rollen die Teilnehmer übernehmen und wie groß die Teile der Gruppe sind, die die Klangimpulse geben und die darauf reagieren. Durch die nonverbale Kommunikation und durch die unterschiedlich komplexen Spielkonstellationen ist neben der Wahrnehmung auch die Gruppeninteraktion in besonderer Weise gefordert.

Die Tempelblocks
Ein Tempelblock ist nie allein,
Freunde sind stets dabei.
Je kleiner desto höher wird's,
jeder kommt an die Reih'.

In die Vielzahl der denkbaren Spielregeln kann im Folgenden nur ein Einblick gegeben werden. Die Beispiele sind hier nach Spielkonstellationen geordnet. In Klammern werden zu den Spielen die beteiligten Klangeigenschaften angegeben. Weitere Beispiele finden sich in großer Anzahl in den Literaturhinweisen.

Spielkonstellation I: Ein Impulsgeber – Gruppe reagiert

Mit dem Klangimpuls ist eine bestimmte Höraufgabe verbunden. Je nach Spiel löst diese Aufgabe jeder für sich oder die Gruppe als Ganzes. Die Rolle des Impulsgebers wird ständig gewechselt. Dadurch kann das gleiche Spiel mehrmals ohne Motivationsverlust wiederholt werden.

Beispiel 1: Schlangenbeschwörer (Tonhöhe)
Der Impulsgeber spielt auf einem Xylophon. Er hat drei Töne zur Verfügung: tief-mittel-hoch. Die Gruppe reagiert auf die Töne mit: In die Hocke gehen – aufrecht stehen – nach oben gestreckte Arme. Der Spieler wiederholt die Töne jeweils so lange, bis alle mit der Bewegung reagiert haben.

Beispiel 2: Klangspaziergang (Klangfarbe, Klangort)
Alle sitzen mit geschlossenen Augen im Raum. Einer geht im Raum umher und erzeugt an einigen Stellen Geräusche mit Gegenständen, die im Raum vorhanden sind. Ein Gruppenmitglied vollzieht diesen Klangspaziergang anschließend mit Hilfe der Gruppe nach.

Beispiel 3: Karussell (Tempo, Klanghöhe)
Ein Bongospieler steht in der Mitte des durchgefassten Kreises. Er ist der Motor des Karussells und gibt das Tempo an. Er benutzt immer nur eine Seite der Bongo, also die tiefe oder die hohe Seite. Wechselt er jedoch die Klanghöhe, muss das Karussell die Richtung ändern.

Spielkonstellation II: Ein Impulsgeber – einer reagiert

Diese Spiele werden als Paar durchgeführt. Je nach Spiel sind alle gleichzeitig als Paare aktiv oder nur ein Paar spielt, während die anderen zusehen. Natürlich wird zwischen Impuls und Reaktion gewechselt.

Beispiel 1: Führen und Folgen (Klangort, Klangfarbe)
Ein Partner hat die Augen verbunden. Der andere führt ihn mit einem Instrument durch den Raum. Der Führende spielt dabei ununterbrochen und bewegt sich so langsam vorwärts, dass der andere folgen kann.
Variante 1: Das Paar muss durch eine aufgestellte Slalomstrecke gehen.
Variante 2: Alle bewegen sich gleichzeitig als Paare. Dadurch klingen viele Instrumente zusammen und die Folgenden müssen ihr Instrument heraushören. Die Führenden müssen aufpassen, dass kein Zusammenstoß stattfindet.

Beispiel 2: Fangspiel (Klangort)
Das Paar steht in der Mitte des durchgefassten Kreises. Einem Spieler wird ein Schellenband am Fuß befestigt. Der andere muss diesen mit verbundenen Augen fangen.

Spielkonstellation III:
Ein Teil ist Impulsgeber – der andere Teil reagiert

Wenn mehrere Spieler als Impulsgeber auftreten, so ist während des Spielablaufs ein gutes aufeinander Hören und Eingehen erforderlich. Auch die Höraufgabe ist dadurch erschwert.

Beispiel 1: Wer hat gespielt? (Klangdichte, Klangfarbe)
Die Gruppe wird in zwei Hälften geteilt, die sich in zwei Reihen gegenübersitzen. Je zwei sich Gegenübersitzende erhalten das gleiche Instrument. Eine Hälfte schließt die Augen. Von der anderen Hälfte spielen einige Spieler auf ihrem Instrument etwa 20 Sekunden. Die zuhörende Gruppe imitiert dies anschließend.

Variante: Jede Gruppe hat gleiche Instrumente, z. B. Gruppe 1 Rasseln, Gruppe 2 Handtrommeln. Die Höraufgabe erschwert sich dadurch beträchtlich, da das Instrument des Gegenübers nicht mehr an der Klangfarbe zu erkennen ist.

Beispiel 2: Hafeneinfahrt (Klangort, Klangfarbe)
Ein Teil verlässt den Raum und bildet eine Schlange, die das Schiff darstellt. Der andere Teil erhält Instrumente und verteilt sich als Geräuschbojen im Raum. Diese verabreden die Reihenfolge, in der das Schiff sie anlaufen soll um zum Hafen zu gelangen. Auch der Hafen wird mit einem Instrument gespielt. Wenn das Schiff hereinkommt, haben alle die Augen geschlossen. Den Weg bestimmt freilich nur der erste der Schlange, der Kapitän. Die Bojen spielen in der verabredeten Reihenfolge. Sobald das Schiff an einer Boje ankommt, verstummt diese und die nächste setzt ein.

Spielkonstellation IV:
Gruppe ist Impulsgeber – einer reagiert

Ein Spieler steht alleine vor der Gruppe. Das erfordert Mut und Selbstbewusstsein. Die Gruppe muss sich in ihrem Spiel gut koordinieren.

Beispiel 1: Heiß – Kalt (Lautstärke)
Nach dem Muster des Heiß-Kalt-Spiels wird ein Gegenstand von der Gruppe versteckt, den einer suchen muss. Der Suchende steht zunächst in der Mitte des Raumes. Die Gruppe hat beliebige Instrumente und spielt ständig leise. Je näher der Suchende dem Versteck kommt desto lauter wird gespielt.

Beispiel 2: Wo ist der höchste Ton? (Tonhöhe, Klangort)
Alle Spieler erhalten einen klingenden Stab und verteilen sich gleichmäßig im Raum. Sie spielen ihren Ton immer wieder in unregelmäßigem Tempo an. Der Zuhörer muss mit geschlossenen Augen zu dem höchsten Ton gehen.

Spielkonstellation V:
Alle sind gleichzeitig Impulsgebende und Reagierende

Die Aufgabe jedes Spielers ist gleich. Gewöhnlich spielen alle auf Instrumenten nach einer bestimmten Regel. Diese Regeln können auch als die Anfänge der Gruppenimprovisation betrachtet werden.

Beispiel 1: Kaputte Maschine (Tempo)
Jeder hat ein beliebiges Instrument. Die Maschine ist durcheinander und jeder spielt in seinem eigenen Tempo. Allmählich findet die Maschine aber in ihren gewohnten Lauf, indem sich die Spieler in ihrem Tempo angleichen.

Beispiel 2: Versammlung (Dichte)
Jeder hat ein beliebiges Instrument. Reihum setzt einer nach dem anderen mit freiem Spiel ein, bis alle zusammen sind. Dann hören die Spieler in der

gleichen Reihenfolge wieder auf. Dieser Ablauf ist mit geschlossenen Augen besonders spannend.

Variante: Der Einsatz geht nicht reihum, sondern erfolgt in beliebiger Reihenfolge. Es sollte jedoch immer nur ein Instrument einsetzen.

Beispiel 3: Regenwolke (Lautstärke)
Alle spielen zunächst leisen Regen. Die Regenwolke zieht reihum und umfasst immer drei Spieler: beim Ersten nimmt der Regen zu, beim Zweiten ist er in voller Stärke, beim Dritten nimmt er ab. Auch dieser Ablauf kann gut mit geschlossenen Augen gespielt werden.

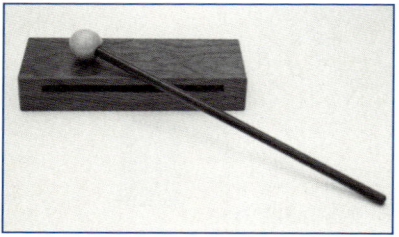

Die Holzblocktrommel

*Als Holzblocktrommel bin ich
ganz aus Holz gebaut.
Schlag' mich mit dem Schlägel an,
dann kling' ich hart und laut.*

Aus den Beispielen wird ersichtlich, dass durch die Spielkonstellationen *unterschiedliche Anforderungen an die Gruppeninteraktion* gestellt werden. Nicht in jedem Fall, aber tendenziell, kann festgehalten werden, dass die Spielkonstellationen im Hinblick auf die Gruppeninteraktion in der Reihenfolge, in der sie beschrieben sind, anspruchsvoller werden. Dies heißt aber auch, dass sie gerade für ältere Kinder und Jugendliche attraktiver werden. Die erste Spielkonstellation ist sicher nur für den Kindergarten oder für den sonderpädagogischen Bereich interessant. Alle anderen Spiele können jedoch nahezu in allen Zielgruppen mit Spaß und Erfolg angewendet werden, da sich Dynamik und Spielwitz abhängig von dem Entwicklungsstand der Gruppe herausbilden.

Zusammenfassend können bei Wahrnehmungs- und Imteraktionsspielen **fünf Spielkonstellationen** *unterschieden werden, die immer höhere Anforderungen an die Gruppeninteraktion stellen:*
- *ein Impulsgeber – Gruppe reagiert,*
- *ein Impulsgeber – einer reagiert,*
- *ein Teil ist Impulsgeber – der andere Teil reagiert,*
- *die Gruppe ist Impulsgeber – einer reagiert,*
- *alle sind gleichzeitig Impulsgeber und Reagierende.*

Auch die *Einführung und Anleitung* der Spiele gestaltet sich abhängig von dem Stand der Gruppe. Ein wichtiges Prinzip ist jedoch bei allen Gruppen zu beachten: Die Spielregeln sind nicht in langer Rede auf einmal zu erklären, sondern sollten schrittweise in Probespiel-Durchgängen gezeigt werden. Je jünger die Gruppenmitglieder sind, desto stärker sollte diesem Grundsatz Beachtung geschenkt werden. Spiele, die eigentlich für die Ausführung mit geschlossenen Augen gedacht sind, werden zunächst sehend durchgeführt und dabei erläutert. Dabei übernimmt die Spielleiterin zuerst grundsätzlich die wichtigste Spielposition, ist aber auch im weiteren Verlauf als Mitspielerin dabei.

1   Erläutern Sie die Wahrnehmung und die Gruppeninteraktion als gleichberechtigte Schwerpunkte der Spiele.

2   Führen Sie aus jeder Spielkonstellation mindestens ein Beispiel mit Ihrer Lerngruppe durch.

3   Erfinden Sie weitere Spielregeln für jede Spielkonstellation.

4   Stellen Sie eine Spielfolge für eine bestimmte Zielgruppe zusammen.

5   Überlegen Sie sich die methodischen Schritte für die Einführung der ausgewählten Spiele.

2.3   Klangstücke mit Spielführer oder Dirigent

Bei den bisher beschriebenen Wahrnehmungs- und Interaktionsspielen steht die Spielhandlung im Vordergrund. Die Klänge sind wichtig als Impuls für Hören und Interaktion, aber die Musik, die dabei entsteht, der Klangverlauf ist nebensächlich. Hinter diesen Spielen steckt keinerlei Gestaltungsabsicht. Dies ist bei den folgenden Beispielen anders. Die Spielregeln dienen dazu, das gemeinsame Musizieren zu ordnen. Es entstehen dabei Klangstücke, die zwar nicht wiederholbar sind, aber mit der Absicht eines spannenden, abwechslungsreichen Klangverlaufes hervorgebracht werden. Die ordnende Funktion wird durch die Position des Spielführers oder Dirigenten wahrgenommen. Dieser ist es, der den Klangverlauf gestaltet. Die Gruppe hat die Aufgabe die Gestaltungsabsicht des Spielführers oder Dirigenten in spontanem Spiel mitzuvollziehen. Diese führenden Positionen werden dabei zunächst von der Spielleiterin übernommen und dann an die Gruppenmitglieder weitergegeben. Die Gestaltungsabsicht wird dabei im Hinblick auf den Verlauf einzelner musikalischer Parameter gezeigt.

2.3.1   Klangstücke mit Rhythmusinstrumenten

Jeder Spieler bekommt ein Rhythmusinstrument. Als Rhythmusinstrument zählt hier jeder Klangerzeuger, mit dem man keine unterschiedlichen Töne und Melodien spielen kann. Die Tonhöhe bleibt also unberücksichtigt. Die musikalischen Parameter, die die Klangstücke bestimmen, sind Lautstärke, Tempo, Klangdauer und Klangfarbe.

Der Spielführer spielt selbst mit. Die Gruppe muss ihn beobachten, auf ihn hören und gleichzeitig nach seiner Führung mit ihm spielen. *Der Dirigent* spielt nicht mit. Er gibt mit vorher verabredeten Zeichen an, wie gespielt werden soll. Dementsprechend unterscheiden sich die Möglichkeiten, das Spiel der Gruppe zu lenken.

Aufgaben und Möglichkeiten eines Spielführers

Der Spielführer benutzt am besten ein großes Instrument, auf dem er mit zwei Händen oder Schlägeln spielen kann. Er beschränkt sich in seinem

Spiel auf folgende einfache und deutliche *Spielweisen*, die die Gruppe sofort mitvollziehen kann:

Wirbel: Flüssiges Tempo wie bei einem Trommelwirbel. Das Tempo muss nicht gleich sein. Jeder spielt den Wirbel, so schnell er möchte und kann. Der Spielführer verändert nun die *Lautstärke* allmählich oder plötzlich. Die Gruppe kann dies sofort umsetzen.

Schläge in gleichbleibendem Tempo: Hier soll das Tempo von jedem in gleicher Weise aufgenommen werden. Wenn der Spielführer nun das *Tempo* allmählich oder plötzlich verändert, wird jeder sofort reagieren können.

Einzelne Schläge: Der Spielführer führt einen einzelnen Schlag so aus, dass ihn die ganze Gruppe gleichzeitig mitspielen kann. Dies ist möglich, wenn die Ausholbewegung deutlich sichtbar ausgeführt wird. Der Spielführer kann damit kurze oder lange *Pausen* zwischen den Schlägen setzen, er kann sogar *einfachste rhythmische Motive* einbauen. Die Ausholbewegung kann zudem die beabsichtigte *Lautstärke* verdeutlichen. Eine weite, kräftige Bewegung zeigt einen lauten Schlag an, eine kurze, langsamere Bewegung einen leisen Schlag. Die Gruppe ist dabei vollkommen auf den Spielführer konzentriert. Mit einiger Übung kann ein völlig synchrones Spiel gelingen.

Für die *Einführung* dieser Spielweisen muss in keiner Gruppe etwas erklärt werden. Die Spielleiterin gibt als erster Spielführer lediglich die Anweisung, dass alle genauso spielen sollen wie sie. Jede Gruppe wird die betreffende Spielweise sofort abschauen können. Die Spielführeraufgabe wird dabei für jede Wiederholung weitergegeben. Wenn alle Elemente eingeführt sind, werden die Möglichkeiten kombiniert. Nun kann sich die Kreativität und der Spielwitz des Spielführers richtig entfalten. Aber er muss so führen, dass die Gruppe ihn versteht und seine Absichten mitvollziehen kann.

Aufgaben und Möglichkeiten eines Dirigenten

Die gleichen *Spielweisen* können auch durch Dirigierzeichen angezeigt werden:

Wirbel: Die Hände werden parallel vor der Brust gehalten. Für leise Wirbel sind sie nahe beieinander; für lauter werdende Wirbel werden sie auseinander geführt.

Schläge in gleichbleibendem Tempo und Einzelschläge: Will der Dirigent ein bestimmtes Tempo haben, so schlägt er mit der Hand pantomimisch, als ob er eine Trommel spielen würde. Auch die Einzelschläge sowie deren Lautstärke können auf die gleiche Weise angezeigt werden.

Obwohl die Spielweisen gleich sind, unterscheidet sich das Spiel mit einem Spielführer von der Anleitung durch einen Dirigenten. Der Dirigent hat keinen eigenen Klang mehr zur Verfügung. Er ist nur auf seine Gesten angewiesen und muss diese besonders deutlich ausführen. Allmählich werden sich seine

Gestaltungsabsichten auch auf seine Mimik übertragen. Er ist in seinen Bewegungen flexibler und muss umso mehr aufpassen, dass er die Gruppe nicht überfordert.

Darüber hinaus kann ein Dirigent *verschiedene Instrumentengruppen* einsetzen lassen. Dies ist zunächst auf ganz einfacher Stufe möglich. Nach Art oder Material werden z. B. drei Gruppen gebildet: Holzinstrumente, Fellinstrumente und Metallinstrumente. Der Dirigent bringt durch deuten die einzelnen Gruppen ins Spiel. Jede Gruppe spielt, solange der Dirigent auf sie deutet. Die Spielweise jedes einzelnen Spielers ist beliebig.

Schwieriger wird es, wenn die verschiedenen *Instrumentengruppen* mit den vorher besprochenen *Spielweisen kombiniert* werden. Der Dirigent wendet sich dabei immer der Gruppe zu, die spielen soll. Jetzt kann er neben den verschiedenen Spielweisen schnelle Wechsel der Instrumentengruppen einbauen.

> *Spielweisen für die Gestaltung eines Klangstückes mit Rhythmusinstrumenten:*
> - *Wirbel,*
> - *Schläge in bestimmtem Tempo,*
> - *einzelne Schläge.*
> *Ein Dirigent kann dies zusätzlich mit verschiedenen Instrumentengruppen verbinden.*

Beide Spielformen – Spielführer und Dirigent – erfordern ein hohes Maß an gegenseitigem Einfühlungsvermögen. Von der Gruppe wird verlangt, sich in die Kreativität und die augenblicklichen Absichten eines Einzelnen hineinzuversetzen. Der jeweils Führende muss sich selbst aus der Lage der Gruppe betrachten. Darin liegt die wesentliche Attraktivität und der Gewinn des Spiels. Beide Spielformen können mit Kindergartengruppen durchgeführt werden. Die Anforderungen machen aber auch deutlich, dass diese Spielregeln für keine Altersgruppe langweilig sind, da der Schwierigkeitsgrad und die Spannung mit den Möglichkeiten der Gruppe wachsen.

2.3.2 Klangstücke mit Melodieinstrumenten und Stimme

Jeder Spieler bekommt ein Melodieinstrument. Die Melodieinstrumente, mit denen jeder ohne Vorkenntnisse umgehen kann, sind orffsche Stabspiele und die eigene Stimme. Für den Einsatz der Stimme ist die Verwendung von Kazoos besonders zu empfehlen. Das Kazoo verfremdet die Klangfarbe der Stimme und wirkt zudem wie ein Verstärker. Dadurch steigt der Mut und der Spaß an außergewöhnlichen Stimmäußerungen.

Möglichkeiten für den Spielführer

Die zur Verfügung stehenden einfachen Spielweisen werden im Hinblick auf Stabspiele erläutert. Eine entsprechende Übertragung auf die Stimme bzw. das Kazoo ist ohne weitere Erklärung möglich.

Wirbel auf Einzeltönen: Das Tempo der Wirbel ist wie bei Rhythmusinstrumenten gleichgültig. Die Gruppe muss nicht genau den Ton treffen, den der Spielführer spielt. Lediglich die ungefähre Lage sollte übereinstimmen.

Auf- und abwärts gehende Wirbel: Durch das Wirbelspiel kann das Auf- und Abwärtsgehen so langsam erfolgen, dass die Gruppe gleichzeitig mitspielen kann.

Einzeltöne: Hier sollte man sich auf extreme Lagen beschränken: ganz tief – mittel – ganz hoch. Wie vorher muss die Ausholbewegung die beabsichtigte Lage gut anzeigen.

Glissandospiel: Der Begriff Glissando bedeutet ein möglichst übergangsloses Gleiten zwischen zwei Tonhöhen. Auf den Stabspielen sind hier mehrere Varianten möglich. Einmal kann mit dem Schlägel über das ganze Instrument gestrichen werden. Je nach Richtung erhält man ein Aufwärts- oder ein Abwärtsglissando. Ein glissandohaftes Hin-und-her-wischen in einem engen Tonbereich von etwa drei Tönen ergibt einen unruhig-stehenden Klang. Schließlich kann man dieses glissandohafte Wischen auch aufwärts oder abwärts spielen.

Möglichkeiten für den Dirigenten

Ihm stehen wieder die gleichen Spielweisen zur Verfügung. Passende Gesten müssen hier nicht mehr im Einzelnen verdeutlicht werden. Um Tonhöhenveränderungen anzuzeigen, empfiehlt sich die Orientierung am Stabspiel. Damit die Gruppe die Bewegungen spiegelbildlich umsetzen kann, wird das Abwärtsspielen mit einer Bewegung nach rechts und das Aufwärtsspielen mit einer Bewegung nach links dargestellt. Für eine Aufteilung von Instrumentengruppen kann nach Xylophonen, Metallophonen, Glockenspielen und Kazoos differenziert werden.

> *Spielweisen für die Gestaltung eines Klangstückes mit Melodieinstrumenten:*
> - *Wirbel aus Einzeltönen,*
> - *auf- und abwärts gehende Wirbel,*
> - *Einzeltöne,*
> - *Glissando,*
> - *glissandohaftes Wischen: gleichbleibend, aufwärts und abwärts.*
> *Auch hier kann ein Dirigent verschiedene Instrumentengruppen einbeziehen.*

1 Worin liegt der wesentliche Unterschied zwischen Wahrnehmungs- spielen und Klangstücken?

2 Üben Sie die Aufgabe des Spielführers ohne Gruppe, indem Sie aus den beschriebenen Spielweisen alleine einen spannenden Ablauf gestalten und so spielen, dass eine Gruppe gleichzeitig mitspielen könnte.

3 Üben Sie in gleicher Weise die Aufgabe des Dirigenten. Hierbei ist Ihre Klangvorstellung besonders gefragt, da niemand Ihre Absichten umsetzt.

4 Erproben Sie die Spielregeln in Ihrer Lerngruppe.

2.4   Klangstücke mit grafischer Notation

Wird Musik aufgeschrieben, so bezeichnet man das als Notation. Der Begriff grafische Notation soll verdeutlichen, dass ein Klangstück nicht mit her- kömmlichen Noten, sondern mit anderen, neu festzulegenden grafischen Zeichen festgehalten wird. Durch das Aufschreiben eines Stückes kann die Gestaltung bewusster geplant und reflektiert werden. Für die spielende Gruppe ist das Klangstück im Vorhinein zu übersehen. Es kann wiederholt, geübt und verbessert werden. So nimmt auch die Gruppe am Gestaltungs- prozess bewusster teil.

Notieren der Instrumentenabfolge

In der einfachsten Form einer grafischen Notation wird lediglich die Reihen- folge der Instrumente angegeben. Für die Instrumente werden einfache Sym- bole verwendet. Die Spielweise ist den Spielern freigestellt.

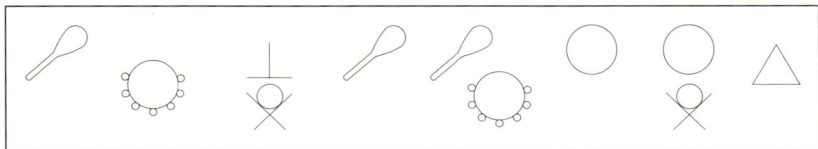

Instrumente, die untereinander stehen, sollen gleichzeitig spielen. Zunächst zeigt die Spielleiterin beim Abspielen an der Notation mit und regelt so die Dauer der einzelnen Einsätze. Dann kann gemeinsam überlegt werden, ob die einzelnen Instrumente nur einen Schlag, kurz oder länger spielen sollen.

Notation der Spielweisen auf Rhythmusinstrumenten

Ebenso wie beim Dirigieren, können nun auch schriftliche Zeichen für die einzelnen Spielweisen eingeführt werden. Solche Zeichen können vorgegeben oder mit der Gruppe gemeinsam erarbeitet werden.

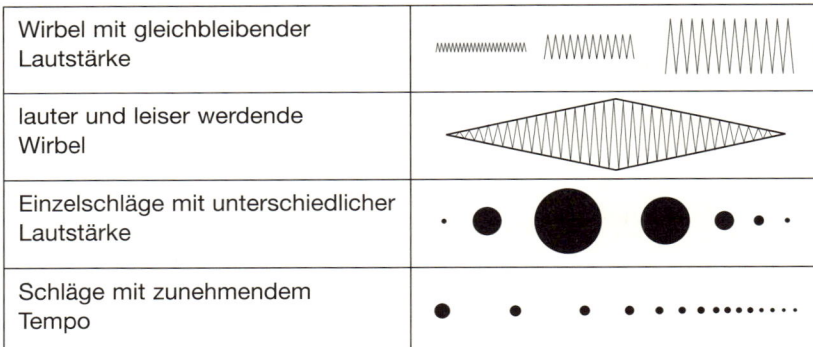

Wirbel mit gleichbleibender Lautstärke	
lauter und leiser werdende Wirbel	
Einzelschläge mit unterschiedlicher Lautstärke	
Schläge mit zunehmendem Tempo	

Damit können Klangstücke von Einzelnen oder der ganzen Gruppe zusammengestellt werden.

Beispiel eines Klangstückes

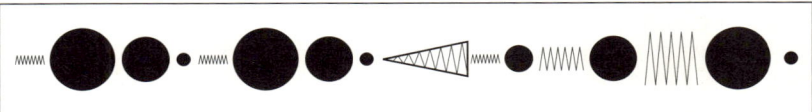

Notation der Spielweisen auf Stabspielen

Hier gibt die Position im Kasten die ungefähre Tonhöhe an.

Wirbel auf verschieden hohen Einzeltönen	
auf- und abwärtsgehende Wirbel	
verschieden hohe Einzeltöne	
Glissando auf- und abwärts	
glissandohaftes Wischen in gleichbleibender Höhe	
glissandohaftes Wischen auf- und abwärts	

Beispiel eines Klangstückes

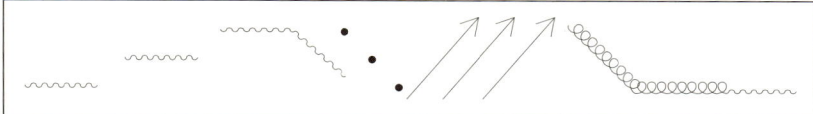

Natürlich können auch Rhythmus- und Melodieinstrumente in einem Klang-stück kombiniert werden. Dazu werden zwei Kästen wie übereinanderliegen-de Notenzeilen verwendet.

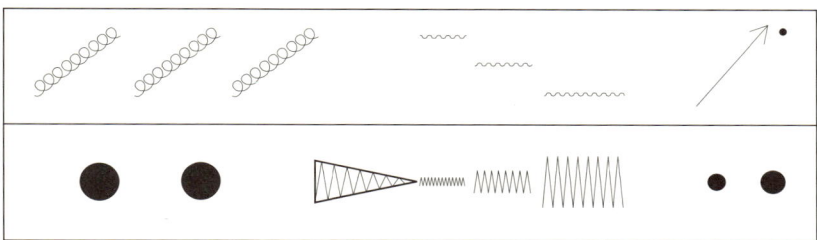

Beim *Abspielen der Klangstücke* haben wir mehrere Möglichkeiten. Wir kön-nen alle Zeichen von allen Spielern ausführen lassen. Wir können ebenso ein-zelne Aktionen auf verschiedene Spieler und Instrumente aufteilen. Das Tempo des Spiels kann anfangs durch mitzeigen eines Leiters an der Nota-tion angegeben werden. Durch wiederholtes Üben wird es aber gelingen, dass die Einsätze der einzelnen Klangaktionen durch aufeinander hören von den Spielern selbst bestimmt werden.

1 Erklären Sie den Begriff grafische Notation.   **Aufgaben**

2 Spielen Sie die Klangstücke alleine mit geeigneten Instrumenten.

3 Spielen Sie die Klangstücke mit Ihrer Lerngruppe.

4 Entwickeln Sie ein eigenes Klangstück mit Ihrer Lerngruppe oder allei-ne.

2.5   Gruppenimprovisation

Mit dem Begriff Improvisation steht das spontane Spiel im Vordergrund, und zwar spontane Initiative jedes Einzelnen sowie spontanes Eingehen auf die Ideen der Mitspieler. Gruppenimprovisation ist sowohl mit als auch ohne Spielregel möglich. Der Anfang der Gruppenimprovisation ist bereits mit der Spielkonstellation 5 im Abschnitt Wahrnehmungs- und Interaktionsspiele gemacht. Dort sind alle Spieler gleichzeitig Impulsgebende und Reagieren-de, was die Gruppenimprovisation auszeichnet. Die Regeln sind hier jedoch noch offener. Sie geben lediglich einen Rahmen vor, in dem sich das freie Spiel entfalten kann. Die Ausführung erfordert eine relativ lange Spieldauer. Auch dies ist ein Kennzeichen der Improvisation. Das Einspielen und Ein-hören braucht Zeit. Der Mut zum spontanen Spiel entwickelt sich bei jeder

Regel neu und erst allmählich. Daher sind Geduld und Ausdauer eine wesentliche Voraussetzung für das gemeinsame Spiel.

Gruppenimprovisation ist ein weites und für die Entwicklung von musikalischem Verhalten und Spontanität besonders ergiebiges Feld. Im Folgenden können nur einige Anregungen gegeben werden. Eine intensive Einarbeitung ist mit den in den Literaturhinweisen angegebenen Werken von *Lilli Friedemann* möglich.

2.5.1 Regeln für Gruppenimprovisation

Beispiel 1: Namen rufen mit Trommeln
Jeder bekommt ein Fellinstrument. Alle trommeln Wirbel in beliebigem Tempo. Dabei wird die Gruppe ohne Zeichen oder Absprache gemeinsam lauter und leiser (crescendo – decrescendo) in fortlaufenden Wellen. Alle spielen mit geschlossenen Augen. In diese Trommelwellen ruft jeder zweimal seinen Namen an beliebigen Stellen.
Variante: Jeder ruft die Namen von zwei anderen.
(vgl. L. Friedemann 1983, S. 8)

Beispiel 2: Improvisation mit Namen (nur mit Stimme, ohne Instrumente)
Einer sitzt in der Mitte des Kreises. Die Runde improvisiert für ihn ein Stück mit seinem Namen und dessen Bestandteilen, wie Buchstaben und Silben, sprechen, singen, rhythmisch oder unrhythmisch, alles ist erlaubt. Der Namensträger hört mit geschlossenen Augen zu.

Ablauf: Der Namensträger spricht viermal seinen Namen. Darauf folgt das freie Spiel der Gruppe. Auf Hand heben des Namensträgers verstummt die Gruppe. Er spricht wiederum viermal den eigenen Namen, worauf die Gruppe mit der zweiten Spielphase beginnt, usw. Der Namensträger beendet das Spiel, wenn er nach dem Hand heben nicht mehr weitermacht.

Beispiel 3: Reflexionsrunde mit Instrumenten
Wie in einer sonstigen Reflexionsrunde drücken wir unsere allgemeine oder auf eine bestimmte Frage bezogene Befindlichkeit aus. Wir benutzen jedoch nicht Worte, sondern ein Instrument und spielen nacheinander. Erst wenn alle an der Reihe waren, kann die Allgemeinstimmung in Worten reflektiert werden. (vgl. L. Friedemann 1983, S. 24)

Beispiel 4: Improvisatorisches Spielen von graphischen Notationen
Die Spielweisen eines aufgezeichneten Klangstückes sind das Material einer Improvisation. Sie können jedoch auch variiert werden. Häufigkeit und Reihenfolge der Aktionen sowie der Ablauf sind völlig frei.

Beispiel 5: Mutter Pauke
Alle bekommen Fellinstrumente. In der Mitte des Kreises sitzt die Mutter Pauke. Die Spieler im Kreis sind die heranwachsenden Kinder, die flügge werden.

Mutter Pauke beginnt mit einem Metrum in gleichbleibendem Tempo. Dazu erfindet der erste Spieler einen ostinaten Rhythmus, der von allen übernommen und eine Zeit lang mitgespielt wird. Dabei wird nicht vorher festgelegt, wer der erste Spieler ist. Die spontane Entscheidung aus der Stille heraus das Spiel zu beginnen gehört bereits zur Spielregel. Irgendwann bringt ein Spieler einen neuen Ostinatorhythmus ein, den wiederum alle übernehmen, bis jeder einmal einen Rhythmus eingebracht hat.

Wenn die Gruppe sieht, dass niemand mehr übrig ist, übernehmen alle das Metrum der Pauke, das bis dahin unverändert durchgehalten wurde und die ganze Gruppe stützte. Als Gegenleistung kann sich nun die Mutter selbst verwirklichen. Sie spielt ein langes Solo, das von allen mit dem Metrum begleitet wird. Das Solo ist der Höhepunkt des Spiels und soll von dem Solisten zum wirklich freien Ausspielen genutzt werden.

(aus: L. Friedemann 1983, S. 16 f.)

Beispiel 6: Duo-Improvisationen
Jeder Spieler bekommt ein beliebiges Instrument und spielt in einer freien, aber gleichbleibenden Spielweise. Alle spielen durcheinander. Einer steht auf und geht zu einem Partner. Die Gruppe verstummt. Die beiden spielen nun eine beliebig lange Duo-Improvisation. Wenn der erste an seinen Platz zurückgeht, setzt jeder wieder mit seiner Spielweise ein. Gespielt wird solange, bis jeder einmal einen Partner ausgewählt hat. Das kann je nach Gruppengröße eine ganze Stunde dauern.

Wenn das Spiel bereits ein- oder zweimal durchgeführt wurde, kann eine Wiederholung mit geschlossenen Augen die Erfahrung intensivieren.

Beispiel 7: Gesprächssituationen
Es wird eine Gesprächssituation verabredet. Ähnlich wie in einem Rollenspiel wird die Situation nun mit Instrumenten gespielt, indem jeder Spieler eine der Rollen übernimmt. Der Rest der Gruppe hört zu und versucht der Entwicklung des Gesprächs zu verfolgen. Nach Abschluss des Spiels tauschen Zuhörer und Spieler ihre Meinungen über die Bedeutung einzelner Spielhandlungen und über den Gesprächsverlauf aus.

Möglichkeiten für derartige Gesprächssituationen wären z. B.:
- Mutter, Vater und Kind: Das Kind will eine bestimmte Fernsehsendung sehen. Die Mutter will es nicht erlauben. Der Vater versucht zu vermitteln.
- Lehrer und zwei Schüler: Die Schüler haben sich geprügelt. Der Lehrer stellt sie zur Rede.
- Ein Bewerbungsgespräch zur Einstellung einer Berufspraktikantin.

2.5.2   Freie Gruppenimprovisation

Das freie Spielen in der Gruppe braucht man sich nicht als schwierig vorstellen. Wie in allen Spielen dieses Kapitels geht es nicht vordergründig um Rhythmen oder Melodien, geschweige denn um Harmonien. Der Schwerpunkt ist das klangliche Spiel. Rhythmen und Melodien dürfen enthalten sein, können aber jederzeit durch freie Klänge unterbrochen oder abgelöst werden. Für eine freie Improvisation hat sich eine Zahl von drei bis sechs Spie-

ler als günstig erwiesen. Jeder Spieler wählt zu Beginn einige Instrumente aus, zwischen denen er im Verlauf des Spiels wechseln kann. Die Gruppe beginnt mit dem Spiel ohne jede Verabredung.

> **Mit folgenden Hinweisen kann in eine freie Improvisation eingeführt werden:**
> - *Alles ist erlaubt. Fehler sind nicht möglich!*
> - *Während des Spielens sollte keinesfalls gesprochen werden.*
> - *Es müssen nicht immer alle gleichzeitig spielen. Jeder kann beliebig lange Pausen setzen und dann ins Spiel eingreifen, wann er will.*
> - *Den anderen zuzuhören ist genauso wichtig, wie selbst zu spielen.*

In der Gruppenimprovisation werden deutlich höhere Anforderungen an das Regelverständnis und komplexes musikalisches Verhalten gestellt. Sie ist daher nur für Gruppen mit Jugendlichen und Erwachsenen geeignet. Die erforderlichen Fähigkeiten werden durch die vorher beschriebenen Klangspiele entwickelt.

Aufgaben

1 Erklären Sie den Begriff Gruppenimprovisation.

2 Erproben Sie die Spielregeln mit Ihrer Lerngruppe oder mit privaten Gruppen.

3 Entwickeln Sie weitere Regeln für Gruppenimprovisationen.

2.6 Zum pädagogischen Wert von Klangspielen

Anfangs wurde behauptet, dass Klangspiele keine Anforderungen an bereits entwickelte musikalische Fähigkeiten wie Rhythmusgefühl oder Noten lesen stellen, dass sich jeder ohne Vorkenntnisse und ohne Angst vor Misserfolg beteiligen kann und dass Klangspiele somit elementarer als Rhythmen und

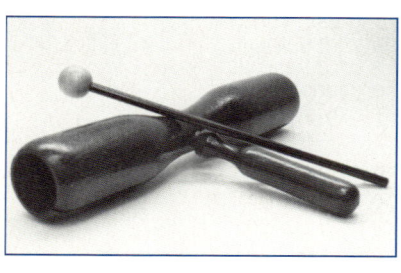

Die Holzrohrtrommel

*Als Holzrohrtrommel fasst du mich
in der Mitte an.
Schlag' rechts mal drauf und links mal
drauf, dann siehst du, was ich kann.*

Melodien sind. Nachdem nun ein breites Angebot an Klangspielen vorgestellt wurde, bleibt festzustellen, dass elementar keinesfalls mit anspruchslos gleichgesetzt werden kann. Klangspiele enthalten im Gegenteil Anreize für alle Altersgruppen und regen eine Vielzahl von Lernprozessen an. Bereits bei der Besprechung der einzelnen Formen der Klangspiele wurden immer wieder Hinweise auf deren besondere Anforderungen und damit verbundene Lernmöglichkeiten gegeben. Abschließend sollen nun die Ziele, die mit Klangspielen insgesamt verfolgt werden können, in einem Überblick erörtert werden. Dabei ist zu beachten, dass die aufgeführten Ziele tendenziell zwar für Klangspiele insgesamt zutreffen, aber jeder der besprochenen Formen wiederum eigene Schwerpunkte zugeordnet werden können.

In Klangspielen sind in besonderer Weise das geforderte soziale Verhalten, das geforderte musikalische Verhalten und die Förderung der Persönlichkeitsentwicklung miteinander verknüpft. Daher erfahren sie auch im weiten Feld der Musiktherapie mit behinderten und psychisch kranken Menschen eine besondere Anwendung. Im Einzelnen lassen sich folgende Ziele unterscheiden:

- In Klangspielen ist die *Interaktion in der Gruppe* gefragt. Wir müssen uns im Sinne der Regel verständigen und für die Einflüsse der Mitspieler offen sein.
- Vielfach erfordert die Spielregel eine *nonverbale Kommunikation*. Damit werden wesentliche Kommunikationsfähigkeiten gefördert, die für sie sprachliche Kommunikation ebenfalls von Bedeutung sind.
- Die gemeinsame Spielerfahrung fördert das Kennenlernen in der Gruppe und hilft *Sicherheit* zu gewinnen. Sie unterstützt damit auch die *Gruppenzusammengehörigkeit.*
- Häufig übernimmt die Gruppe oder ein Teil der Gruppe Verantwortung für einen anderen Teil oder einen Einzelnen. Dies trifft besonders zu, wenn mit geschlossenen Augen agiert wird, aber auch, wenn Einzelne Leitungsfunktionen übernehmen. Dies fördert einerseits das *Vertrauen* zu anderen und zur Gruppe als Ganzes, andererseits hilft es ein Gefühl der *Verantwortung* zu entwickeln.
- Dies wiederum erfordert die Fähigkeit zur *Empathie* – zur *Einfühlung* in Absichten und Reaktionen der Mitspieler –, von der das gesamte soziale Verhalten wesentlich abhängt.
- Häufig werden besondere Positionen und Aufgaben vor der Gruppe übernommen. Dies erfordert *Mut*, gibt *Selbstvertrauen* und entwickelt die *Ich-Stärke.*
- Die Bewegung erfolgt zum Klang, oft auch mit geschlossenen Augen und die eigene Bewegung ruft Klänge hervor. Hiermit ist die *Bewegungssicherheit* und der *Bewegungsausdruck* angesprochen.
- Die Spielhandlung erfordert und entwickelt allgemeine kognitive Fähigkeiten wie das *Regelverständnis* und besonders bei Klangstücken auch das *Symbolverständnis.*
- Alle Spiele verlangen das genaue Hinhören, z. T. auch das genaue Hinsehen. Dies fördert die *Wahrnehmungsfähigkeit* und entwickelt eine *Klangsensibilität.*
- Man erlebt die Möglichkeiten der *musikalischen Parameter* und sammelt Grunderfahrungen der *musikalischen Gestaltung.*
- Klangspiele verlangen musikalisches Verhalten ohne Vorbereitung, aber auch ohne die Gefahr Fehler zu begehen. Sie sprechen damit die *Spontaneität* an. Das erlebte spontane musikalische Verhalten unterstützt wiederum das *musikalische Selbstvertrauen* sowie die allgemeine Ich-Stärke.

Für Eltern sind Klangspiele – ähnlich wie Klangszenen – ungewohnte Inhalte der Musikerziehung. Damit ist die Gefahr gegeben, dass diesem Tun kein musikalischer oder pädagogischer Sinn beigemessen wird. Um so wichtiger ist es durch die Einbeziehung von Klangspielen in die Elternarbeit die Vorstellung der Eltern von dem musikalischen Verhalten von Kindern zu erweitern und die musikalischen Inhalte mit den allgemeinen Zielen der Persönlichkeitsbildung zu verknüpfen.

Eine gute Möglichkeit ist die Durchführung von Klangspielen bei offenen Nachmittagen, an denen einzelne Eltern anwesend sind. Die Eltern sollten aber nicht nur als Zuschauer gesehen, sondern in das Spiel einbezogen werden. Dadurch erfahren sie, dass die Klangspiele nicht nur die Kinder, sondern auch ihre eigene Konzentration in hohem Maße fordern. Noch stärker entsteht dieser Effekt, wenn an einem Elternabend Klangspiele mit der Elterngruppe durchgeführt werden. In der Regel sind Eltern darüber erstaunt, wieviel Spaß solche Spiele machen und welche Lern- und Erfahrungsmöglichkeiten in den Spielregeln enthalten sind. Plötzlich sind die musikpädagogischen Inhalte nicht mehr nur „Kinderkram", sondern ein Hinweis auf wichtige Fähigkeiten des eigenen sozialen Verhaltens und eventuell vernachlässigter Entfaltungsmöglichkeiten. Gerade solche Erkenntnisse steigern erfahrungsgemäß sowohl die Achtung vor der Arbeit der Erzieherin als auch das Interesse der Eltern an der gesamten pädagogischen Arbeit in der Kindergruppe.

Aufgaben

1 Erläutern Sie, welche Zielebenen bei Klangspielen besonders eng miteinander verknüpft sind.

2 Wählen Sie einige konkrete Klangspiele, die in diesem Kapitel beschrieben wurden, aus. Überlegen Sie, welche Ziele hier besonders zutreffen und erläutern Sie diese.

Literaturhinweise

AUERBACH, L.: Hören lernen – Musik erleben, Möseler Verlag, Wolfenbüttel 1971, S. 14–70

DECKER-VOIGT, H.-H.: Musik als Lebenshilfe, Therapie und Erziehung durch Musik, Bände 2 und 3, Eres Verlag, Lilienthal Bremen 1975

FRIEDEMANN, L.: Einstiege in neue Klangbereiche durch Gruppenimprovisation, Rote Reihe Nr. 50, Universal Edition, Wien 1973

FRIEDEMANN, L.: Gemeinsame Improvisation auf Instrumenten, Bärenreiter Verlag, Kassel 1974

FRIEDEMANN, L.: Trommeln – Tanzen – Tönen, 33 Spiele für Große und Kleine, Rote Reihe Nr. 69, Universal Edition, Wien 1983

HOLTHAUS, K.: Klangdörfer, Fidula Verlag, Boppard 1993

KELLER, W.: Schallspiele, Ludi musici Nr. 2, Fidula Verlag, Boppard 1972

MERGET, G.: Spiele zur Förderung der Hörfähigkeit, in: Musikpraxis, Arbeitshilfen für Musik in Kindergarten und Grundschule, Nr. 17, Hrsg.: H. Große-Jäger, Fidula Verlag, Boppard 1983

MERGET, G.: Musizieren mit Klangeigenschaften, in: Musikpraxis Nr. 22, ebd., Boppard 1984

STORMS, G.: Spiele mit Musik, Diesterweg Verlag, Frankfurt/Main 1984

RIBKE, J.: Elementare Musikpädagogik, Persönlichkeitsbildung als musikerzieherisches Konzept, v.a. Kap 5 und 6, ConBrio Verlagsgesellschaft, Regensburg 1995

WAGNER, H.: Spielen mit Musik, Kap.: Spielideen mit einzelnen musikalischen Elementen, S. 50–67, Verlag Kohlhammer, Köln 1987

3   Klangszenen

Musik kann erzählen! Das haben Komponisten verschiedener Epochen für ihre Werke genutzt. Bekannte Beispiele sind „Peter und der Wolf" von Sergej Prokofjew oder „Die Moldau" von Friedrich Smetana. Man muss jedoch nicht Komponist oder Musiker sein um mit Musik erzählen zu können. Auch mit einfachsten musikalischen Mitteln ist es möglich Geschichten und andere außermusikalische Grundlagen zum Klingen zu bringen, zu Klangszenen auszugestalten. Dieser Inhaltsbereich der elementaren Musikerziehung ist nicht nur für den Elementarbereich, sondern nahezu für alle Berufsfelder von Belang. Ob eine Klangszene der Zielgruppe entspricht, hängt im Wesentlichen von der Komplexität der gewählten Grundlage ab.

Kinder, aber auch die meisten anderen Menschen sind gerne schöpferisch tätig. Dies äußert sich im Malen, Bauen, Konstruieren, im Herstellen eines eigenen Produktes. In der Spieltheorie wird dieser Bereich des kindlichen Spiels als Konstruktionsspiel oder – noch treffender – als werkschaffendes Spiel bezeichnet. Im musikalischen Bereich scheint es schwierig im gleichen Sinne ein Werk schaffen zu können. Die musikalischen Produkte sind meist keine eigenen Schöpfungen. Ein Lied oder ein Tanz ist in der Regel fertig vorgegeben und wird so der Gruppe vermittelt. Bei der Gestaltung von Klangszenen ist dies anders. Dadurch, dass nicht Melodien und Rhythmen, sondern klangliche Abläufe im Vordergrund stehen, sind keinerlei musikalische Vorkenntnisse erforderlich um aktiv mitbestimmen zu können, wie beispielsweise eine Handlung in Klänge umgesetzt wird.

Natürlich werden die Ideen der Gruppenmitglieder mit zunehmender Erfahrung von Klangszenen vielfältiger und komplexer. Die Gruppe sollte nicht bei dem Illustrieren einer Geschichte mit einigen dazwischengestreuten Klängen stehenbleiben. Daher wird hier der in der Praxis häufig benutzte, aber einschränkende Begriff der Klanggeschichte vermieden. Musikalische Erlebnisse ergeben sich dann, wenn ausgehend von einem Bild, einem Gedicht oder einer Geschichte nicht nur einzelne Geräusche, sondern längere Klangstücke entwickelt werden können. Für solche Klangstücke, die außermusikalische Inhalte in Klänge setzen, wird hier der Überbegriff Klangszene verwendet.

Die einzelnen allgemeinpädagogischen und musikpädagogischen Ziele, die mit der Gestaltung von Klangszenen verbunden sind, werden am Ende des Kapitels erörtert.

1 Was verstehen man unter dem Begriff Klangszene?

2 Inwiefern ist der Begriff Klanggeschichte demgegenüber eine Ein-schränkung?

3 Wodurch unterscheidet sich die Gestaltung von Klangszenen grundsätzlich von anderen musikalischen Aktivitäten?

3.1 Prinzipien der klanglichen Darstellung

Klangszenen gehören zur erzählenden, darstellenden Musik, d. h., es werden außermusikalische Inhalte in Klänge und musikalische Abläufe umgesetzt. Welche Aspekte eines Bildes oder einer Handlung können nun in passende Klänge umgesetzt werden?

Eine Tür schlägt zu; der Regen prasselt; ein Vogel pfeift; die Reifen quietschen usw.

Es wird das ausgedrückt, was man hören kann. Viele Stellen in Geschichten geben direkte oder auch indirekte Hinweise auf die *Geräusche*, die die handelnden Figuren hören oder die von ihnen erzeugt werden. Es gibt viele Möglichkeiten solche Geräusche zu imitieren. Am einfachsten geht es meist mit der Stimme. Oft bieten sich Materialien und Einrichtungsgegenstände an, die im Gruppenraum vorhanden sind. Schwieriger, aber auch musikalischer ist die Umsetzung jedoch mit selbstgebauten und vorhandenen Instrumenten. Zum Teil gelingt die Geräuschimitation nicht so realistisch. Aber das ist auch nicht erforderlich. Wichtig ist lediglich, dass die Gruppe beschließt, welches Instrument für welches Geräusch gedacht wird.

Wir sausen die Rutschbahn hinunter; die Hexe fliegt auf ihrem Besen durch die Wolken; die Frösche hüpfen; der Schwan gleitet über das Wasser usw.

Passende Klänge beziehen sich hier auf die Bewegung. Obwohl eine Bewegung ähnliche Klangassoziationen bei uns hervorruft, gibt es immer mehrere mögliche Instrumente und Spielweisen. Oft können mehrere Instrumente für eine Bewegung kombiniert werden. Beispielsweise können sich für das Fliegen der Hexe das Reiben auf Xylophon und Handtrommel und die Lotosflöte gut ergänzen. Beim Ausprobieren ist es oft günstig die Bewegung zunächst selbst auszuführen oder mit verschiedenen Personen Bewegung und Klang zu verbinden. Dadurch wird dann auch im Rahmen der Klangszene die Bewegung eher im passenden Tempo gespielt. Zum Teil sind Bewegungen auch mit Geräuschen verbunden. Wenn z. B. galoppierende Pferde dargestellt werden, so geht die Geräuschimitation mit der Umsetzung der Bewegung Hand in Hand.

Die Lotosflöte

Als Lotosflöte steht mein Ton
so lange wie dein Atem.
Mein Zug geht raus und rein,
mehr will ich nicht verraten.

Die Sonne geht auf; die Wiese ist voller Blumen; das alte Schloss sieht geheimnisvoll aus; es ist eisig kalt; die Sterne glänzen am Himmel; das Nest war weich und warm; alle hatten Angst; er war vergnügt und fröhlich usw.

Hier sind die Anhaltspunkte für passende Klänge weniger konkret. Es geht um Stimmungen und Gefühle, die optisch wahrgenommen oder von den handelnden Figuren erlebt werden. Nachdem sich die Gruppe auf die Klangfarben geeinigt hat, mit denen eine Stimmung dargestellt werden soll, ist das freie intuitive Spiel gefragt. Dabei können einer alleine oder mehrere zusammen spielen. Wichtig ist, dass Stimmungen nicht zu kurz dargestellt werden. Die Klänge müssen Zeit haben zu wirken und die Spieler müssen sich in ihr eigenes Spiel einhören um die Stimmung zu empfinden. Das Darstellen von Stimmungen ist sicherlich schwieriger als die Umsetzung von Geräuschen oder Bewegungen. Es ist aber auch besonders reizvoll. Wenn Stimmungen richtig ausgespielt werden, so sind diese Stellen meist Höhepunkte einer Klangszene.

In vielen Geschichten kommen mehrere handelnde Figuren vor, die nicht nur einmal, sondern öfter auftreten. Hier empfiehlt es sich den Figuren bestimmte Instrumente mit einer bestimmtem Spielweise zuzuordnen. Dies bezeichnet man als *Leitmotive*. Solche Leitmotive orientieren sich sowohl an Geräuschen und Bewegungen der Figuren, als auch an Stimmungen, die von ihnen ausgehen. Die Katze wird z. B. durch Reiben auf der Handtrommel, der gefährliche Wolf durch Wirbel auf Rassel und Becken und der lustige Hase durch schnelles unregelmäßiges Spiel auf Bongos dargestellt. Diese Spielweisen passen sich dann in der Klangszene der jeweiligen Situation an.

Prinzipien für die Umsetzung außermusikalischer Inhalte in Klänge:
- *Imitation von Geräuschen*
- *Klangliche Umsetzung von Bewegungen*
- *Klangliche Umsetzung von Stimmungen und Gefühlen*
- *Zuordnung von Leitmotiven für die handelnden Figuren*
Die Prinzipien kommen nicht nur für sich, sondern auch kombiniert vor.

Aus der Kenntnis dieser Prinzipien lässt sich nun auch für die Frage der **Eignung** von Texten für Klangszenen eine eindeutige Konsequenz ziehen:

Texte sind für Klangszenen dann geeignet, wenn genügend Anlässe enthalten sind, eines oder mehrere dieser Prinzipien anzuwenden.

1 Erläutern Sie die Prinzipien für die klangliche Darstellung außermusikalischer Inhalte.

2 Analysieren Sie einen in einem Fachbuch (vgl. Literaturhinweise) enthaltenen Vorschlag für eine Klangszene/Klanggeschichte im Hinblick auf die Verwendung der Prinzipien der klanglichen Darstellung.

3 Wählen Sie aus einer Bilderbuchgeschichte einen kurzen Ausschnitt und überlegen Sie, welche Prinzipien in der klanglichen Darstellung zur Anwendung kommen könnten.

4 Überprüfen Sie mit Hilfe der Prinzipien die Eignung eines Bilderbuches als Grundlage für eine Klangszene.

3.2 Formen von Klangszenen

Für die Gestaltung von Klangszenen gibt es unterschiedliche Grundlagen. Bilder sind dafür ebenso geeignet wie ein Gedicht oder eine kurze Geschichte. Auch längere Geschichten wie Bilderbücher oder Märchen kommen unter Umständen dafür in Frage. Diese Formen werden im Folgenden an Beispielen verdeutlicht. Dabei wird auch auf den Schwierigkeitsgrad und die Methode der Vermittlung von Klangszenen eingegangen.

3.2.1 Klangszenen zu Bildern

Das Bild mit der Straßenszene bietet vielfältige Anregungen zur Geräuschimitation: Haustürklingel, Glocke, Vogel, Flugzeug, Ballspiel, Motorrad, Auto und Fahrradklingel. Zunächst werden die Geräusche benannt und gesammelt. Im zweiten Schritt wird experimentiert und ausprobiert, womit und wie die Geräusche dargestellt werden können. Erst danach kommt das Eigentliche: die Gestaltung der Klangszene.

Natürlich klingen nicht alle Geräusche auf einmal. Es gibt mehrere Möglichkeiten, wie die Reihenfolge mit der Gruppe festgelegt werden kann:

- Der Erzieherin – oder ein Gruppenmitglied – zeigen auf dem Bild immer die Situation an, die klingen soll.
- Mit einem aufrecht gehaltenen Zeigestock wird auf dem Bild von links nach rechts gezeigt. Alle Geräusche, die vom Zeigestock erfasst werden, klingen gleichzeitig.
- Die Gruppe verabredet eine bestimmte Reihenfolge. Es ist günstig, wenn die Kinder sich in dieser Reihenfolge hinsetzen. Die Geräusche werden nun nacheinander gespielt.
- Ebenso können die Geräusche nacheinander einsetzen, bis alle zusammenklingen und dann in derselben Reihenfolge aufhören.

• Auch ein freieres Spiel ist möglich. Jeder Spieler setzt mit seinem Geräusch zweimal für eine kurze Zeit ein. Den Zeitpunkt bestimmt er selbst. Dieser Ablauf kann am besten mit geschlossenen Augen gespielt werden.

Aus diesen Möglichkeiten kann nun ausgewählt werden. Wenn eine Gestaltung wiederholt gespielt worden ist, so ist es bei allen Klangszenen sinnvoll, sie auf eine Kassette aufzunehmen und gemeinsam abzuhören. Das bringt großen Spaß und festigt die Gewissheit ein gemeinsames Produkt hergestellt zu haben.

Geeignete Bilder für Klangszenen finden sich in Materialien, die in Kindergärten vorhanden sind, insbesondere in Bilderbüchern. Auch für ältere Kinder oder Erwachsene kann die Gestaltung einer Klangszene nach einem Bild attraktiv sein. Hierfür eignen sich vor allem moderne Kunstwerke, die neben konkreten Inhalten auch Stimmungen vermitteln.

Aufgaben

1 Suchen Sie aus Bilderbüchern geeignete Bilder für Klangszenen aus. Begründen Sie Ihre Wahl.

2 Gestalten Sie mit einer Kindergruppe oder mit Ihrer Lerngruppe eine Klangszene nach einem Bild.

3.2.2 Klangszenen zu Gedichten

Gedichte sind oft kurz und klar gegliedert. Die gereimte Sprache regt zur weiteren Ausgestaltung an. In dem folgenden Gedicht (aus: J. Guggenmos, 1971 S. 110) lässt sich nahezu jede Zeile mit einem anderen Klang ausdrücken.

Die Vögel und der Bach

1	*Wir sind geschlüpft aus einem Ei.*	Kratzen auf Handtrommeln, Picken mit Klangstäben und Holzblocktrommeln
2	*Sind leicht, sind bunt, sind flink und frei.*	Schwebende Klänge auf Xylophonen, Glockenspielen oder verschiedenen Becken
3	*Wir haben Kehlen und singen hell.*	Triangeln oder Lotosflöten
4	*Wir haben Flügel und fliegen schnell.*	Reiben auf Xylophonen oder Papierblätter schütteln
5 6	*Wir fliegen dahin über dich im Nu. Wir sind die Vögel und wer bist du*	wie vorher, aber steigern
7 8	*Ich bin der Bach, doch ich wachse zum Strom und wandre vorüber an manchem Dom*	erst eine Rassel, dann immer mehr Glocken, Becken
9	*bis hinunter zum fernen wogenden Meer.*	kreisendes Reiben auf Handtrommeln und Pauken
10	*Drauf flieg ich als Wolke wieder daher.*	mit Metallstäben an Triangeln und Becken reiben
11	*Als Regen falle ich rauschend hernieder*	mit Fingern auf Handtrommeln
12	*und ziehe als Bächlein des Weges wieder.*	eine Rassel immer leiser

Die einzelnen Zeilen sind hier mit Vorschlägen für Klanggestaltungen versehen um ein Beispiel zu geben. Genau genommen sind solche Vorschläge
aber überflüssig. Einerseits hängen die Klänge von den zur Verfügung stehenden Mitteln ab, andererseits von den Ideen der einzelnen Gruppe und der
Entwicklung bei der gemeinsamen Erarbeitung. Wenn die Gruppe z. B. fest-
legt, dass das Flügelschlagen der Vögel mit Rasseln gespielt werden soll,
muss für den Bach ein anderes Instrument genommen werden, weil die
Klangfarbe dann für diese Klangszene besetzt ist. Es gibt hier keine falschen
Klänge. Wichtig ist, dass die Gruppe mit einem eingebrachten Vorschlag ein-
verstanden ist.

Wie ist dabei im Einzelnen vorzugehen? Natürlich muss das Gedicht den Kindern zunächst vorgesprochen werden. In einem kurzen Gespräch sollte anschließend auf den Inhalt eingegangen werden. Keinesfalls sollte der Text mit den Kindern geübt werden, bis sie ihn mitsprechen können. Vielmehr könnte man bei dem zweiten Vortrag die Gruppe auffordern die Augen zu schließen und sich Musik dazu vorzustellen. Nun wird Zeile für Zeile gemeinsam überlegt, ausprobiert, verworfen, Instrumente an die jeweiligen Spieler verteilt und Verabredungen getroffen. Jedes Gruppenmitglied kann in der Regel nur ein Instrument bekommen und kommt nur einmal in der Klangszene vor. Manche Stellen werden von mehreren Kindern gespielt. Diese setzen sich zueinander, damit das gemeinsame Spielen besser geleitet werden kann.

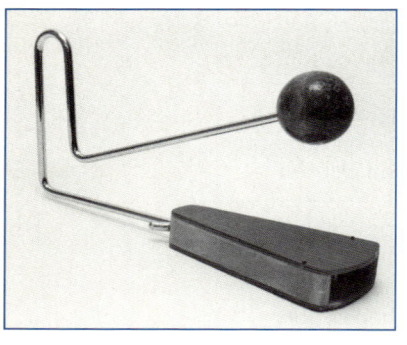

Das Vibraslap
Ein Vibraslap hat Zähne,
die schlafen gut versteckt.
Doch haust du auf die Kugel drauf,
dann hast du sie geweckt.

Das Gestalten der Klangszene erfordert immer mehrere Durchläufe. Beim ersten Mal sollte nach jeder Zeile eine genügend lange Pause folgen, damit die verabredeten Klänge richtig ausgespielt werden können. Nach einer kurzen Besprechung und Verbesserungsvorschlägen wird dies wiederholt. Beim dritten Durchlauf kann man jeweils mehrere Zeilen ohne Pausen sprechen und die Klänge anschließend ohne sprachliche Unterbrechung spielen lassen. Das erfordert mehr Aufmerksamkeit und ist musikalisch spannender, da die Übergänge fließend gestaltet werden müssen. Auch das kann sicherlich noch einmal wiederholt werden, bevor schließlich das ganze Gedicht völlig ohne Sprache als zusammenhängende Klangszene gestaltet wird. Die Erzieherin kann nun mit Gesten und Einsätzen ihr „Orchester" dirigieren.

Methodische Schritte für die Erarbeitung einer Klangszene nach einem Gedicht:

- Gedicht vorsprechen,
- Inhalt besprechen,
- mit geschlossenen Augen zuhören lassen,
- Zeile für Zeile ausprobieren und verabreden,
- erster Durchlauf mit Pausen nach jeder Zeile,
- mehrere Zeilen zusammenhängend sprechen und darstellen,
- ganzes Gedicht ohne Sprache gestalten.

1   Gestalten Sie die Klangszene zu dem Gedicht „Die Vögel und der Bach" mit Ihrer Lerngruppe.

2   Suchen Sie aus Kinderbüchern oder Zeitschriften weitere geeignete Gedichte heraus.

3   Entwickeln Sie eine Klangszene zu dem folgenden Gedicht von Josef Guggenmos:

Verblühter Löwenzahn

Wunderbar stand er da im Silberhaar.
Aber eine Dame,
Annette war ihr Name,
machte ihre Backen dick,
machte ihre Lippen spitz,
blies einmal mit Macht,
blies zweimal mit Macht,
blies dreimal mit Macht,
blies ihm fort die ganze Pracht.
Und er blieb am Platze zurück mit einer Glatze.

4   Wie gehen Sie bei der Erarbeitung dieser Klangszene mit einer Kindergruppe vor?

3.2.3   Klangszenen zu Geschichten

In der Literatur für die Praxis werden immer öfter Geschichten zur Verklanglichung mit Gruppen angeboten (vgl. Wagner E. 1990 und 1994, Grosse-Jäger Zeitschrift Musikpraxis). Diese Geschichten sind meist von den Autoren eigens für diesen Zweck erdacht worden. Ein beliebtes Verfahren ist parallel zum Verlauf der Geschichte passende Klänge mit grafischer Notation anzugeben.

Ein solches Beispiel ist die Geschichte **„An einem Sommertag"** von Elisabeth Wagner (aus: H. Grosse-Jäger, Hrsg., Musikpraxis, Nr. 39 S. 77), die hier originalgetreu wiedergegeben wird.

An einem Sommertag

Es war ein schöner Sommertag. Die Sonne schien durch die Bäume, und die Tiere des Waldes freuten sich.

Leises Glissando auf Glockenspiel. Dieser Klanghintergrund bleibt bis zum Gewitter.

Die Bienen flogen zu den Blumen und tranken deren Nektar.

Ein Hase hoppelte vergnügt durch das Gras.

Ein Marienkäfer krabbelte an einem Blumenstängel hoch.

Und Flippi der Heuschreck hüpfte, so weit er konnte.

Plötzlich verdunkelte sich der Himmel und ein Gewitter zog auf.

(Ende Glockenspiel)

Es blitzte

und donnerte

und der Regen prasselte auf die Erde.

Alle Tiere suchten so schnell sie konnten einen Unterschlupf.
Die Bienen flogen schnell unter ein großes Blatt.

Der Hase hoppelte unter eine Baumwurzel.

Der Marienkäfer krabbelte schnell unter einen Stein.

Flippi, der Heuschreck, versteckte sich in einer Glockenblume.

Nun warteten die Tiere und hörten dem Regen und dem Donner in der Ferne zu.

Es dauerte nicht lange, da hörte es auf zu regnen.

Glockenspiel setzt punktuell ein.

Bald blinzelte auch zwischen den Wolken die Sonne wieder hervor

Glockenspiel wie am Anfang, dann verklingend.

Dass die Geschichte zur Verklanglichung gut geeignet ist, lässt sich daran ersehen, dass alle besprochenen Prinzipien zur Darstellung außermusikalischer Inhalte angewendet werden können. Geräusche und Bewegungen sind ebenso enthalten wie Stimmungen und Figuren, die mit Leitmotiven versehen werden können. Die Zeichen der grafischen Notation sind auch in der Quelle nicht erklärt. Sie sollen für sich selbst sprechen. Sie sind hilfreich um sich die klangliche Umsetzung schneller vorstellen zu können. Sie sind aber – ebenso wie die Beispiele zu dem vorhergehenden Gedicht – nicht notwendig. Die eigene Fantasie einer Gruppe ist viel ergiebiger, als es sich in kurzer Form schriftlich darstellen lässt. Eine gelungene Klangszene wird also immer über die schriftlich gegebenen Anregungen hinausgehen. Die Art der Darstellung ist sinnvoll und platzsparend, enthält aber für die Praxis die Gefahr, dass die Beispiele als feste Vorgabe verstanden und nach jedem Satz kurz dazwischen gespielt werden. Damit werden die Geschichten aber zum einen musikalisch langweilig, weil kein Klangverlauf entsteht. Zum anderen wird so die Chance der Klangszene als eigenes Produkt der Gruppe vertan.

Wie geht man nun in der Praxis mit einem solchen Angebot um? Die von der Autorin gegebenen Klangbeispiele werden der Gruppe nicht mitgeteilt. Ziel ist, dass die Gruppe selbst Vorschläge für die Verklanglichung entwickelt. Ebenso wichtig ist, dass die verabredeten Klänge sich entfalten können und längere Klangverläufe entstehen. In einer Klangszene sind die Klänge nicht Neben-, sondern Hauptsache.

Für die Verklanglichung der Geschichte lassen sich drei Schwerpunkte erkennen: Leitmotive für die einzelnen Tiere, die Sommertagstimmung am Anfang und am Ende, die Gewitterstimmung. Die Leitmotive werden in der Regel einzelne Spieler übernehmen. Bei der Sommertags- und Gewitterstimmung können jeweils mehrere Spieler beteiligt werden. Nach der Vorstellung der Geschichte ist es am sinnvollsten diese Schwerpunkte herauszunehmen und zunächst mit der ganzen Gruppe zu erarbeiten.

Für die Leitmotive müssen zuerst die Instrumente ausgewählt werden. Die Gruppe soll hierbei nicht auf ein bestimmtes Ergebnis hingelenkt werden. Es gibt immer mehrere gute Möglichkeiten. Wer einen Vorschlag macht, probiert aus, wie er das betreffende Tier mit dem Instrument darstellen möchte. Bereits hier ist es wichtig, dass die Kinder zu einem längeren Spielen veranlasst werden. Für die Leitmotive genügt es nicht mit dem ausgesuchten Instrument beliebig zu klappern, sondern es muss eine dem Tier entsprechende Spielweise gefunden werden. Eine gute Möglichkeit ist es, dass sich ein Kind – oder auch die Erzieherin – wie das Tier bewegt, während ein anderes diese Bewegung mit dem Instrument begleitet. Grundregel ist, dass ein Instrument nur für eine Aufgabe ausgewählt werden kann. Wenn also eine Klangfarbe für ein Instrument festgelegt wird, so ist sie für diese Klangszene belegt und kann nicht für einen andere Stelle verwendet werden.

Als nächstes folgt die Gewitterstimmung. Ein aufziehendes Gewitter lässt sich sehr gut darstellen. Musikalisch ergiebig ist vor allem die Steigerung vom Verdunkeln des Himmels bis zum prasselnden Regen mit den immer lauter werdenden Donnerschlägen. Für diese Steigerung sollte man sich Zeit lassen. Je länger das Gewitter braucht, um zur vollen Stärke zu gelangen, desto besser klingt es.

Die Sommertagsstimmung ist etwas schwieriger zu entwickeln, da man sich hier an keinerlei Geräuschen orientieren kann. Der Sonnenschein, die Ruhe im Wald und die Freude der Tiere sind hier Anhaltspunkte. Die Gruppe überlegt, welche Instrumente zu dieser Stimmung passen, und improvisiert damit.

Natürlich kann sich die Erzieherin selbst beteiligen. Die zuhörenden Kinder geben Rückmeldung, welche Klänge zusammenpassen und welche stören.

Jetzt werden die Instrumente so verteilt, dass jedes Kind eine Aufgabe hat. Die Kinder, die eine gemeinsame Aufgabe haben, sitzen beieinander. Bei der zusammenhängenden Gestaltung lässt sich in etwa so vorgehen wie für das vorhergehende Gedicht beschrieben. Man beginnt also mit Pausen nach fast jedem Satz, fasst dann immer längere Abschnitte zusammen, bis schließlich die ganze Geschichte ohne Erzähler gespielt wird.

Der zweite Teil der Geschichte enthält nun noch eine besonders reizvolle Aufgabe, auf die die Kinder erst jetzt hingewiesen werden. Während die Tiere sich einen Unterschlupf suchen, geht das Gewitter weiter. Es müsste also im Hintergrund leise zu hören sein, bis alle Tiere in ihrem Versteck sind. Dann darf es sich noch einmal richtig austoben und hört ganz allmählich wieder auf. Die letzten Regentropfen gehen schließlich fließend in die Sommertagsstimmung über, mit der die Geschichte begonnen hat. Somit ist eine zusammenhängende und abgerundete musikalische Form erreicht. Diese wird aber erst möglich, wenn der Klangverlauf nicht durch Sprache unterbrochen wird.

Methodische Schritte für die Erarbeitung einer Klangszene zu einer Geschichte:

- Leitmotive zuordnen,
- einzelne Stimmungen erarbeiten,
- wiederholende Durchläufe mit immer weniger, aber längeren Pausen,
- Gestaltung der ganzen Geschichte ohne Erzähler,
- besondere Beachtung fließender Übergänge, die erst beim Spielen ohne Sprache möglich sind.

Aufgaben

1 Gestalten Sie die Klangszene zu der Geschichte „An einem Sommertag" mit einer Kindergruppe oder mit Ihrer Lerngruppe.

2 Übertragen Sie die methodischen Schritte auf weitere Klanggeschichten, die in der Praxisliteratur angeboten werden.

3 Entwickeln Sie selbst eine Geschichte, die für die Verklanglichung mit Gruppen geeignet ist.

3.2.4 Klangszenen zu Bilderbüchern und längeren Geschichten

Wenn Erzieherinnen mit ihren Gruppen Bilderbücher anschauen und Geschichten erzählen, so tun sie dies in erster Linie nicht um später daraus Klangszenen gestalten zu können. Die Geschichten und Bilderbücher, die sie auswählen, haben einen davon unabhängigen pädagogischen Wert. Häufig regen sie Fantasie und Vorstellungskraft an, wenn man sich in die unwirkliche Geschichtenwelt hineindenken muss. Häufig bieten sie auch Identifikationsfiguren, die ähnliche Probleme und Aufgaben bewältigen müssen wie die

Kinder. Damit lässt sich bereits erahnen, warum es sinnvoll sein kann aus solchen Geschichten Klangszenen zu entwickeln. Mit Klängen erhält die Fantasie eine weitere Ebene sich zu entfalten. Das emotionale Miterleben findet in Klängen ein Ventil und kann aktiv ausgedrückt werden. Die der Musik eigenen Möglichkeiten Stimmungen und Atmosphäre darzustellen aktivieren die emotionalen Kräfte und vertiefen das mit der Geschichte angestrebte Erlebnis. (vgl. H. Wagner, 1987, S. 97)

Bilderbücher sind jedoch meist zu lang und häufig auch zu komplex um die gesamte Handlung in eine Klanggeschichte zu übertragen. Der Aufwand an Organisation und Übung mit der Gruppe wäre zu groß. Die Kinder würden relativ bald ermüden und die oben erläuterten Ziele könnten eher verhindert als erreicht werden.

Um Bilderbücher und andere längere Geschichten für die Entwicklung einer Klangszene handgreiflich zu machen, gibt es zwei gangbare Wege. Diese werden im Folgenden an zwei allgemein bekannten Bilderbüchern von *Leo Lionni* verdeutlicht.

Beispiel 1: Swimmy Leo Lionni, Verlag Middelhauve, Köln 1972
Bei der Gestaltung von Klangszenen kann vorausgesetzt werden, dass die Kinder die Handlung kennen und verstanden haben. So genügt es, den Text ohne Ausschmückungen auf die zentralen Elemente der Handlung zu reduzieren. Die Geschichte von Swimmy weist deutlich drei Stationen auf. Dementsprechend kann man die ganze Geschichte in drei Klangszenen zusammenfassen.

Klangszene 1:
Irgendwo in einer Ecke des Meeres lebte einmal ein Schwarm kleiner roter Fische. Nur einer von ihnen war schwarz: Swimmy. Eines schlimmen Tages kam ein hungriger großer Thunfisch und fraß alle kleinen roten Fische auf. Nur Swimmy konnte entkommen.

Klangszene 2:
Traurig und einsam schwamm Swimmy hinaus ins große Meer. Dort sah er viel Wunderbares und Schönes: eine bunte Qualle, einen Hummer, einen riesigen Aal und sonderbare Wasserpflanzen.

Klangszene 3:
Eines Tages entdeckte er in einer Ecke des Meeres einen anderen Schwarm kleiner roter Fische. Er forderte sie auf mit ihnen das Meer zu erkunden. Da es aber für die kleinen roten Fische zu gefährlich war, allein durch das Meer zu schwimmen, schlossen sie sich zu einem großen roten Fisch zusammen. Swimmy wurde das wachsame Auge.

Ziel ist zu jeder Klangszene ein zusammenhängendes, längeres Musikstück zu gestalten. Für eine Kindergruppe sind das sicher drei zeitlich getrennte Aktivitäten, die volle Konzentration erfordern. In der Klangszene 1 müssen z. B. Leitmotive für Swimmy, den Thunfisch sowie den Schwarm der roten

Fische gefunden werden. Dann ist die Meeresstimmung zu gestalten. Das Auffressen des Fischschwarmes durch den Thunfisch und das Entkommen von Swimmy könnte gut durch Überlappen der Motive dargestellt werden: Das Motiv des Schwarmes wird leiser und nimmt ab, während der Thunfisch lauter wird; danach wird der Thunfisch leiser und Swimmy ist wieder zu hören.

In diesem Beispiel ist es gelungen die gesamte Handlung auf drei Szenen zu reduzieren ohne den Zusammenhang zu verlieren. Damit ist es möglich die gesamte Geschichte in drei Klangszenen zu gestalten.

Beispiel 2: Frederik Leo Lionni, Verlag Middelhauve, Köln 1974
„Frederik" heißt die Geschichte von vier Feldmäusen, die Wintervorräte sammeln und dann den Winter gemeinsam verbringen. Eine vollständige Zusammenfassung der Geschichte in wenigen Klangszenen erscheint nicht so leicht möglich wie bei dem vorhergehenden Beispiel. Dennoch gibt die Geschichte an mehreren Stellen gute Anlässe zu einer vertiefenden Klanggestaltung. Es wäre schade, diese Anlässe nicht zu nutzen, nur weil die Geschichte als Ganzes für eine Klanggestaltung nicht überschaubar wird. Daher beschränkt sich die Gestaltung von Klangszenen auf einzelne Situationen. Dabei wird vorausgesetzt, dass die Geschichte als Ganzes den Kindern gegenwärtig ist und sie die einzelnen Situationen auch für sich empfinden können.

Klangszene 1:
Die vier Feldmäuse sammelten Körner, Nüsse, Weizen und Stroh für den Winter.

Klangszene 2:
Die Mäuse erzählten sich Geschichten in ihrem Unterschlupf.

Klangszene 3:
Es wurde sehr kalt und keiner wollte mehr sprechen.

Klangszene 4:
Frederik erzählte von goldenen Sonnenstrahlen und den Mäusen wurde warm.
Frederik erzählte von blauen Kornblumen und roten Mohnblumen im gelben Kornfeld und die Mäuse sahen die Farben klar und deutlich vor sich.
Frederik trug ein Gedicht vor und alle Mäuse freuten sich und klatschen Beifall.

Alle Klangszenen sind hier nur mit sehr geringem Text ausgedrückt. Dennoch sollen längere Musikstücke entstehen. Wenn sich die Mäuse in der Klangszene 2 Geschichten erzählen, kann beispielsweise folgender Ablauf verabredet werden: Alle, die eine Maus nachahmen, spielen nacheinander auf ihren Instrumenten ein langes, freies Solo, das je nach der gedachten Geschichte lustig oder Furcht erregend, leise, laut, langsam oder schnell sein kann. Nach jedem Solo kommt Beifall von allen Mäusen. Dieser Applaus wird ebenfalls durch Instrumente gestaltet. Um alle Kinder einer Gruppe einzubeziehen, kann jedes Kind ein Instrument bekommen, damit es den Beifall ausdrücken kann.

Mit den vorgeschlagenen vier Klangszenen ist nicht die ganze Geschichte erfasst. Aber es sind die vier emotional entscheidenden Situationen, die man mit der Klanggestaltung vertiefen und mit denen man die Geschichte strukturieren kann.

Möglichkeiten für die Entwicklung von Klangszenen zu längeren Geschichten:

- Die Geschichte wird auf wenige Klangszenen reduziert, die die gesamte Handlung wiedergeben.
- Aus der Handlung werden einzelne Situationen ausgewählt, zu denen Klangszenen gestaltet werden. Damit ergibt sich kein lückenloser Zusammenhang.

Je länger der Text einer Geschichte ist, desto weniger wird es gelingen die ganze Handlung in Klangszenen zusammenzufassen. So empfiehlt es sich z. B. bei den meisten Märchen die zuletzt beschriebene Methode anzuwenden.

Die Erarbeitung von Klangszenen zu Bilderbüchern stellt höhere Anforderungen an die Kreativität der Gruppe, da weniger Vorgaben durch den Text vorhanden sind. Das **methodische Vorgehen** ist für die beiden beschriebenen Möglichkeiten grundsätzlich gleich.

Am Anfang steht in jedem Fall eine ausführliche und wiederholt durchgeführte Bilderbuchbetrachtung. Diese wird sich über einen längeren Zeitraum hinziehen. Erst wenn die Geschichte von den Kindern mehrfach in der Erzählung und Betrachtung erlebt werden konnte und somit gut bekannt ist, ist es sinnvoll Klangszenen zu gestalten.

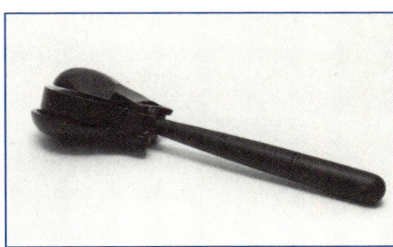

Die Kastagnetten

Als Kastagnetten klingen wir
wie eine Klapperschlange.
Wenn ihr uns tüchtig schüttelt,
dann klappern wir ganz lange.

Die Erzieherin wählt dann Situationen für die Verklanglichung aus und schlägt sie der Gruppe vor. Dabei ist es nicht erforderlich aus der langen Geschichte eine neue Kurzfassung zu entwickeln. Es genügt die Situation kurz zu beschreiben und die Handlungselemente zu benennen, die in Klänge umgesetzt werden können, wie z. B. Klangszene 1 für das Buch Frederik: *Die vier Feldmäuse sammelten Körner, Nüsse, Weizen und Stroh für den Winter.*

In der gemeinsamen Besprechung werden nun Klangaufgaben entwickelt und passende Instrumente zugeordnet. Klangaufgaben wären hier die Darstellung der vier Mäuse mit jeweils dem gleichen Instrument, die Darstellung der Nahrungsmittel mit vier verschiedenen Instrumenten und eventuell ein weiterer Klang für das Fallenlassen der Nahrungsmittel nach dem Transport.

Nachdem die Instrumente auf die Spieler verteilt sind, kann die Szene zunächst improvisatorisch gespielt werden. Daraus ergibt sich eine Besprechung und Festlegung des Ablaufs, z. B.: Jede Maus holt eines der vier Nahrungsmittel und bringt es in das Versteck. Das Suchen der Maus wird dabei mit schnellem Spiel – für schnelle Schritte – auf dem Maus-Instrument dargestellt. Beim Transport der Nahrungmittel spielen immer zwei Instrumente gemeinsam, etwa Klangstäbe für die Maus und Rassel für die Körner. Die Schritte sind dabei langsamer, weil die Maus schwer zu tragen hat. Den Abschluss bildet jeweils das Fallenlassen z. B. mit einem Schlag auf der Handtrommel. In der Klangszene können die Mäuse zunächst alle gleichzeitig, dann nacheinander und schließlich noch einmal gleichzeitig auf die Suche gehen. So ergibt sich ein geordnetes längeres Musikstück.

Ein solcher Ablauf entsteht natürlich nicht gleich beim ersten Mal. Er entwickelt sich beim Ausprobieren, Besprechen, Wiederholen und Verbessern. Es werden also immer mehrere Durchgänge mit dazwischenliegenden Reflektionen durchgeführt.

Jede gestaltete Klangszene kann für sich stehen und erfordert nicht den Zusammenhang der ganzen Geschichte. Wenn aber über einen längern Zeitraum mehrere Klangszenen zu einer Geschichte entwickelt wurden, so kann versucht werden diese in die Erzählung der ganzen Geschichte einzubetten. Dabei genügt es völlig, wenn diese Situationen klanglich gestaltet sind. Auf kurze und belanglos eingestreute Klänge zu anderen Textstellen sollte verzichtet werden. Je nach Eigenart der Geschichte ist nun auch die Verbindung mit darstellendem Rollen-Spiel möglich.

Methodische Schritte für die Erarbeitung von Klangszenen nach Bilderbüchern:

- Bilderbuchbetrachtung.
- Auswahl und Vorschlag einer Situation durch die Erzieherin.
- Finden der Klangaufgaben und Zuordnung der Instrumente.
- Improvisatorische Versuche und Besprechung des Ablaufs.
- Mehrere Durchgänge mit dazwischenliegenden Reflektionen.

Nach der Gestaltung mehrerer Klangszenen zu einer Geschichte:

- Einbettung der Klangszenen in die Erzählung der ganzen Geschichte.
- Eventuell Hinzuziehung von darstellendem Rollen-Spiel.

1 Begründen Sie die besondere Eignung von Bilderbüchern für die Entwicklung von Klangszenen.

2 Erläutern Sie die beiden Möglichkeiten längere Geschichten für die Entwicklung von Klangszenen zu konkretisieren.

3 Überlegen Sie sich Klangszenen zu den vorgeschlagenen Textstellen aus den beiden Bilderbüchern.

4 Wählen Sie ein geeignetes Bilderbuch und überlegen Sie, welche der beiden beschriebenen Methoden für die Entwicklung von Klangszenen angewendet werden kann.

5 Wählen Sie ein Märchen und überlegen Sie, zu welchen Stellen nach der zweiten Methode Klangszenen gestaltet werden könnten.

3.3 Zum pädagogischen Wert von Klangszenen

Musikalischer Anspruch

Neben den inhaltlichen und methodischen Möglichkeiten sollten die beschriebenen Beispiele vor allem Folgendes verdeutlichen:

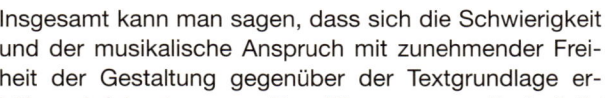

Klangszenen haben nur dann einen pädagogischen Wert, wenn sie einen musikalischen Anspruch beinhalten. Das gilt nicht erst für die Arbeit mit älteren Kindern, sondern bereits für den Kindergarten.

Wovon hängt der musikalische Anspruch, bzw. die Schwierigkeit der Gestaltung ab?

Ein wichtiges Kriterium hierfür enthalten die oben beschriebenen Prinzipien der klanglichen Darstellung außermusikalischer Inhalte. Die Imitation von Geräuschen ist sicher am leichtesten, ergibt aber auch kaum Möglichkeiten der musikalischen Gestaltung. Die Übertragung von Bewegungen in Klänge erfordert bereits etwas mehr Vorstellungkraft. Bei der Darstellung von Stimmungen und Gefühlen gibt der Text nur wenige Anhaltspunkte. Hier sind musikalische Einfühlung und Kreativität am meisten gefragt. Auch bei der Entwicklung und bei dem weiteren Umgang mit Leitmotiven ist man durch den Text nicht festgelegt.

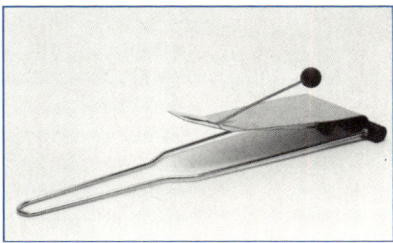

Das Flexaton
Als Flexaton kann ich mich
hin und her verbiegen.
Damit kannst du meinen Ton
rauf und runter schieben.

Insgesamt kann man sagen, dass sich die Schwierigkeit und der musikalische Anspruch mit zunehmender Freiheit der Gestaltung gegenüber der Textgrundlage erhöhen. Infolgedessen sollten Klangszenen, die lediglich die Imitation von Geräuschen und die Umsetzung von Bewegungen verlangen, am Anfang stehen. Allmählich kann immer stärker die Darstellung von Stimmungen, Gefühlen und Leitmotiven mit einbezogen werden.

Ein zweites Kriterium für den musikalischen Anspruch ist in der Beschreibung des methodischen Vorgehens bei der Erarbeitung von Klangszenen bereits mehrfach angesprochen worden. Das Ziel ist es immer zu einem längeren musikalischen Spiel ohne Unterbrechung durch Sprache zu gelangen.

Das heißt erstens: Das Spiel braucht Zeit um sich zu entfalten und die Spieler brauchen Zeit um sich in ihr eigenes Spiel einzuhören. Die Erzieherin vermittelt bereits musikalischen Anspruch, wenn sie den Kindern verdeutlicht, dass sie sich für ihre Klangaufgabe Zeit nehmen sollen. Wenn sie selbst Klangaufgaben übernimmt und in dieser Weise ausführt, setzt sie ein Beispiel, an dem die Gruppe sich orientieren kann. Dies gilt bereits bei den allerersten Versuchen mit Klangszenen.

Das heißt zweitens: Mit zunehmender Übung und Erfahrung nimmt die Erzieherin die Sprache zugunsten einer flüssigen, zusammenhängenden klanglichen Gestaltung immer mehr zurück. Dieser Grundsatz bestimmt das methodische Vorgehen bei der Erarbeitung einer Klangszene. Er bestimmt auch die Auswahl der Textgrundlagen über einen längeren Zeitraum. Nur eine erfahrene Gruppe kann zu einzelnen Situationen aus einer längeren Geschichte eine längere Klanggestaltung entwickeln.

> **Kriterien für musikalischen Anspruch bei der Gestaltung von Klangszenen:**
> • zunehmende Freiheit der Gestaltung gegenüber der Textgrundlage, die aus den verschiedenen Prinzipien der klanglichen Darstellung erwächst,
> • zunehmend längeres musikalisches Spiel ohne sprachliche Unterbrechung.

Die Reflexion des musikalischen Anspruchs bei der Gestaltung von Klangszenen ist aus zwei Gründen besonders wichtig. Zum einen ist in der Praxis häufig festzustellen, dass „Klanggeschichten" lediglich auf die einfachste und leider auch langweiligste Art gespielt werden. Damit sind die Kinder auf Dauer unterfordert und es entsteht kein musikalisches Erlebnis. Zum anderen hängt es ganz entscheidend von einem kind- und sachgerechten musikalischen Anspruch ab, ob die Ziele erreicht werden können, die wir mit der Gestaltung von Klangszenen verbunden sind.

Ziele

Die Ziele sind vielfältig und beziehen sich gleichberechtigt auf die allgemeinpädagogische und auf die musikpädagogische Ebene:

• Mit Klangszenen wird es den Kindern ermöglicht ein eigenes musikalisches Werk zu schaffen. Sie erleben sich als *verantwortlich und sind stolz* auf ihr Produkt. Dies wird natürlich nur erreicht, wenn die Gruppe aktiv mitbestimmen und gestalten kann.
• Das Produkt ist ein gemeinsames Ergebnis der Gruppe. Das Erfolgserlebnis wird mit der Gruppe in Verbindung gebracht und stärkt das *Wohlbefinden und den Zusammenhalt in der Gruppe.*

- Der Weg zu dem gemeinsamen Ergebnis erfordert Zusammenarbeit, die wertvolle *Gruppenprozesse* in Gang bringt. Vorschläge einbringen, Kritik üben, aufeinander hören, Aufgaben verteilen und übernehmen sind wichtige *soziale Fähigkeiten*, die hier geübt werden.
- Das Gestalten von Klangszenen erfordert das Hineindenken in Stimmungen und Gefühle von Situationen und Figuren. Dadurch wird das *emotionale Erleben vertieft* und findet eine Ausdrucksebene. Dies gelingt besonders durch das längerfristige Verfolgen eines musikalischen Gestaltungsanspruchs.
- Da keine musikalischen Fähigkeiten vorausgesetzt werden, kann der *Umgang mit den musikalischen Mitteln* besonders gut erfahren werden. Der Einsatz der Stimme, von selbstgebauten und vorhandenen Instrumenten sowie sonstigen Gegenständen als Klangerzeuger wird geübt.
- Das Finden und Ausprobieren von Klängen, die Freude am improvisierten, spontanen Instrumentalspiel, die Planung des Ablaufs, all dies spricht die schöpferischen Kräfte an. Hier kann sich die *musikalische Kreativität*, die in jedem steckt, entfalten.
- Durch die Beteiligung an längeren musikalischen Abläufen und durch die Möglichkeit der eigenen Einflussnahme werden Grunderfahrungen der musikalischen Gestaltung vermittelt.
- Dadurch kann das *Interesse* am Hören *komponierter Musik* angeregt werden.

(vgl. dazu auch H. Grosse-Jäger 1983, S. 115)

Aufgaben für die Elternarbeit

Für die meisten Eltern dürften Klangszenen etwas Unbekanntes sein. Wenn die Kinder zu Hause davon erzählen, werden sich nur wenige eine rechte Vorstellung machen können. Sie werden darin kaum eine musikalische Äußerungsform sehen. Sie werden es wahrscheinlich eher als belangloses „Geklapper", vielleicht sogar als Unsinn empfinden.

Damit sind bereits die Aufgaben angedeutet, die sich für die Elternarbeit ergeben. Es ist wichtig, bei den Eltern Interesse für die Inhalte der Aktivitäten in der Kindergruppe zu wecken. Gerade bei relativ unbekannten Inhalten wie Klangszenen ist es erforderlich, Eltern die pädagogischen Absichten zu verdeutlichen und sie vom pädagogischen Wert der Gestaltung von Klangszenen zu überzeugen.

Dies gelingt am besten durch Einbeziehen der Eltern in das praktische musikalische Spiel. Eine Möglichkeit ist das Vorspiel von Klangszenen bei offenen Nachmittagen, bei denen einzelne Eltern anwesend sind. Dadurch ist der Rahmen des Vorspiels nicht so groß und unterscheidet sich kaum von der sonstigen Gruppensituation. Die Eltern erleben ihre Kinder im konzentrierten Tun und können anschließende kurze Erläuterungen durch die Erzieherin besser nachvollziehen.

Noch sinnvoller ist die eigene Gestaltung einer Klangszene an einem Elternabend. Da keinerlei musikalische Fähigkeiten verlangt werden, sind Klangszenen eine gute Möglichkeit Eltern ins musikalische Spiel zu bringen. Das Gedicht „Die Vögel und der Bach" ist z. B. gut geeignet um es auch mit einer großen Gruppe gemeinsam zu gestalten. Dabei werden Hemmungen im Umgang mit den Instrumenten und im Umgang miteinander überwunden. Die Eltern entwickeln Kontakt zueinander und lernen sich besser kennen. Sie entdecken möglicherweise wieder die eigene Spielfreude. Vor allem können sie die Anforderungen, den Spaß und den Stolz über das Ergebnis in der eigenen Erfahrung erleben. In einem anschließenden Gespräch gelingt es leicht die pädagogischen Ziele der Gestaltung von Klangszenen gemeinsam zusammenzutragen. Dabei wird den Eltern auch verständlich, dass die Musik in diesem weiten Sinne einen wesentlichen Teil zur umfassenden Persönlichkeitsbildung beiträgt. Haben die Eltern eine Klangszene gestaltet, so können sich auch zu Hause Gespräche darüber ergeben. Dieses Interesse am Tun der Kinder wird sich wiederum positiv auf deren weitere Motivation auswirken.

Aufgaben

1. Erläutern Sie die Kriterien des musikalischen Anspruchs bei der Gestaltung von Klangszenen.

2. Begründen Sie die Bedeutung des musikalischen Anspruchs für die Erreichung der pädagogischen Ziele.

3. Erläutern Sie die pädagogischen Ziele am Beispiel einer in diesem Kapitel beschriebenen Klangszene. Überlegen Sie, welche Ziele hier besonders zur Geltung kommen.

Literaturhinweise

ABEL-STRUTH, S.: Musikalischer Beginn in Kindergarten und Vorschule, Bd. 3 Materialien, Mappe 2 Bildmaterialien und Mappe 5 Instrumental-Materialien, Bärenreiter Verlag o. J.

GROSSE-JÄGER, H. (Hrsg.): Musikpraxis, Arbeitshilfen für Musik in Kindergarten und Grundschule, Zeitschrift vierteljährlich, Fidula Verlag Boppard. Nahezu jedes Heft enthält Anregungen für Klangszenen zu Geschichten oder Gedichten.

GROSSE-JÄGER, H: Freude an Musik erleben, Herder Verlag, Freiburg 1983, Kap. 2 S. 97–117

KREUSCH-JAKOB, D.: Musikerziehung, Kap.: Klingende Geschichten S. 96–102, Don Bosco Verlag, München 1995

SCHWARTING, J.: Da capo – Klingende Geschichten, Fidula Verlag, Boppard 1976

WAGNER, E.: Quacki der kleine freche Frosch, 37 lustige Geschichten für Kinder von 3–8, Don Bosco Verlag, München 1990

WAGNER, E.: Herr Plubberplop der Wassermann, neue Klanggeschichten, Don Bosco Verlag, München 1994

WAGNER, H.: Spielen mit Musik, Kap. Musikalische Spielaktionen mit Bilderbüchern S. 97–127, Verlag Kohlhammer, Köln 1987

GUGGENMOS, J.: Was denkt die Maus am Donnerstag?, 123 Gedichte für Kinder, Deutscher Taschenbuch Verlag, München 1971
LIONNI, L.: Swimmy, Middelhauve Verlag, Köln 1972
LIONNI, L.: Frederik, Middelhauve Verlag, Köln 1974

4 Tanz

Der Mensch kommuniziert nicht nur mit seiner Stimme, sondern auch sehr intensiv mit und durch seinen Körper. Dies geschieht in Form von Gestik, Mimik und Bewegungen. Bewegung und Mensch gehören zusammen. Tanz ist Bewegung und hilft dem Menschen sich auszudrücken, sich mitzuteilen oder sich zu verständigen. Der Tanz ist eine der ursprünglichsten Lebensäußerungen des Menschen. Egal ob groß oder klein, ob alt oder jung, ob gesund oder behindert, jeder Mensch kann tanzen.

Tänze gibt es zu jeder Gelegenheit in vielen unterschiedlichen Formen. Allein, paarweise, in Kleingruppen oder in der großen Gruppe kann getanzt werden. Man kann gemeinsam tanzen, vortanzen oder anderen beim Tanzen zusehen. Die Palette des Tanzes reicht vom einfachen Reigen bis hin zum professionellen klassischen oder modernen Ballett. Es ist immer faszinierend wie der Tanz wirkt, egal auf welche Art und Weise er geschieht.

4.1 Grundlagen der Tanzerziehung

4.1.1 Grundbegriffe der Tanzlehre

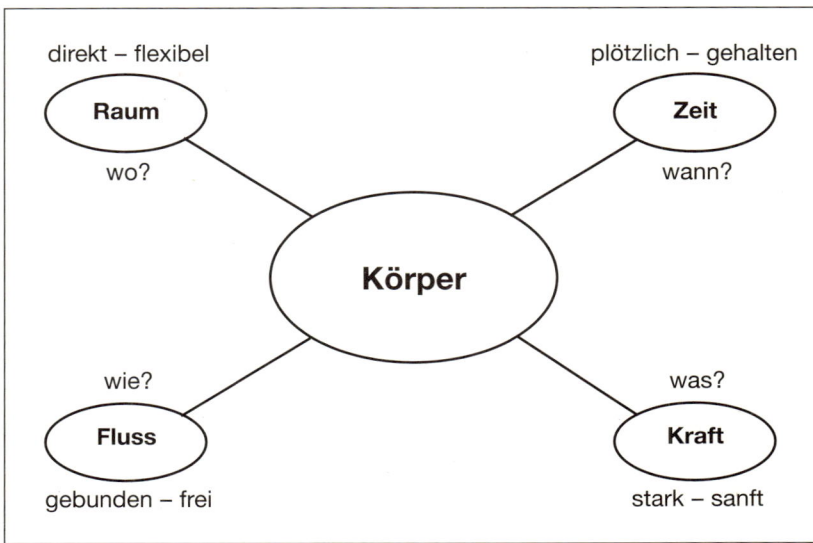

Der Körper ist mit seiner Motorik und Sensorik der Mittelpunkt im Tanz. Freude, Glück, Angst oder Hoffnung und vieles mehr durchdringen den menschlichen Körper und kommen durch ihn in Form von Körpersprache zum Ausdruck. Beeinflusst wird der Körper in seinen Bewegungen durch den Faktor *Zeit*. Schnell oder langsam, mit Pausen oder ohne, Grundrhythmus oder Off-Beat, Metrum und Takt, plötzliche oder gehaltene Bewegungen – dies alles sind Aspekte der Zeit, die beim Tanz wirksam werden. Wie intensiv, stark oder sanft man sich bewegt, hängt vom *Krafteinsatz* des Körpers ab. Dabei ist zu beachten, dass die Kraft beim Tanzen nicht nur in den Bewegungen liegt, sondern auch in der Musik. Der *Raum* gibt die Formation an. Diese umfasst Richtung, Ebene, Umfang, Weg und Form der Bewegung. Der Bewegungs*fluss* zeigt, wie stark die Bewegung gesteuert ist, ob gebunden oder frei getanzt wird.

4.1.2 Kriterien der Tanzauswahl

Um den richtigen Tanz, zur richtigen Zeit, am richtigen Ort zum richtigen Anlass zu finden, kann sich die Erzieherin bei der Auswahl eines Tanzes an folgenden Kriterien orientieren.

- Im Vordergrund steht die *Zielgruppe*. Neben dem Alter, der Anzahl, dem Umfeld und den Gewohnheiten der Teilnehmer spielen deren Wünsche und Bedürfnisse bei der Auswahl des Tanzes eine wichtige Rolle. Wie gut sich die Gruppenmitglieder untereinander kennen, sollte auch bedacht werden um evtl. Bewegungsängsten oder Hemmungen aus dem Weg zu gehen.
- Die *Zielsetzung*, die die Erzieherin mit Hilfe des Tanzes anstrebt, wird sicherlich ausschlaggebend sein für die Auswahl des Tanzes. Neben Freude und Spaß an dieser Aktivität sollten auch möglichst viele andere Förderbereiche bedacht werden.
- Die *Musik* wird durch den Tanz meistens vorgegeben. Die Erzieherin hat die Möglichkeit zwischen Musik vom Tonträger oder Live-Musik, wie z. B. Gesang oder selbst gespielter Musik zu wählen. Die Musik zu hören und bewusst wahrzunehmen ist ein wichtiger Bestandteil der Tanzerziehung. Deshalb ist die Auswahl von Form und Qualität der Musik entscheidend für die Erarbeitung eines Tanzes. Die Aktualität der Musik sollte ebenfalls berücksichtigt werden.
- Die Tanzerziehung will alte Bewegungsformen schulen bzw. fördern und die Möglichkeit zur neuen Bewegungsfindung geben. Die *Auswahl der Bewegungsformen* richtet sich nach der Tanzform und nach der Zielgruppe. Die Erzieherin hat immer die Möglichkeit, die Bewegungen und Bewegungsabläufe innerhalb eines vorgegebenen Tanzes zu verändern, indem sie diese vereinfacht oder schwieriger gestaltet.
- Die Erzieherin sollte sich über den Zeitraum und den *Zeitaufwand* der Tanzerziehung im Klaren sein. Unter Zeitdruck einen Tanz zu vermitteln oder entstehen zu lassen, entspricht nicht den pädagogischen Zielsetzungen.
- Der *Anlass* einen Tanz mit einer Zielgruppe zu gestalten, ist häufig ein Fest wie z. B. ein Indianertanz mit Kindern zum Sommerfest oder ein Kerzentanz mit Jugendlichen zu Weihnachten. Anlass und Zielsetzung sind immer

differenziert zu betrachten, d. h., die Erzieherin sollte einen Tanz nicht nur zu Aufführungszwecken einstudieren bzw. erarbeiten, sondern nur in Verbindung mit einer pädagogischen Zielsetzung.

*Raum*ambiente und Raumcharakter beeinflussen die Motivation für eine Handlung. Ob es tanzen, spielen oder lernen ist, der Raum sollte dementsprechend ausgewählt und vorbereitet sein. Bei der Tanzauswahl müssen die räumlichen Begebenheiten berücksichtigt werden.

Die Kriterien der Tanzauswahl, d. h. die Zielgruppe, die Zielsetzung, die Bewegung, die Musik, der Raum, die Zeit und der Anlass dürfen von der Erzieherin nicht einzeln, sondern immer nur zusammenhängend betrachtet werden.

4.1.3   Methoden der Tanzerarbeitung

Grundsätzlich lassen sich zwei Methoden der Tanzerarbeitung unterscheiden, die für die Erzieherin gut anwendbar und umsetzbar sind. Die Auswahl der Methode hängt von der Zielsetzung und der Form des Tanzes ab.

Die imitative Methode

Diese Methode der Tanzerarbeitung ist die geläufigste. Sie meint das Vor- und Nachmachen von Tanzschritten, Schrittfolgen und Formationen. Die Erzieherin zeigt und erklärt diese und die Gruppe macht sie nach bzw. führt die Bewegungen aus. Tanzweg und Tanzablauf werden also vorgegeben. Diese Form der Tanzeinführung bietet sich bei traditionellen Kindertänzen wie Kinderreigen, bei Standardtänzen wie Walzer, aber auch bei Volks- und Folkloretänzen wie z. B. der Polka an. Sie ist ökonomisch, kontrolliert und zeitsparend.

Bei der Tanzerarbeitung nach der imitativen Methode kann sich die Erzieherin an folgenden methodischen Schritten orientieren:

- Sie spielt der Gruppe die Tanzmusik vor.
- Die Gruppe begleitet die Musik mit Körper- oder Rhythmusinstrumenten.
- Die Musik wird in verschiedene Teile (A, B usw.) gegliedert und dementsprechend unterschiedlich begleitet; z. B. zu A klatschen, zu B stampfen.
- Die Erzieherin zeigt den Teilnehmern die Bewegungsfolgen von Teil A und lässt diese nachmachen (Musik wird eingespielt) und im Anschluss die Bewegungsfolgen von Teil B.
- Sie erklärt die Ausgangsposition (z. B. Kreisform, Blickrichtung zur Kreismitte) und die Handfassung (z. B. V-Fassung = einfache Handfassung, Arme ergeben den Buchstaben V) und die Gruppe führt dies aus.
- Die Teile werden nun im vollständigen Ablauf (z. B. A-B-A-B) und in der vorgegebenen Formation getanzt.

Die kreative Methode

Hier wird den Teilnehmern die Möglichkeit gegeben spontanes Bewegungs- und Ausdrucksempfinden zu entfalten. Eine positive und partnerschaftliche Beziehung zwischen Erzieherin und Gruppe regt an und lässt Schöpferisches in spontaner Art und Weise entstehen. Dabei kann von der Musik, der Bewegung oder von einem Thema ausgegangen werden. Diese Form der Tanzerarbeitung ist individuell, zeitaufwendig, kommunikativ und kreativ.

> *Beide Methoden der Tanzerarbeitung kann die Erzieherin mit jeder Zielgruppe durchführen. Eine Mischform der kreativen und imitativen Methode sollte immer in Betracht gezogen werden.*

Methodische Schritte der Tanzerarbeitung nach der kreativen Methode:

- Die Erzieherin spielt der Gruppe die Musik vor und lässt den Charakter der Musik herausfinden.
- Sie motiviert die Teilnehmer zur Musik Bewegungsfantasien entstehen zu lassen, d. h. einfach „loszutanzen". Dabei hat jeder die Möglichkeit zu tanzen oder zuzusehen.
- Einzelne Bewegungsformen werden herausgestellt, gemeinsam ausprobiert und in Zusammenhang gebracht.
- Die Musik wird nochmals angehört und dann gegliedert.
- Die gefundenen und erfundenen Bewegungsmuster werden mit der Musik verbunden und ausprobiert.
- Die Gruppenmitglieder kontrollieren selbst, ob ihnen der Tanz so gefällt, wie sie ihn zusammen erstellt haben.
- Gemeinsames Tanzen, eventuell mit Videoaufnahme.

Aufgaben

1 Wählen Sie einen Kindertanz aus und wenden Sie die methodischen Schritte der imitativen und der kreativen Methode auf das Beispiel an.

2 Erörtern Sie die Vor- und Nachteile der beiden unterschiedlichen Methoden.

3 Versuchen Sie mit Hilfe eines weiteren Beispiels beide Methoden miteinander zu verbinden.

4.1.4 Die Tanzbeschreibung

Die schriftliche Darstellung eines Tanzes ist nicht leicht. Um eine Bewegung unmissverständlich zu beschreiben, müssen viele Erläuterungen gegeben werden. Die Autoren von Tanzbeschreibungen benutzen in der Regel recht individuelle Methoden um die Schrittfolgen und den Ablauf eines Tanzes zu verdeutlichen. Grundlegende Elemente einer Tanzbeschreibung sind Angaben zu den *Schrittarten*, den *Fassungen*, der *Aufstellung* und der *Tanzrichtung.* Für die einfachen und immer wieder vorkommenden Formen dieser Elemente haben sich feststehende Begriffe eingebürgert, die in der folgenden Übersicht zusammengestellt sind.

Wichtige Tanzbegriffe

Schrittarten	Gehschritt	Schritt im Gehtempo, meist in Vierteln
	Laufschritt	Schritt im Lauftempo, meist in Acheln
	Walzerschritt	Gehschritt im 3/4-Takt mit Betonung auf der ersten Zählzeit
	Hüpfschritt	re-re-li-li in punktiertem Rhythmus vorwärts
	Seit-Galopp	re-li-re-li in punktiertem Rhythmus seitwärts
	Kreuzschritt	Seitwärtsbewegung: re seitwärts, li kreuzt vor re oder hinter re
	Mayimschritt	wie Kreuzschritt, aber abwechselnd vorne und hinten kreuzen
	Anstellschritt	re seitwärts, li stellt an und gegengleich
	Nachstellschritt	wie Anstellschritt, aber fortlaufend
	tippen	unbelastetes Aufsetzen der Fußspitze
	steppen	klanglich hörbares Aufsetzen des Fußes ohne Belastung
	swingen	paarweise gegenüber, rechte Füße mit Außenkante zusammenstellen und drehen mit Nachstellschritten im swingenden Rhythmus
	Do si Do oder Dos a Dos	gegenüberstehend Rücken an Rücken aneinander vorbei zur Ausgangsstellung
	Plie	leichtes Beugen der Knie
Fassungen	V-Fassung	einfache Handfassung, Arme nach unten
	T-Fassung	Hände liegen auf den Schultern des Nachbarn
	W-Fassung	Handfassung in Schulterhöhe, Unterarme sind nach oben gerichtet
	X-Fassung	gekreuzte Handfassung, vor oder hinter dem Nachbarn
Aufstellung	Frontkreis	mit Gesicht zur Kreismitte
	Flankenkreis	mit der Schulter zur Kreismitte und dem Gesicht in Tanzrichtung
	Frontlinie	in einer Reihe
	Innen- und Außenkreis	Zwei Kreise ineinander mit Ausrichtung wie bei Front- oder Flankenkreis
	Gasse	in zwei Reihen gegenüber
Richtung	Tanzrichtung	gegen Uhrzeigersinn
	gegen Tanzrichtung	im Uhrzeigersinn

∩ weibliche Tänzerin   ∧ männlicher Tänzer

4.2 Formen des Tanzes

4.2.1 Der Kindertanz

Tanzen ist Kunst. Der Kindertanz ist ein kleines Kunstwerk, das Musik, Bewegung, Sprache und Spiel verknüpft und in eine Einheit bringt. Selbst wenn der Kindertanz sehr einfach ist und keine komplizierten Bewegungsformen beinhaltet, sollte man ihm mit Achtung begegnen. Geschichten, Texte des Kinderliedes, Dinge aus dem Umfeld der Kinder werden oft in Bewegung umgesetzt und dadurch dem Kind bewusster gemacht. Bewegung und Musik stehen für Kinder immer in Zusammenhang. Klänge, Töne und Rhythmen motivieren das Kind sich zu bewegen. Es wippt, dreht sich oder tanzt dazu.

Es gibt viele Variationen des Kindertanzes. Deshalb ist es auch für die Erzieherin möglich den Tanz in jeder Form anzubieten. Ob passend zur Jahreszeit, alltagsbezogen oder zu sachorientierten Themen, man kann immer Motive für einen Tanz finden. Der Kindertanz ist außerdem geschlechtsunspezifisch, d. h., im Alter von 3 bis 8 Jahren spielt es für die Mädchen oder Jungen keine Rolle, wie sie miteinander tanzen.

Die Erarbeitung vorgegebener Tänze wird durch die Entwicklung eigener Choreografien mit den Kindern sinnvoll ergänzt. Auch das spontane „Drauflostanzen" sollte nicht vergessen werden, da es den Bewegungsbedürfnissen der Kinder sehr entspricht. Wichtig dabei ist, dass kein perfektes Ergebnis erwartet wird. Leistungsdruck könnte den Kindern den Spaß und die Freude am Tanzen nehmen.

Die Musik beim Kindertanz ist vielseitig. Sie reicht vom selbst gesungenen Kinderlied über kindgerechte überlieferte Tanzmusik bis zur aktuellen Popmusik. Die Schrittkombinationen des Kindertanzes sind meist einfach und gebräuchlich, wie z. B. der Hüpfschritt oder der Laufschritt. Oft werden auch Bewegungen durch Körperinstrumente, wie z. B. Klatschen und Stampfen, ersetzt. Die Bewegungsformen sollten sich an den momentanen Bedürfnissen der Kinder orientieren, deshalb empfiehlt sich hier besonders eine Mischung der beiden Einführungsmethoden.

Beispiele für den Kindertanz

Tip-Schlange

Musik: Theo van Tol
Notenbild und Tanzbeschreibung aus: FEMKE VAN DOORN-LAST: Hoy-Hoy, Alte
und neue Kindertänze, CD/MC mit Tanzanleitung, Kallmeyer Verlag, Wolfenbüttel
1979

Dieser Tanz hat einen spielerischen Charakter und kann von den Kindern trotz vorgegebener Schrittfolge leicht und spontan verändert werden, indem man die Fortbewegungsart der ersten acht Schritte variieren lässt.

Musik:		Tip-Schlange
Aufstellung:		Alle Kinder bilden eine Schlange und fassen sich an den Händen.
Bewegungen:		
Teil A:	Takt 1–2:	Das erste Kind als Schlangenkopf führt die Gruppe mit acht Schritten durch den Raum.
Teil B:	Takt 3–4:	Die Kinder tippen mit dem rechten Fuß zweimal nach rechts und anschließend mit dem linken Fuß zweimal nach links.
	Takt 5–8:	Takt 1–4 wiederholen.
Teil C:	Takt 9–16:	Das Kind, das am Kopfende der Schlange steht, läuft im Slalom durch die Reihe der anderen Kinder, die die Arme heben, durch.

Jetzt hat die Tipschlange einen neuen Kopf, der mit einer neuen Fortbewegungsart durch den Raum führt, und der Tanz beginnt von vorne.

Minuschka

Text und Musik: Hans Peters jr., Rechte BVP Music, Hilversum 1974
Notenbild und Tanzbeschreibung aus: FEMKE VAN DOORN-LAST: Hoy-Hoy, Alte
und neue Kindertänze, CD/MC mit Tanzanleitung, Kallmeyer Verlag, Wolfenbüttel
1979

Musik: *Minuschka, Gliederung: A – B – A – B – A – B usw.*
Aufstellung: *Die Kinder bilden einen Kreis, Blickrichtung zur Kreismitte und fas-*
            sen sich an den Händen (V-Fassung)

A
Wa - rum so trau-rig? Fühl die Wär-me uns-rer Sonn', Minuschka!

Schau doch hin - auf, da ist kein Wölkchen mehr zu se - hen!

B
Horch, Mi-nusch-ka, horch, klingt dir nicht die Tanz-mu-sik von

fern? Dass dein Freund nicht her-kommt, ist ja schad', doch du findst 'nen

an - dern hier beim Tan - zen.

Bewegungen:

Teil A: Zwei Kreuzschritte nach rechts; der rechte Fuß kreuzt den lin-
              ken Fuß, viermal stampfen und dreimal klatschen. Wiederho-
              lung der Bewegungsfolge nach links.

Teil B: Ein Kind, „die Minuschka", gekennzeichnet durch ein Tuch,
              geht in die Kreismitte, macht eine Bewegung vor und alle
              anderen machen diese nach; im Anschluss sucht sich die
              Minuschka eine Nachfolgerin, indem sie das Tuch einem ande-
              ren Kind gibt.

Der Tanz beginnt von vorne und die neue Minuschka steht bereits im Kreis.
Bei diesem Tanz empfiehlt es sich mit jüngeren Kindern mögliche Bewegungsformen für die Minuschka vorher auszuprobieren.

1 Führen Sie die beschriebenen Tänze mit Ihrer Lerngruppe durch.

2 Gestalten Sie einen Kindertanz auf ein von Ihnen ausgewähltes Kinderlied. Beginnen Sie mit der Strukturierung bzw. Gliederung des Liedes und erfinden Sie dazu passende Bewegungsformen.

4.2.2 Der Volks- und Folkloretanz

Diese Tanzform hat sich aus dem einfachen Tanz der Naturvölker entwickelt. Sie bringt Kindern Brauchtum und Lebensformen von Völkern und Rassen nahe. Ausländische Volkstänze werden bei uns in Deutschland *Folkloretänze*, der einheimische Tanz *Volkstanz* genannt. Folklore sollte von Kindern, Jugendlichen oder Erwachsenen sowohl getanzt als auch erlebt werden. Deshalb ist es wichtig sich nicht nur mit den Bewegungsformen und der oft fremden Musik auseinanderzusetzen, sondern auch mit dem Land, dem Volk und dessen Kultur. Durch seine Herkunft ist der Folkloretanz eine der abwechslungsreichsten und vielfältigsten Tanzformen. Es gibt sehr einfache Tänze, die innerhalb kürzester Zeit erlernt werden können, und es gibt sehr schwere Tänze, die aufgrund ihrer fremdartigen Musik und Bewegungsformen für die Erzieherin schwierig zu vermitteln sind. Der Volks- oder Folkloretanz wird über Generationen hinweg weitergetragen, da es sich um eine gesellige und beliebte Tanzform handelt.

Die Bewegungsformen des Folkloretanzes reichen von ganz einfachen Schritten und Schrittfolgen bis hin zu komplizierten, für Ungeübte sehr schwierigen Bewegungsmustern. Die meisten Tänze jedoch sind leicht erlernbar und für jede Zielgruppe umsetzbar. Die Grundschritte wie z. B. Gehschritt, Nachstellschritt, Anstellschritt, Wechselschritt oder Galoppschritt sind häufig zu finden und treten immer wieder auf. (siehe Tabelle „Wichtige Tanzbegriffe")

Die Bewegungsformen sind sehr vielfältig. Meist sind die Schrittarten im Vorwort einer Tanzbeschreibung enthalten. Diese ist nicht immer einfach zu lesen bzw. umzusetzen. Da es sehr viel Material in diesem Bereich gibt und jeder die Tänze anders beschreibt, dauert es, bis man sich zurecht findet. Doch je öfter man sich mit Tanzbeschreibungen auseinandersetzt, desto leichter kann man diese anwenden.

Beispiele für den Folkloretanz

Tsena-Tsena (Israel)

Notenbild und Tanzbeschreibung aus: CORRY C. MEEBOER: Kinder und Jugendtänze 2, CD/MC mit Tanzanleitung, Georg Kallmeyer Verlag, Wolfenbüttel 1981

Musik:	4/4-Takt; Vorspiel 2 Takte;
Aufstellung:	Frontkreis mit V-Fassung
Bewegungsfolge:	AA B CC

Teil A:	Takt 1–2	Drei Gehschritte zur Kreismitte, rechts beginnt; auf die vierte Zähleinheit einen Hüpfer; drei Gehschritte rückwärts links beginnt auf 4 wieder einen Hüpfer
	Takt 3–4	4 Kreuzschritte nach links
	Takt 5–8	Wiederholung von 1–4

Teil B:	Takt 1–4	16 Laufschritte in Tanzrichtung
	Takt 5–8	16 Laufschritte gegen die Tanzrichtung

Teil C:	Takt 1	4 Sprünge auf beiden Beinen
	Takt 2	Auf Zähleinheit 1 Schritt mit dem rechten Fuß zur Kreismitte
		Auf Zähleinheit 2 linken Hacken unbelastet vorne aufsetzen und einmal klatschen

Auf Zähleinheit 3 und 4 drei schnelle Schritte auf dem Platz (li re li)

Takt 3–4   Wiederholung von Takt 2
Takt 5–8   Wiederholung von Takt 1 bis 4

Phraze Graze Mixer (Nordamerika)

Notenbild und Tanzbeschreibung aus: MARIUS KORPEL UND FRITS MEYER: 20 Internationale Volkstänze für Jugendliche und Erwachsene, CD/MC mit Tanzanleitung, Kallmeyer Verlag Wolfenbüttel, 1981

Musik: 4/4 Takt;
Aufstellung: Beliebig viele Paare im Flankkreis, keine Handfassung
Schritte: Gehschritt; Do-Si-Do mit 8 Schritten um den Partner gehen (rechts vor, links zurück)
Swingen: Die rechten Füße der Partner werden mit den Außenkanten zusammengestellt, dabei Zweihandfassung, beide Partner drehen sich am Platz, der rechte Fuß vor und der linke Fuß setzt federnd nach.

Takt 1–2   Promenade mit 8 Schritten vorwärts in Tanzrichtung, rechter Fuß beginnt
Takt 3   Zueinander drehen und mit 4 Schritten auseinandergehen
Takt 4   3 mal stampfen rechts links rechts; und 3 mal klatschen
Takt 5–6   Dos à dos dabei einen Platz nach rechts aufrutschen
Takt 7–8   Swingen mit 8 Schritten am Platz

Aufgaben

1 Führen Sie die beschriebenen Tänze mit Ihrer Lerngruppe durch.

2 Überlegen Sie die methodischen Schritte, mit denen Sie die Tänze bei einer Jugendgruppe einführen würden.

4.2.3 Moderner Tanz nach Popmusik

Hierbei handelt es sich um eine Tanzform, die aufgrund der Popularität der Musik jede Altersgruppe im Arbeitsbereich der Erzieherin anspricht. Meist handelt es sich um eine Mischung aus verschiedenen Tanzrichtungen wie z. B. Jazzdance, Afrodance oder Moderndance. Oft wird auch eine szenische Gestaltung zur Musik entwickelt.

Popmusik ist meist klar gegliedert und entspricht den Hörgewohnheiten der Zielgruppe. Auch die Musik aus Musicals kann hier verwendet werden. Die Bewegungen innerhalb des Tanzes nach moderner Musik entsprechen dem neuesten Bewegungsstil. Die einzelnen Schrittfolgen werden oft wiederholt und sind einfach zu erlernen. Improvisationsfähigkeit und Körperbewusstsein helfen der Erzieherin diese Tanzrichtung locker zu vermitteln.

Beispiele für modernen Tanz
Hip-Hop

Der Hip-Hop hat sich aus dem Streetdance in Amerika entwickelt. Er ist eng verbunden mit dem Rap und dem Breakdance. Kleine und kurze Bewegungen bestimmen den Tanz.

Musik:	Im 4/4 Takt, klar gliederbare Hip-Hop- oder Rap-Musik
Musikbeispiele:	Fugees: „Fu-gee-la", Matt Bianco: „Buddy love" oder „Can you feel it"

Hip-Hop kann vor- und nachgetanzt werden. Mit der Gruppe werden bestimmte Handzeichen ausgemacht, welche den Ablauf des Tanzes bestimmen. Die Hand heben bedeutet z. B.: eine neue Bewegungsform wird vorgemacht und anschließend von allen nachgetanzt. Die Hände reiben kann heißen: alle marschieren auf der Stelle. Nach diesem Schema kann in einfachster Form der Hip-Hop vermittelt werden.

> *Typische Bewegungsmuster:*
> - *Grundform: Marschieren auf der Stelle, der Körper ist locker und die Knie sind etwas stärker angehoben als beim normalen Laufen.*
> - *rechter Fuß steppt nach rechts und wieder zurück zum linken; linker Fuß steppt nach links und wieder zurück zum rechten; Hände dabei seitlich am Körper hinunterdrücken,*
> - *leichtes Plie nach rechts, Hände dabei in die Hüften, dann wieder zurück in die Ausgangsposition und das Gleiche nach links,*
> - *leichte Grätschstellung und die Arme abwechselnd angewinkelt nach oben und seitlich pushen,*
> - *Plie nach vorne: Körper dreht sich im 45° Winkel nach vorne, das rechte Bein wird mit einem leichten Plie nach vorne gestellt und wieder mit der Körperdrehung in die Ausgangsposition gebracht; das Gleiche mit links; die Hände werden dabei vor dem Oberkörper geschlossen nach unten gedrückt,*
> - *den rechten Fuß nach rechts, den linken Fuß nach links stellen und auf Zähleinheit 3 und 4 zu – auf – zu springen; die Arme pendeln dabei einfach am Körper.*

Dies ist nur ein kleiner Ausschnitt aus den Bewegungsmöglichkeiten des Hip-Hops. Die Erfahrung zeigt hier, dass die Kinder oder Jugendlichen mit dieser Tanzform meist mehr verbunden sind als manche Erzieherin. So besteht die Möglichkeit, dass Gruppenmitglieder einen Teil der Tanzeinführung übernehmen können, was aus pädagogischer Sicht sicherlich sinnvoll ist.

Beim modernen Tanz sollte immer die Aktualität der Musik und der Bewegung im Vordergrund stehen.

Aufgaben

1 Wählen Sie ein Hip-Hop Musikbeispiel, probieren Sie die beschriebenen Bewegungen aus und finden Sie weitere.

2 Stellen Sie damit eine auf das Musikstück passende Bewegungsfolge zusammen.

4.2.4 Meditativer und sakraler Tanz

Die sakralen und meditativen Tänze sind weniger bekannt. Wer sich mit ihnen näher beschäftigt, wird merken, dass diese Tanzformen mit anderen, wie z. B. Volkstanz oder modernem Tanz, eng verbunden sind. So könnte ein afrikanischer Volkstanz auch ein sakraler Regentanz oder Hochzeitstanz sein.

Meditativer Tanz

Der meditative Tanz kann sehr ruhig, aber auch sehr impulsiv sein. Er kann ebenso entspannend wie auch aufwühlend auf den Einzelnen und die Gruppe wirken. So sind auch die Musik und die Bewegungsmuster sehr unterschiedlich. Das Spektrum beider geht von der ruhigen über die heitere und fröhliche bis hin zur ekstatischen Version. Im Vordergrund stehen Körpererfahrung und Entspannung. Perfektion ist nicht nur nicht erwünscht, sondern würde der eigentlichen Absicht zuwiderlaufen.

Blumentanz
Dieser Tanz soll eine auf- und zugehende Blume darstellen.

Musik:	Beliebige, ruhige Musik im 4/4-Takt
Aufstellung:	Frontkreis, Teilnehmer sitzen in der Hocke und fassen sich an den Händen
Bewegungsablauf:	
Takt 1 und 2	Langsames Aufstehen
Takt 3 und 4	Leichtes Hin- und Herwiegen des Oberkörpers, dabei findet eine Gewichtsverlagerung abwechselnd auf das rechte und linke Bein statt; innerhalb dieser zwei Takte wird diese Bewegung 4 x ausgeführt;
Takt 5 und 6	2 Anstellschritte nach rechts und 2 Anstellschritte nach außen, dabei wird die Handfassung zur T-Fassung verändert;
Takt 7 und 8	wie Takt 3 und 4
Takt 9 und 10	2 Anstellschritte nach rechts und 2 Anstellschritte zur Mitte, Hände wieder zu V-Fassung;

Der Tanz kann nun beliebig oft ab Takt 3 wiederholt werden. Zum Schluss gehen alle Teilnehmer gemeinsam in die Hocke, d. h. zur Ausgangsstellung zurück.

Sakraler Tanz

Eng verwandt mit dem meditativen Tanz ist der sakrale Tanz. Er ist geprägt durch einen religiösen Hintergrund. Themen wie die Schöpfung, die Auferstehung, der Geist, die Natur und vieles mehr sind hier zu finden. Biblische Geschichten oder religiöse Symbole können bewegungsmäßig entwickelt und anschließend dargestellt werden oder aber auch als historisches Tanzgut weitergegeben werden. Im Mittelpunkt steht als Ausdrucksform der Reigen.

Regentanz
Tanzbeschreibung aus: MARIA-GABRIELE WOSIEN: Sakrale Tanz; Der Reigen im Jahreskreis; Kösel, München 1988, Seite 102–104

Ein griechischer Tanz, der sowohl in der Kirche als auch unter freiem Himmel als Bitte um Regen getanzt wird.

Musik:	Beliebig im 2/4-Takt im normalen beschwingten Tempo
Aufstellung:	Offener Halbkreis, Gesicht zur Mitte, jeder hat in der rechten Hand ein Tuch
Bewegungsablauf:	
Intro:	Alle beugen sich mit dem Oberkörper nach vorne und senken dabei die rechte Hand mit dem Tuch, bis dieses den Boden berührt; dann richten sich alle langsam auf und wiederholen diese Bewegung; dann Handfassung;
Takt 1	Oberkörper richtet sich nach rechts in Laufrichtung; einen Stampfer nach vorne mit dem rechten Fuß;
Takt 2	linker Fuß kreuzt vor dem rechten Fuß;
Takt 3	alle wenden sich wieder zur Mitte; den rechten Fuß seitlich setzen, der linke Fuß kreuzt den rechten Fuß in der Luft (kick) und auf dem rechten Fuß leicht anhüpfen;
Takt 4	den linken Fuß seitlich setzen, der rechte Fuß kreuzt den linken Fuß in der Luft (kick) und auf dem linken Fuß leicht anhüpfen.

Bei Takt 1 und 2 den Oberkörper leicht nach vorne beugen, bei Takt 3 und 4 wieder aufrichten. Der Bewegungsablauf kann mit oder ohne Vorspiel beliebig oft wiederholt werden.

1 Wählen Sie eine passende Musik und führen Sie den Sonnentanz und den Regentanz aus.

2 Gestalten Sie eine meditative Bewegungsform zu anderen Themen wie z. B. „Sonne" oder „Quelle".

4.2.5 Höfischer Tanz

Zwischen 1450 und 1750 war diese Tanzform aktuell und diente als eine Art Kulturäußerung der damaligen Gesellschaft. Die Pavane, die Sarabande, das Menuett und die Quadrille waren typische Tänze in dieser Zeit. Sie spiegelten die Geselligkeit und den menschlichen Umgang wider. Begleitet wurden die Tänzer und Tänzerinnen von einem Spielmann oder einer kleinen Musikgruppe.

Die Erzieherin kann in jeder Zielgruppe diese seltene Tanzform anbieten. Es ist für viele Teilnehmer eine völlig neue Erfahrung besonders in Bezug auf vergessene und unbekannte Haltungs- und Bewegungsmuster.

Beispiel: Menuett

Menuett   Leopold Mozart

Musik:	Menuett von Leopold Mozart
	3/4-Takt
Aufstellung:	Gasse
Schritte:	Walzerschritt in alle Richtungen

Teil A (Takt 1–10)

Takt 1–2	Verbeugung des Tänzers (das rechte Bein gestreckt vorne auf den Boden tippen und den Oberkörper leicht beugen, wobei der rechte Arm einen Halbkreis vor dem Körper zieht)
Takt 3–4	Leichtes Plie und Kopfnicken der Tänzerinnen
Takt 5–10	Die Paare gehen im Walzerschritt aufeinander zu. Treffen sich mit der rechten Handfläche (Kopfhöhe), machen so gemeinsam eine halbe Drehung und gehen auf den Platz des Partners zurück.

Teil A wiederholt sich sowohl in der Musik als auch im Tanz und jeder Teilnehmer kommt auf seinen alten Aufstellungsplatz zurück.

Teil B (Takt 11–20)

Takt 11–14	Die Tänzer und Tänzerinnen gehen im Walzerschritt zu einem vierer oder fünfer Stern zusammen (je nach Teilnehmerzahl). Alle halten sich in der Sternmitte mit der rechten Hand in Kopfhöhe fest und drehen die linke Schulter nach außen.
Takt 15–18	Alle drehen sich im Walzerschritt gegen die Tanzrichtung im Stern.
Takt 19–20	Alle gehen auf ihre Ausgangsposition zurück.

Wiederholung von Teil B der Musik, die Bewegungen ändern sich.

Takt 11–14	Die Partner gehen mit zwei Walzerschritten leicht nach links versetzt aufeinander zu, berühren wieder ihre rechten Handflächen und gehen wieder mit zwei Walzerschritten zurück.
Takt 15–18	Alle Tänzer und Tänzerinnen hüpfen mit kleinen Seitgaloppschritten nach rechts (zwei Takte) und wieder nach links zurück zur Ausgangsposition.
Takt 19–20	Gleichzeitiges Verbeugen der Tänzer und Plie der Tänzerinnen.

4.3 Tanzerarbeitung

Jede Zielgruppe fordert von der Erzieherin eine auf sie abgestimmte Tanzerarbeitung. Voran stehen, wie unter Punkt 1.3 erwähnt, die Kriterien der Tanzauswahl Zielgruppe, Zielsetzung, Musikauswahl, Bewegung, Raum, Zeit und Anlass. Das eigene Können und die Überlegung, welche Form des Tanzes eingeführt werden soll, beeinflussen ebenfalls die Vorbereitung.

Die folgende Tanzerarbeitungen sind Beispiele für eine Tanzgestaltung mit einer bestimmten Zielgruppe. Vorweg steht jeweils die Tanzbeschreibung mit Musik und Bewegungsfolgen. Im Anschluss folgt eine Möglichkeit der Einstudierung.

4.3.1 Tanzerarbeitung mit Kindern

Stop-Tanz

Musik: Robby Schmitz
Notenbild und Tanzbeschreibung aus: ANNELIESE GASS-TUTT: Ringel – Kringel,
leichte Tanzspiele und Tänze für Kinder ab 4 Jahren, CD/MC mit Tanzanleitung,
Kallmeyer Verlag, Wolfenbüttel 1989

Zielgruppe:	Kinder im Alter ab 6 Jahren; Gruppengröße max 20 Teilnehmer;
Tanz:	„Wechsler" von Annelies Gass-Tutt
Musik:	Stop-Tanz von Robby Schmitz
	2/2-Takt; 2 Takte = 4 Zähleinheiten
	Vorspiel 2 Takte
Gliederung:	A-B-C insgesamt dreimal
Aufstellung:	Innen- und Außenkreis; jeder hat einen Partner gegenüber
Bewegungsfolge:	
Teil A:	
Takt 1	Das Kind im Innenkreis macht seinem Partner eine Bewegung zur Musik vor;

Takt 2	Das Kind im Außenkreis macht die Bewegung des Partners nach;
Takt 3–8	dreimal wie Takt 1 und 2;

Teil B:

Takt 9–16	Die Kinder hängen sich mit dem rechten Arm beim Partner ein und laufen mit ihm im Kreis (auf dem Platz);

Teil C:

Takt 17–24	Die Kinder im Innenkreis drehen sich zur Tanzmitte und begleiten die Musik mit Körperinstrumenten, zwei mal abwechselnd mit den Füßen stampfen (x), drei mal in die Hände klatschen (o) dies insgesamt vier mal; (x x o o o) Die Kinder im Außenkreis hüpfen frei nach Belieben um die anderen herum und steigen bei Takt 23 bei einem neuen Partner mit den Klanggesten ein; neuer Partner kann z. B. der rechte Nachbar vom alten Partner sein;

Nun beginnt der Tanz von vorne. Beim Vorspiel jedoch wechseln die Kinder die Position mit ihrem Partner, d. h. Innenkreis mit Außenkreis, so dass auch die Vormacherrolle getauscht ist.

Tanzerarbeitung

Zur *Hinführung* dient das Tanzspiel „Der Floh". Man kann dazu jede Musik verwenden, die abwechselnd schnell und langsam ist. Am besten ist es, wenn die Erzieherin selbst die Musik auf einem Instrument spielt. Sie bittet die Kinder sich vorzustellen, dass sie alle auf einer Wiese seien und gelangweilt herumliefen (langsamer Teil der Musik). Plötzlich würde es sie jucken und sie entdeckten einen Floh an ihrem Körper, den sie fangen wollten (schneller Teil der Musik). Der Floh versteckt sich und alle laufen wieder herum, bis der Floh erneut auftaucht. Diesmal kann man sich gegenseitig kratzen und helfen den Floh zu fangen.

Nach diesem sehr impulsivem Aufwärmspiel dürfen sich die Kinder ausruhen und mit geschlossenen Augen auf den Boden legen. Während der *Entspannung* wird die Tanzmusik schon einmal vorgespielt. Bei der dritten Wiederholung der Musik haben die Kinder die Aufgabe, Besonderheiten der Musik herauszufinden. Anschließend wird die Musik mit *Körperinstrumenten* begleitet. Auf diese Weise wird die Gliederung in die Teile A = langsam, B = schneller und C = schnell deutlich. Die Begleitung des Teils C kann hier durch die imitative Methode schon erarbeitet werden. Nun erklärt man den Kindern den *Aufbau des Tanzes*, indem man den Teil A als Echotanz, Teil B als Laufrad und Teil C als Wechsler benennt. Die Kinder dürfen für den Teil A jetzt Bewegungen ausprobieren und der ganzen Gruppe vorführen. Diese ahmt die Bewegung nach. Der Teil B muss nicht gesondert geübt werden, es reicht eine kurzes Vormachen. Teil C ist etwas komplizierter. Die Aufstellung zum Tanz kann hierbei schon gezeigt werden. Wichtig ist die Festlegung des neuen Partners bei den Wiederholungen, da sonst ein Chaos entstehen kann. Eventuell kann die Erzieherin später mit den Kindern noch eine Body-Percussion-Begleitung zu diesem Teil erarbeiten.

Jetzt werden die drei *Teile A, B und C aneinandergefügt* und einmal ohne Musik, nur in Anschluss an ein akustisches Signal (z. B. ein Triangelschlag als Wechsel zum nächsten Teil) durchgetanzt. Hilfe beim Einsatz mit den Körperinstrumenten gibt die Erzieherin. Was hat gut geklappt? Was muss noch geübt werden? Was fehlt? Natürlich die Musik! Nach dieser kurzen, von der Erzieherin initiierten Denkpause wird der *Tanz vollständig* durchgeführt.

Methodische Schritte für die Tanzerarbeitung mit Kindern

- Aufwärmspiel,
- Entspannungsphase mit Hören der Tanzmusik,
- Tanzmusik mit Körperinstrumenten begleiten,
- Aufbau des Tanzes erläutern,
- Bewegungsarten der verschiedenen Tanzteile gesondert einstudieren,
- Teile aneinander fügen und ohne Musik tanzen,
- Tanz mit Musik.

4.3.2 Tanzerarbeitung mit Jugendlichen

Zielgruppe:	Jugendliche in der offenen oder gebundenen Jugendarbeit
Tanz:	Moderner Tanz zum Thema Streit der Straßengangs
Musik:	Beliebige, moderne Musik im 4/4-Takt
Aufstellung:	Zwei Gruppen stehen sich im Abstand von ca. 4 m gegenüber; innerhalb der Gruppe stehen die Tänzerinnen versetzt

Beispiele:	1. Alan Parson Projekt „Mammagamma", „Hawkeye"
	2. Lenny Mac Dowell „Whole lotta love"

Bewegungsablauf:

Takt 1	Gruppe I geht drei Schritte nach vorne, rechts beginnt; der vierte Schritt wird angestellt
Takt 2	Gruppe II wiederholt die Bewegungen von Gruppe I
Takt 3–4	Beide Gruppe wiederholen gemeinsam Takt 1 und 2
Takt 5	Gruppe I wiederholt die Schrittfolge von Takt 1 und Gruppe II macht diese Schrittfolge rückwärts
Takt 6	Rollenwechsel: Gruppe I geht rückwärts Gruppe II vorwärts
Takt 7–8	Wie Takt 3 und 4
Takt 9–12	Improvisation jeder einzelnen Person, wobei die Gruppen sich mischen (Improvisation könnte sein: den anderen anrempeln oder anpöbeln usw.)
Takt 13–14	Gruppe I steht ruhig da; Gruppe II stampft 4 x mit dem rechten Fuß und zeigt anschließend mit der Hand auf einen Teilnehmer von der anderen Gruppe
Takt 15–16	Wiederholung von Takt 13 und 14 im Rollentausch der Gruppen

Takt 17–22	Taktweise abwechselnd zeigt eine Gruppe auf die Zähleinheit 1 eine drohende Gebärde und verharrt auf Zähleinheit 2–3–4 in dieser. Die andere Gruppe deutet eine zurückziehende geduckte Gebärde an.
Takt 22–26	Die Gruppen ziehen sich zurück und beraten den nächsten Vorgang.
Takt 26–30	Die beiden Anführer der Gruppen kämpfen pantomimisch gegeneinander, während die anderen Gruppenmitglieder zusehen
Bei Takt 30	auf Zähleinheit 4 ein Musikstopp und einer der Anführer fällt hin; Stille. Alle verharren in ihren Bewegungen. Der stehende Anführer hilft dem anderen aufzustehen.
Takt 30–32	Neue Aufstellung, beide Gruppen gemischt, frontal zum Publikum; in Reihen versetzt;
Ab Takt 33	Gemeinsame Tanzkombination, angefangen mit der Schrittfolge am Anfang. Takt 1 in unterschiedlichen Richtungen; Takt 13–14; und sonstigen erarbeiteten Bewegungsfolgen aus dem Jazz- oder Moderndance.

Tanzerarbeitung

Zur Hinführung kann ein *Brainstorming* angeregt werden: „Was fällt Euch zum Thema Streit ein?" Anschließend werden verschiedene Punkte aus dem Brainstorming von den Gruppenmitgliedern *pantomimisch* umgesetzt, z. B. ein Streit zwischen Eltern und Kind oder zwischen Schüler und Lehrer. Diese Pantomime kann durch Musik, die auf Instrumenten selbst gespielt wird, begleitet werden. Nun teilt sich die Gruppe in zwei Kleingruppen auf. Die Aufgabe für jede Gruppe ist die bewegungsmäßige Ausgestaltung folgender Szenen: Die Straßenbande erscheint; der Anführer tritt auf; die Staßenbande greift an, wirkt drohend, aber auch eingeschüchtert. Die Ergebnisse dieser Gruppenarbeit werden vorgestellt und eine dazu *passende Musik* aus den Angeboten der Erzieherin wird *gemeinsam ausgesucht*. Jetzt stellt die Erzieherin den *Tanzablauf* bildhaft (z. B. durch ein Wandbild) vor. In fünf Teilbereiche untergliedert, lässt sich der Tanz den Jugendlichen besser erklären.

Teil A	Annäherung der Straßenbanden (Takt 1–8)
Teil B	Gegenseitige Angriff und Rückzug der Straßenbanden (Takt 9–22)
Teil C	Kampf der Anführer (Takt 26–30)
Teil D	Schock – Stille (Takt 30)
Teil E	Happy end (ab Takt 33)

Die Erarbeitung der Teile A und E erfolgt durch die imitative Methode des Vor- und Nachmachens. B und C sind im Vorfeld erarbeitet worden und der Teil D soll frei improvisiert werden. Unterschiedliche Musik wird zu den einzelnen Teilen eingespielt und später speziell ausgewählt. Günstig ist natürlich ein zusammenhängendes Musikstück. An diesem Beispiel wird deutlich:

> *Ausgangspunkt der Tanzerziehung ist nicht nur die Musik, sondern auch die Bewegung oder ein Thema.*

Als Höhepunkt dieser Erarbeitung könnte der Tanz auf einem Schauplatz, z. B. in einer Fußgängerzone mit entprechenden Kostümen und Maskierungen präsentiert werden.

Methodische Schritte der Tanzerarbeitung mit Jugendlichen ausgehend von einem Thema:

- Brainstorming zum Thema
- Pantomimische Umsetzung einzelner Aspekte
- Gestaltung vorgegebener Szenen in Kleingruppen
- Erklärung des Tanzablaufs
- Gemeinsame Auswahl der Musik zu den verschieden Tanzteilen
- Proben der verschiedenen Tanzteile ohne und mit Musik
- Verknüpfung der Teile zur vollständigen Tanzform

Aufgaben

1 Wenden Sie zu einem selbstgewählten Kindertanz die methodischen Schritte der Tanzerarbeitung mit Kindern an.

2 Führen Sie die Tanzerarbeitung mit Ihrer Lerngruppe oder mit einer Praktikumsgruppe durch.

3 Gestalten Sie einen Tanz für Jugendliche zu einem selbstgewählten Thema. Stellen Sie eine Bewegungsfolge zusammen und wählen Sie passende Musik aus.

4 Überlegen Sie die methodischen Schritte für die Erarbeitung dieses Tanzes mit einer Jugendgruppe.

4.4 Zum pädagogischen Wert des Tanzes

Ziele des Tanzes

Tanzen bedeutet nicht nur Spaß, Freude und Geselligkeit. Das Kind, der Jugendliche oder der Erwachsene lernt freiwillig ohne Zwang, schlüpft in fremde Rollen, lernt sich selbst und seine Gruppe besser kennen. Tanzerziehung bedeutet ganzheitliche Erziehung. Alle Bereiche, sei es sozialer, emotionaler, kognitiver oder motorischer Bereich werden beim Menschen während des Tanzens angesprochen. Die hier aufgeführten Ziele gelten für alle Zielgruppen im Arbeitsfeld der Erzieherin, also für gesunde sowie behinderte Kinder, Jugendliche und Erwachsene.

Allgemeine Ziele

- Bewegung, ob alte oder neue Bewegungsformen stärken das *Körperbewusstsein* und die Koordination. Der Tanz trägt zu einer verstärkten *Körpererfahrung* bei. Gerade in der modernen bewegungsarmen Gesellschaft ist das Anbieten von Bewegungsimpulsen eine wichtige Aufgabe für die Erzieherin.
- Die Teilnehmer werden beim Tanz aufgefordert sich nach Musik und Rhythmus zu bewegen, neue Schrittfolgen zu lernen oder sich Raumwege zu merken. Der *Anspruch an den kognitiven Bereich* des Menschen ist nicht

zu unterschätzen. Die geistige und tänzerische Auseinandersetzung z. B. mit einem Thema oder einem Land kann helfen Einstellungen und Informationen zu gewinnen.

- Während einer Tanzerarbeitung erleben die Teilnehmer die *Gemeinschaft* der Gruppe, sie bauen *Vertrauen* zu anderen Personen auf und werden sich ihrer Rolle in der Gruppe sowie ihrer eigenen Person bewusst.
- Tanz kann ein Beitrag zur *Persönlichkeitsentfaltung* sein. Die eigene Person wird bewusst erlebt und durch Körpersprache zum Ausdruck gebracht. Künstlerische Fähigkeiten oder Grenzen werden entdeckt. Spaß und Freude beim Tanzen wirken sich positiv auf die Persönlichkeit aus und lassen negative Aspekte des Alltags eine Zeit lang vergessen.

Künstlerische Ziele

Der musikalische Anspruch des Tanzes liegt
- im *bewussten Musikhören* durch konzentrierte Aufnahme und Analyse der Tanzmusik,
- im Erleben *musikalischer Prozesse* durch die bewegungsmäßige Umsetzung (z. B. schnell – langsam oder crescendo – decrescendo),
- in der Förderung des Rhythmus- und Taktgefühls durch das Bewegen auf die Musik oder durch das rhythmische Begleiten der Musik, z. B. durch Körperinstrumente,
- in der *Erweiterung des Musikspektrums* durch das Angebot unterschiedlichster Tänze, z. B. Musik aus anderen Ländern oder Musik aus vergangenen Zeiten,
- in der *Vermittlung eines Gefühls für Harmonie, Form, Ordnung, Schönheit und Synchronität.*

Tanzerziehung bedeutet ganzheitliche Erziehung des Menschen.

Elternarbeit

Im Gegensatz zu anderen musikalischen Bereichen wie Klangszenen oder Klangspielen ist der Tanz den Eltern nicht fremd. Durch eigene Tanzstunden oder durch Medien wie Fernsehen und Theater kommt jeder mit dem Tanz in Kontakt. Wie wichtig es jedoch für das Kind oder den Jugendlichen ist zu tanzen, sich frei zur Musik zu bewegen, wird oft nicht klar. Durch Tanzaufführungen kann den Eltern der Spaß und die Freude daran näher gebracht werden.

Einfache Tänze als Angebot an einem Elternabend können die Eltern diesen Bereich selbst erfahren lassen. Anfängliche Hemmschwellen werden durch lustige Tanzspiele abgebaut. Die pädagogischen Zielsetzungen des Tanzes werden dabei von den Eltern selbst erlebt und können anschließend gemeinsam reflektiert werden. Interessant ist auch eine Tanzaufführung der Eltern vor den Kindern oder eine gemeinsame Aufführung mit den Kindern zusammen. Sowohl die Eltern als auch die Kinder haben hier die Möglichkeit anders als gewohnt miteinander umzugehen.

Literaturhinweise

VAN DOORN-LAST, F.: Volkstanz lehren und lernen; Kallmeyer Verlag, Wolfenbüttel 1985

HASELBACH, B: Tanzerziehung; Grundlagen und Modelle für Kindergarten, Vor- und Grundschule; Klett Verlag, Stuttgart 1975

LANDER, H. M.: Tanzen will ich, J.Pfeiffer Verlag, München 1983

LANDER, H. M., ZOHNER, M: Meditatives Tanzen, Kreuz Verlag, Stuttgart 1987

MEUSEL, W., WIESER, R.: Handbuch Bewegungsgestaltung, Kallmeyersche Verlagsbuchhandlung, Seelze-Velber 1985

ROOYAKERS, P.: 100 kreative Tanzspiele für Kinder und Jugendliche, Kallmeyersche Verlagsbuchhandlung, Seelze/Velber 1995

TAUBERT, Karl Heinz: Höfische Tänze; B. Schott's Söhre, Mainz 1968

WOSIEN, M.: Sakrale Tanz; Der Reigen im Jahreskreis, Köselverlag, München 1988

ZIMMER, R.: Spielformen des Tanzes; Vom Kindertanz bis zum Rock'n Roll; Verlag Modernes Lernen, Dortmund 1991

ZIMMER, R., KLAUSMEYER, J., VOGES, L.: Tanz Bewegung Musik, Praxisbuch Kindergarten, Herder Verlag, Freiburg 1991

Tonträger mit Tanzanleitung

BEERMANN, M., BREUKER, A., GRÖNING, J.: Spiel- und Kulturwerkstatt Rhinozeros, Tänze für 1001 Nacht, Geschichten, Aktionen und Gestaltungsideen für 14 Kindertänze, Buch und MC/CD, Ökotopia, Münster 1996

VAN DORN-LAST, F.: Die Welt tanzt, Kindertänze aus aller Welt, Buch und MC, Kallmeyersche Verlagsbuchhandlung, Seelze/Velber 1995

EHRICH, M., DROR, A.: Beat und Pop, 12 Tänze mit Grund- und Variationsformen, Tanzleitung und MC, Kallmeyersche Verlagsbuchhandlung, Seelze/Velber 1995

GROSSE-JÄGER, H. (Hrsg.): Tanzen in der Grundschule, Musikpraxis Extra Band 1, Buch und MC Fidula Verlag, Boppard 1993

KORPEL, M.: Tanzmarkt, traditionelle und neuere Kindertänze, Tanzanleitung und MC, Kallmeyersche Verlagsbuchhandlung, Seeze/Velber 1995

GASS-TUTT, A.: Kinderparty und Kinderspaß, 70 leichte Tänze, Buch und MC, Fidula Verlag, Boppard 1980

MEYERHOLZ, U., REICHLE-ERNST, S.: Einfach Lostanzen, Buch mit CD, Zytglogge Verlag, Bern/Bonn 1992

5 Musikhören

Das bewusste Hören ist ein Ziel der Musikerziehung, das die Erzieherin durchgehend berücksichtigen sollte. Es lässt sich mit vielen Inhalten und Themen verbinden. Übungen zum Hören gehören selbstverständlich auch zu den anderen musikalisch-didaktischen Inhaltsfeldern wie dem Kinderlied oder den Klangszenen. Vor allem im Kapitel Klangspiele sind zahlreiche Spiele zur Förderung des konzentrierten Hörens auf selbst produzierte Klänge enthalten. Für dieses musikpädagogische Anliegen wird in der Fachliteratur meist der Begriff Hörerziehung verwendet. Demgegenüber befasst sich dieses Kapitel mit dem Hören von „fertiger Musik", d. h. mit komponierten Musikstücken und Musikwerken.

Dabei wird zunächst gefragt, welche Musik Kinder und Jugendliche in welchen Situationen hören. Im zweiten Schritt werden grundlegende Kenntnisse und Fähigkeiten erarbeitet, die der Erzieherin einen leichteren und intensiveren Zugang für das eigene Hören von Musikstücken ermöglichen sollen. Im dritten Schritt wird an geeigneten Musikbeispielen gezeigt, wie die Erzieherin mit Gruppen aktives Musikhören gestalten kann.

5.1 Hörverhalten

5.1.1 Hörgewohnheiten von Kindern und Jugendlichen

Kinder und Jugendliche hören oft stundenlang Musik. Diese kommt von Musikkassetten und CDs, aber auch von Rundfunk- und Fernsehprogrammen, die „nebenbei" laufen ohne Aufmerksamkeit zu beanspruchen. Kinder gewöhnen sich schon früh an Klang und Form von Musik, die sie täglich hören, ebenso wie vielleicht auch daran, davon berieselt zu werden, ohne selbst dabei sonderlich aufmerksam zu sein.

Die meisten Kindern bevorzugen Märchen- oder Hörspielkassetten. Häufig werden diese Kassetten so oft gehört, dass einzelne Szenen mitgesprochen werden können. Auch die Lieder und die instrumentale musikalische Untermalung der Handlung prägen sich auf diese Weise stark ein. Dadurch sind Kinder daran gewöhnt Musik im Rahmen einer Handlung zu hören und sie emotional mit der Handlung zu verknüpfen. Bei den Liedern ist ihre Aufmerksamkeit auf Text und Musik gerichtet.

Jugendliche hören überwiegend die jeweils aktuelle Popmusik. Dabei bilden sich in den Peergruppen gemeinsame Vorlieben heraus. Das Ausmaß des

Nebenbei-Hörens liegt in der Regel noch deutlich höher als bei Kindern. Häufig ist der Aufenthalt im eigenen Zimmer einschließlich der Anfertigung der Hausaufgaben grundsätzlich von Musikkonsum begleitet. Daneben findet jedoch auch intensives und ausschließliches Musikhören zum emotionalen Ausgleich statt, wie im Kapitel *Popularmusik* beschrieben. Aufgrund der meist englischen Texte ist die Aufmerksamkeit eher auf die Musik als auf den Text gerichtet.

1 Führen Sie für einen Tag Protokoll über Ihren eigenen Musikkonsum.

Aufgaben

2 Vergleichen Sie Dauer und Art Ihres Musikkonsums mit dem von jüngeren Geschwistern in Ihrer Lerngruppe.

3 Erstellen Sie eine klasseninterne Rangliste, in der von jeder Schülerin die drei letzten selbst gekauften CDs oder Kassetten berücksichtigt werden. Reflektieren Sie vor allem die sich daraus ergebende Bandbreite der musikalischen Stilrichtungen.

5.1.2 Musikproduktionen für Kinder

Kinder und Jugendliche sind eine wesentliche Zielgruppe des wirtschaftlichen Marktes. Dies gilt auch und vor allem für die Musikindustrie. Popmusik ist immer schon in erster Linie für Jugendliche gemacht. In jüngerer Zeit ist festzustellen, dass ein Teil des Popmusik-Angebotes sich insbesondere um die Altersgruppe der „Kids" ab etwa zwölf Jahren bemüht. Ebenso sind Kinder im Kindergarten- und Grundschulalter seit etwa den Siebzigerjahren zu einem immer stärker werdenden Marktfaktor geworden. Da hier jedoch die Eltern als Käufer angesprochen sind, haben die angebotenen Produkte in der Regel einen pädagogischen Ansatz, der allerdings unterschiedlich stark ausgeprägt ist.

Für einen Überblick können die Musikproduktionen für Kinder in folgende Gruppen aufgeteilt werden.

Zusammenstellungen von **Kinderhits** sind direkt an der U-Musik orientiert, d. h., es werden gängige Schlager ausgewählt, die zum Teil mit neuen, kindbezogenen Texten versehen werden.

Immer vielfältiger wird das Angebot an **Kinderliederkassetten.** Sie sind zur Verwendung in der Familie und in pädagogischen Einrichtungen gedacht und meist von Musik- oder Sozialpädagogen verfasst. Die Texte gehen demgemäß auf kindliche Erfahrungen und Bedürfnisse ein und enthalten häufig pädagogische Absichten. Meist werden die Lieder auch in Form von Liederbüchern angeboten. (vgl. Kap. Kinderlied)

Eher für die Verwendung in Kindergruppen sind **Kindertänze** und andere Instrumentalkompositionen gedacht, die zur Bewegung anregen sollen. Auch hier überwiegt ein popmusikalischer Stil mit kleinen Instrumentalbesetzungen. Häufig sind in einem Begleitheft Tanzbeschreibungen oder Bewegungsanregungen enthalten.

Besonders beliebt und daher marktführend sind **Hörspielkassetten**. Diese enthalten eine zusammenhängende Geschichte mit unterschiedlich starker musikalischer Gestaltung durch Lieder und Begleitmusik. Die Geschichte steht im Vordergrund. Die Musik begleitet unterstützend und verbindet die Handlung.

In ähnlicher Weise wird auch **klassische Musik mit einer erzählten Geschichte** verbunden. Die Geschichte soll dem Kind helfen die Musik zu verstehen. Für das zuhörende Kind sind Geschichte und Musik gleichwertig. Für den Verfasser überwiegt die Musik. Als bekanntestes Beispiel sei hier „Peter und der Wolf" genannt.

In **Kinderopern** werden bekannte Opern in Kurzfassungen für Kinder bearbeitet. Die Musik wird verkürzt auf die prägnantesten musikalischen Motive wiedergegeben. Das Instrumentarium ist dabei meist sehr eingeschränkt. Die Singstimmen bedienen sich nicht eines kunstvollen Gesangsstils und sollen dadurch kindgemäßer wirken.

„**Kinderklassikkassetten**" haben ein ähnliches Anliegen. Meist werden einzelne Sätze klassischer Werke ausgewählt und durch erläuternde, kindgemäße Hinführung für Kinder interessant gemacht.

Naturgemäß ist die Qualität der Produktionen unterschiedlich und man wird aus jeder Gruppe Beispiele finden, die man ohne Bedenken in der pädagogischen Arbeit verwenden kann. Für das Musikhören im engeren Sinne dieses Kapitels sind die Gruppen mit reiner Instrumentalmusik naheliegender, also Kindertänze, Kinderklassik und klassische Musik mit Erzähler. Für die Auswahl lassen sich hier keine allgemein gültigen Berurteilungsmaßstäbe angeben. Zu beachten sind insbesondere die Kindgemäßheit sowie der erzieherische und künstlerische Wert. Grundlage dafür bilden aber die eigenen pädagogischen und künstlerischen Maßstäbe.

Aufgaben

1 Verschaffen Sie sich einen Überblick über das Angebot an Musikproduktionen für Kinder in einschlägigen Geschäften Ihrer Stadt und ordnen Sie diese den einzelnen Gruppen zu.

2 Vergleichen und beurteilen Sie verschiedene Produktionen einzelner Gruppen im Hinblick auf Kindgemäßheit, künstlerischen und erzieherischen Wert.

3 Wie häufig wurden Sie in Ihrer Kindheit mit Beispielen aus den verschiedenen Gruppen konfrontiert? Erstellen Sie eine klasseninterne Rangliste.

4 Stufen Sie nach Ihren Erfahrungen im privaten Bereich und in Praktika die Verbreitung der Gruppen in Familien und in Kindergärten ein.

5.2 Grundlagen für das Hören von Musikwerken

Erwachsene und Kinder können voraussetzungslos Musik hören. Dazu sind keine Grundlagen erforderlich. Mit zunehmender Hörerfahrung wird das Musikhören jedoch intensiver, genussreicher und spannender. Dies gilt für die Kinder genauso wie für die Erzieherin, die sich auf das Musikhören mit Kindern vorbereitet. Neben der Entwicklung ihrer eigenen musikalischen Erlebnisfähigkeit muss sie noch Musikstücke auswählen und methodisch aufbereiten, damit diese für die Kindergruppe zum Erlebnis werden können. Dafür sind die folgenden Grundlagen eine Hilfe.

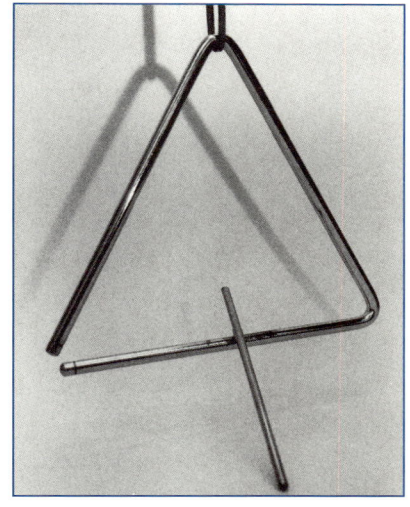

Der Triangel
Als Triangel zeig ich euch
was ich alles kann.
Mein Ton ist hell und wunderschön
und er klingt ganz lang.

5.2.1 Die Instrumente

Die folgende Tabelle gibt einen Überblick über die gebräuchlichen elektronischen Instrumente und die Orchesterinstrumente. Die Einteilung der Instrumente erfolgt dabei nach Art der Tonerzeugung und Materialbeschaffenheit. Die Instrumente des klassischen Orchesters sind durch Kursivdruck hervorgehoben.

Die Instrumente

Orchesterinstrumente sind kursiv gedruckt

Saiteninstrumente	**Streichinstrumente**	*Geige (Violine)* *Bratsche (Viola)* *Cello (Violoncello)* *Kontrabass*
	Zupfinstrumente	Gitarre Laute Harfe
Tasteninstrumente		Klavier Cembalo Orgel
Blasinstrumente	**Holzblasinstrumente**	Blockflöte *Querflöte* *Klarinette* *Oboe* *Englisch Horn* *Fagott*
	Blechblasinstrumente	*Trompete* *Saxophon* *Posaune* *Tuba*
Schlaginstrumente	**Melodieinstrumente**	*Glockenspiel* Metallophon Xylophon *Vibraphon* *Marimbaphon*
	Rhythmusinstrumente	*Pauke* *große Trommel* *kleine Trommel* = Snare Drum *Becken, Triangel* Komb. Schlagzeug = Drum Set
elektronische Instrumente	**Saiteninstrumente**	E-Gitarre E-Bass
	Tasteninstrumente	elektron. Orgel portable Keyboard E-Piano Synthesizer

Die folgende Abbildung zeigt die Orchesterinstrumente in der Anordnung der Gruppen nach dem Sitzplan eines Orchesters. Die Instrumente sind dabei im richtigen Größenverhältnis abgebildet. Nicht jedes Orchesterwerk erfordert alle abgebildeten Gruppen und Instrumente. Grundlage des klassischen Orchesters sind die Streicher mit Ersten und Zweiten Geigen, Bratschen, Violoncelli und Kontrabässen. Die Klanggruppen der Blech- und Holzbläser sowie das Schlagzeug kommen je nach Werk in unterschiedlicher Ausprägung dazu.

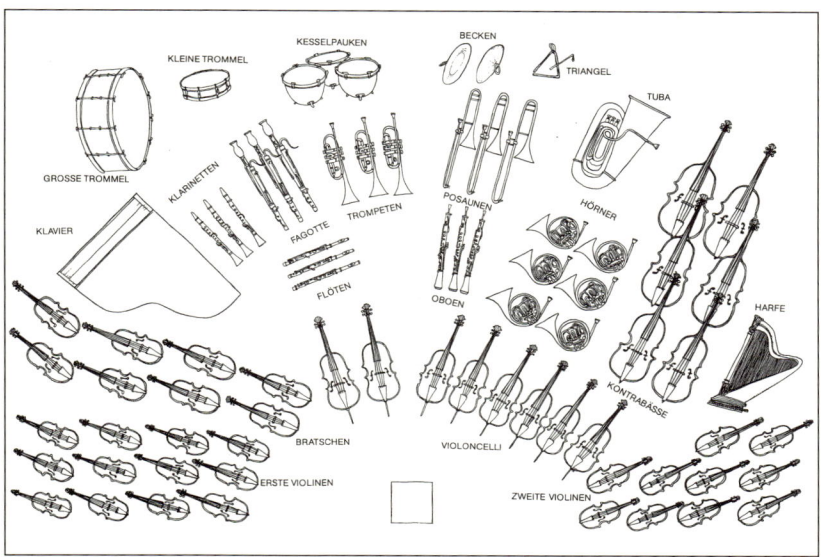

Um die Klangfarben der einzelnen Orchesterinstrumente und ihr Zusammenspiel als Ensemble kennen zu lernen, wäre der mehrfache Besuch von Orchesterkonzerten wünschenswert. Einen guten Einblick vermittelt hierzu u. a. das musikalische Märchen „Peter und der Wolf" von Sergej Prokofjew. Hier wird ein Märchen mit den Mitteln der klassischen Musik erzählt. Das Werk ist daher für die Arbeit in Kindergruppen bestens geeignet. Daneben – und darum soll es hier gehen – kann es der Erzieherin zur Einführung in die Klangfarbe der Orchesterinstrumente dienen. Zur Charakterisierung der handelnden Figuren werden diesen charakteristische Instrumente und Melodien (Leitmotive) zugeordnet. Erfahrungsgemäß kann man sich durch die Zuordnung zu den Märchenfiguren die Klangfarbe der Instrumente besonders gut einprägen.

• Peter: lustiger unbeschwerter Junge	Geigen: rhythmisch beschwingt
• kleiner frecher Vogel	Querflöte: imitiert Vogelgezwitscher
• watschelnde Ente	Oboe: näselnder, quakender Ton
• schleichende Katze	Klarinette
• Großvater: behäbig mit tiefer Stimme	Fagott: tiefes Holzblasinstrument
• Wolf: geheimnisvoll, bedrohlich	Zusammenspiel von drei Hörnern
• Jäger	Jägermarsch mit ganzem Orchester
• Gewehrschüsse	Pauken

Aufgaben

1 Hören Sie „Peter und der Wolf" und prägen Sie sich die Klangfarbe der Instrumente ein. Versuchen Sie Klang und Charakter der Leitmotive mit der Stimme zu imitieren.

2 Versuchen Sie aus anderen Orchesterwerken Instrumente herauszuhören und zu bestimmen.

5.2.2 Programmmusik und absolute Musik

Die komponierte Musik wird in der Regel als Ernste Musik (E-Musik) bezeichnet und von der Unterhaltungsmusik (U-Musik) abgegrenzt. Im Sprachgebrauch der Medien wird für Ernste Musik auch der Begriff Klassik oder klassische Musik verwendet. Im engeren Sinne steht der Begriff Klassik jedoch nur für die von den Wiener Klassikern Haydn, Mozart und Beethoven geprägte Epoche der Ernsten Musik, die von etwa der Mitte des 18. Jahrhunderts bis zur Mitte des 19. Jahrhunderts reicht.

Klassische Musik im weiteren Sinne kann in Programmmusik und absolute Musik unterteilt werden. Bei Programmmusik gestaltet der Komponist einen außermusikalischen Inhalt mit musikalischen Mitteln in ähnlicher Weise wie es im Kapitel *Klangszenen* für eigene Produkte beschrieben wurde. Der außermusikalische Inhalt, z. B. eine Geschichte, ist das Programm, das der Musik zugrunde liegt. Absolute Musik ist eine rein musikalische Gestaltung, ohne dass etwas Bestimmtes dargestellt werden soll. Häufig lassen sich aber auch zu absoluter Musik Assoziationen herstellen.

Die außermusikalischen Inhalte, die ein Programm bilden, können sich auf verschiedene Grundlagen beziehen:

- *Geschichten und Handlungen*
  Beispiel: Märchen „Peter und der Wolf", Sergej Prokofjew
- *Malerei und bildende Kunst*
  Beispiel: Bilder einer Ausstellung, Modest Mussorgski
- *Eindrücke aus der Natur*
  Beispiel: Die Moldau, Bedrich Smetana
- *Erdachte Stimmungen und Themen, die nur im Titel ausgedrückt sind*
  Beispiel: Jeux d'enfant, George Bizet

Meistens werden nur einige Merkmale des außermusikalischen Programms aufgegriffen. Die Darstellung außermusikalischer Inhalte in der komponierten Musik erfolgt grundsätzlich in der gleichen Weise wie im Kapitel *Klangszenen* für die Herstellung eigener Produktionen beschrieben. Als Möglichkeiten der musikalischen Umsetzung wurden dort festgehalten:

- Imitation von Geräuschen
- Klangliche Umsetzung von Bewegungen
- Klangliche Umsetzung von Stimmungen und Gefühlen
- Zuordnung von Leitmotiven für die handelnden Figuren

Für Kinder wird durch die Programmmusik der Zugang zum Musikhören erleichtert. Sie ist durch die oben genannten Merkmale konkreter und fördert dadurch die Hörmotivation.

1 Erläutern Sie den Begriff Programmmusik. Welcher Zusammenhang besteht zur Erstellung von Klangszenen?

Aufgaben

2 Erstellen Sie eine Liste der Tonträger mit programmmusikalischen Werken, die Sie in der gesamten Lerngruppe besitzen.

5.2.3 Analytisches und emotionales Hören

Wenn Musik nicht nebenbei als Berieselung, sondern mit voller Aufmerksamkeit gehört wird, so geschieht dies in der Regel mit einer starken emotionalen Zuwendung. Der Hörer lässt sich von der Musik tragen. Er begibt sich in die durch die Musik ausgedrückte Stimmung. Eventuell entwickelt er auch spontane Bilder und Fantasien zur Musik, die sein Erleben vertiefen.

Beim emotionalen Hören stehen die Gefühle, die durch die Musik angesprochen werden, im Vordergrund.

Darüber hinaus kann die Aufmerksamkeit auch auf den musikalischen Aufbau gerichtet sein. Wie ist das Musikstück gegliedert? Welche Instrumente werden verwendet? Welche musikalischen Ausdrucksmittel werden eingesetzt? Welche Wirkung wollte der Komponist damit erzielen? Das sind nur einige Fragen, die die Machart, den strukturellen Aufbau eines Werkes ansprechen und die das analytische Hören leiten.

Beim analytischen Hören richtet sich die Aufmerksamkeit darauf, den strukturellen Aufbau der Musik mitzuvollziehen.

Aus dieser Unterscheidung soll nun kein Gegensatz konstruiert werden. Beide Hörweisen sind sinnvoll und bedingen sich gegenseitig. Insbesondere beim Musikhören mit Gruppen können aus analytischen Hörweisen vertiefte Zuwendung und aus emotionalen Hörweisen weitere Einsichten entstehen.

Hörimpulse, die die Aufmerksamkeit auf Teilbereiche der Musik richten (zum Beispiel auf die Lautstärke oder auf die erklingenden Instrumente) machen erfahrungsgemäß viel Spaß. Man erfährt, dass es in der Musik viel zu entdecken gibt, dass es sich lohnt aufmerksam hinzuhören und mit anderen über die Beobachtung oder Wirkung zu sprechen und diese durch Aktion und Spiele zu verdeutlichen. Dadurch wird ein Musikstück, das zunächst vielleicht fremd anmutete, besser kennen gelernt. Dabei entsteht häufig eine auf Interesse beruhende emotionale Zuwendung.

Wird dazu aufgefordert sich frei zur Musik zu bewegen oder frei zur Musik zu malen, so liegt der Schwerpunkt auf der Lockerung und Enthemmung im musikalischen Erleben. Wird diese Übung zur gleichen Musik mehrmals wiederholt, so wird sich durch die freie Aktivität auch der Aufbau der Musik immer mehr erschließen.

In der praktischen Arbeit mit Gruppen ergänzen sich beide Hörweisen. Dies wird in Abschnitt 3 an praktischen Beispielen verdeutlicht.

Für die Erzieherin ergibt sich die Notwendigkeit das analytische Hören zu üben, da es für die Vorbereitung von Musikstücken für den Einsatz in Gruppen als Grundlage dient. Dazu ist die im folgenden Abschnitt vorgestellte Methode, die zeigt, wie eine Hörskizze entsteht, eine gute Hilfe.

Aufgaben

1 Definieren Sie die Begriffe emotionales und analytisches Hören.

2 Inwiefern bedingen sich diese beiden Hörweisen gegenseitig?

3 Beziehen Sie die beiden Hörweisen auf Ihr eigenes Hörverhalten. Welche Hörweise überwiegt?

5.2.4 Die Hörskizze als Hilfe zum genaueren Hören

Musik vollzieht sich im zeitlichen Ablauf. Ohne Notenbild gibt es keine konkrete Orientierung für das Hören und für das Nachdenken über das Gehörte. Durch die Methode der Hörskizze wird der eigene Höreindruck schriftlich fixiert und dadurch der Reflexion zugänglich gemacht.

Für die Anfertigung einer Hörskizze gibt es keine festen Regeln oder Zeichen. Der Hörer zeichnet während des Hörens den musikalischen Ablauf mit frei gewählten grafischen Zeichen auf. Dabei ist es nicht möglich die Musik in ihrer vollen Komplexität zu erfassen. Vielmehr wird man sich auf wenige subjektiv gewählte Aspekte beschränken. Das Ziel ist lediglich beim nächsten Hören die Musik an der eigenen Zeichnung mitverfolgen zu können. Bei mehreren Hördurchgängen kann die Zeichnung ergänzt, verbessert oder völlig neu gefertigt werden. Dabei soll es gelingen gleiche, ähnliche und unterschiedliche Teile zu erkennen und zu charakterisieren und die musikalischen Mittel zuzuordnen, d. h. den musikalischen Aufbau nachzuvollziehen.

> *Mit der Hörskizze wird der vom Hörer wahrgenommene strukturelle Aufbau der Musik in einer subjektiven grafischen Zeichnung festgehalten.*

Ein einfaches Musikbeispiel für das Erstellen einer Hörskizze ist der Abschnitt *Kängurus* aus Saint-Saëns *Karneval der Tiere*. Das Stück hat mit knapp einer Minute eine kurze Dauer und beschränkt sich auf ein einziges Instrument, nämlich das Klavier. Der musikalische Aufbau kann mit der folgenden **Hörskizze** verdeutlicht werden.

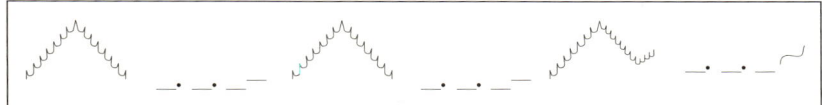

Es ist deutlich zu erkennen, dass sich der gleiche Ablauf dreimal wiederholt. Dabei folgt jedesmal auf eine bewegte, in der Tonhöhe auf- und abwärts gehende Phrase ein Ruhepunkt mit langen Tönen. Man kann diesen Ablauf gut auf die Bewegung von Kängurus beziehen und z. B. entsprechende Bewegungsaktionen zur Musik ausführen.

Ist das Musikstück länger und komplexer, so muss bei der Erstellung der Hörskizze stärker abstrahiert werden. Nicht jedes Detail muss erfasst werden, sondern die grobe Linie, die Gesamtstruktur. Dies erfordert einige Übung. Dabei wird aber nicht nur das Zeichnen zur Musik, sondern das bewusste und genaue Hinhören auf musikalische Abläufe insgesamt gefördert.

Für das Üben von Hörskizzen eigenen sich kurze Musikstücke oder klar abgegrenzte Abschnitte längerer Werke. Für die im Abschnitt 3 bearbeiteten Stücke ist jeweils eine Hörskizze enthalten. Weitere Musikbeispiele finden sich in den Werkhinweisen am Ende des Kapitels.

1 Erstellen Sie eine Hörskizze zu einem in Abschnitt 3 angegebenen Musikbeispiel. Vergleichen Sie Ihr Ergebnis mit der in Abschnitt 3 enthaltenen Hörskizze.

2 Fertigen Sie Hörskizzen zu selbst gewählten Musikbeispielen an.

Aufgaben

5.3 Methoden des aktiven Musikhörens mit Gruppen

Das Musikhören mit Gruppen beschränkt sich nicht auf eine bestimmte sozialpädagogische Zielgruppe. Ein an der Popmusik orientiertes Hörverhalten trifft – wie anfangs beschrieben – für Kinder, Jugendliche und auch Erwachsene nahezu in gleicher Weise zu. Erfahrungsgemäß sind jedoch Kinder und junge Erwachsene für das differenzierte Hören von Musikwerken aufgeschlossener als Jugendliche, da im Jugendalter meist ein recht eng gefasster Musikgeschmack mit der eigenen Persönlichkeitsdarstellung verbunden wird. Die Auswahl der Musikbeispiele und der Methoden wird natürlich auf das Alter und den Erfahrungshorizont der Gruppe Bezug nehmen und unterschiedliche Schwerpunkte setzen. Sie ist jedoch nicht grundsätzlich verschieden.

5.3.1 Die Höraufgabe

Mit dem Konzept des aktiven Musikhörens soll ein Gegengewicht zum passiven Musikkonsum, zur ständigen und allgegenwärtigen Musikberieselung gebildet werden. Es geht darum das Hören von Musik als etwas Interessantes und Spannendes zu vermitteln und es zum gemeinsamen Erlebnis werden zu lassen.

Das methodische Prinzip hierfür ist die Höraufgabe. Mit einer Höraufgabe wird die Aufmerksamkeit der Gruppe auf ein elementares, gut wahrnehmbares Phänomen der Musik gerichtet.

Bei vielen Musikstücken sind die *Instrumente* gut herauszuhören. Wie viele verschiedene Instrument sind beteiligt? Welche könnten es sein? Welche spielen die Hauptstimme und welche die Begleitung? Mit solchen Fragen kann eigenes Entdecken angeregt werden.

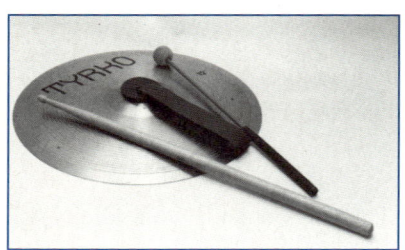

Das Becken
Als Becken klinge ich so klar,
wie ein heller Stern.
Schlag mich mit einem Schlägel an
und du kannst es hör'n.

Häufig sind auch Veränderungen im Bereich der *Klangeigenschaften* deutlich zu hören. Lautstärke, Tempo, Tonhöhe ändern sich plötzlich, oder es wechseln sich z. B. laute und leise Teile miteinander ab. Auch dass die Veränderung sich kontinuierlich vollzieht und die Musik immer lauter oder höher oder schneller wird, kann gut wahrgenommen werden.

Etwas schwieriger ist es auf die *Gliederung* eines Musikstückes zu achten. Doch geht es hier nicht um die Kenntnis bestimmter Formen. Wann klingt die Musik anders? Wann kommt die gleiche Melodie wieder? Wie viele unterschiedliche Teile kann man unterscheiden? Solche grundlegenden Aspekte sind auch für Kinder hörbar.

Besondere Reize für das Hören bietet der *Programminhalt* eines Musikstückes. Wird eine ganze Geschichte dargestellt, so ist es spannend die entscheidenden Musikstellen der Geschichte zuzuordnen. Oft ist das Programm aber nicht so genau angegeben, sondern lediglich in einer Überschrift ausgedrückt. Das kann zu eigenen Fantasien anregen.

> ***Musikalische Aspekte für Höraufgaben können sein:***
> * *auf die beteiligten Instrumente hören,*
> * *auf Veränderungen der Klangeigenschaften hören,*
> * *auf die musikalische Gliederung hören,*
> * *den Programminhalt in der Musik erkennen.*

Solche Aspekte bestimmen den Inhalt einer Höraufgabe. Dies reicht jedoch noch nicht um aktiv werden zu können. Das genaue Hinhören will in Handlungen umgesetzt werden.

> *In einer Höraufgabe wird eine Handlung angegeben, durch die das Hören aktiv umgesetzt werden kann.*

Welche Handlungen sind möglich?

Naheliegend ist sehr oft die *Bewegung*, die von der experimentell-freien Bewegung bis hin zur gebundeneren Form des Tanzes denkbar ist. Jede Bewegungsform wird man aber Schritt für Schritt mit der Gruppe entwickeln und nicht einfach vorgeben.

Ebenfalls Bewegung, aber dennoch eine eigene Form ist die *szenische Darstellung* einer Geschichte. Dabei kann die Geschichte sowohl durch den Komponisten ausgedrückt wie auch von der Gruppe zur Musik erfunden werden. Auch in den Gruppentanz kann eine szenische Gestaltung einfließen.

Wenn die Musik ein Programm enthält, so kann zum gleichen Thema eine eigene Klangszene mit der Gruppe entwickelt werden. Anschließend wird das Musikstück gehört. Durch den *Vergleich mit der selbst erstellten Klangszene* ist die Musik nicht nur interessant geworden, sondern von Beginn an teilweise bekannt.

Die Höreindrücke können auch durch gleichzeitiges *Malen* wiedergegeben werden. Dabei ist es möglich die rhythmische Bewegung auf das Papier zu übertragen, indem man die Stifte bzw. Finger zur Musik tanzen lässt. Ebenso können zur Musik abstrakte oder gegenständliche Bilder entstehen.

Selbst das *Mitspielen* mit Rhythmus-Instrumenten steht dem Hören nicht im Wege. Natürlich muss mit der Gruppe ein Plan für das Mitspielen erarbeitet werden. Sowohl für diese Vorbereitung als auch für das Mitspielen ist genaues Hinhören erforderlich.

Handlungen im Rahmen von Höraufgaben können sein:
- *freie oder abgesprochene Formen von Bewegung,*
- *szenische Darstellungen von Geschichten,*
- *Vergleich von Musik und selbst erstellter Klangszene,*
- *Malen zur Musik,*
- *Mitspielen zur Musik mit Instrumenten.*

Das Prinzip, Höraufgaben als Handlungen zu gestalten, fördert nicht nur die Konzentration, sondern entwickelt über den Spaß am aktiven Tun die emotionale Nähe zum gehörten Stück und zum Musikhören überhaupt. Bei der konkreten Umsetzung in der Praxis können sich mehrere musikalische Aspekte und Handlungen zu komplexen Höraufgaben verbinden.

Aus der Beschreibung des Prinzips der Höraufgabe ergeben sich auch die Kriterien, die ein Musikstück für das Hören in Gruppen geeignet machen:

Ein Musikstück ist dann für das Hören in Gruppen geeignet, wenn es Anlässe für die Gestaltung von Höraufgaben enthält.

Dafür ist es zunächst erforderlich, dass die Stücke oder Ausschnitte eine überschaubare Dauer von nicht länger als etwa vier Minuten haben. Bei Vokalmusik richtet sich das Hören vor allem auf den Text und den Gesang. Daher ist instrumentale Musik für das aktive Hören besser geeignet. Die Auswahl der folgenden Hörbeispiele orientiert sich ausschließlich an der im weiteren Sinne klassischen Musik, d. h. an der so genannten E-Musik und legt einen Schwerpunkt auf Orchesterwerke. Dies geschieht aus zwei Gründen: Zum einen wird hier ein größerer Informationsbedarf vermutet, zum anderen erschließt sich mit solchen Werken bei den meisten Hörern ein neuer Erfahrungshorizont. Dennoch erscheinen auch Werke aus der so genannten U-Musik für das aktive Hören geeignet und können leichter aus der eigenen Hörerfahrung entdeckt werden. Bewährt haben sich insbesondere instrumentale Abschnitte aus Filmmusik und Musicals (vgl. Werkhinweise).

Aufgaben

1 Erläutern Sie das Konzept des aktiven Hörens.

2 Welche beiden Aspekte bestimmen eine Höraufgabe?

3 Versuchen Sie aus einer von Ihnen erstellten Hörskizze zu einem Musikstück eine Höraufgabe abzuleiten.

4 Erläutern Sie die Kriterien für die Eignung von Musikstücken zum aktiven Hören in Gruppen.

5.3.2 Hörbeispiel: Königlicher Marsch des Löwen

Der *Königliche Marsch des Löwen* entstammt der Orchestersuite *Karneval der Tiere* des französischen Komponisten Camille Saint-Saëns. Die Suite entstand 1886 und stellt in zwölf Abschnitten verschiedene Tierarten mit musikalischem Witz dar. Der Löwe steht als König der Tiere am Anfang. Nach einem kurzen Vorspiel, das in der folgenden Hörskizze nicht enthalten ist, beginnt der Abschnitt mit einer fanfarenartigen Einleitung.

Hörskizze

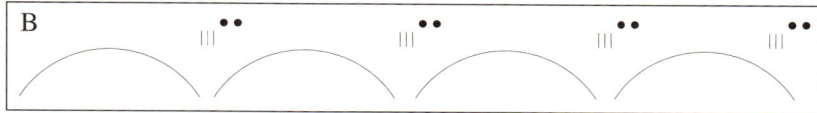

Nach der Einleitung folgen deutlich drei Teile. Teil A zeigt den majestätischen Marsch mit vollem Streicherklang, viermal durch hohe und schnelle Klavierakkorde unterbrochen. In Teil B wird mit tief grollenden Klavierläufen das Brüllen des Löwen dargestellt. Teil C verknüpft diese beiden Motive. Marsch und Brüllen sind miteinander verwoben und steigern sich bis zum besonders langen, abschließenden Löwengebrüll.

Das Stück ermöglicht eine Fülle von Höraufgaben und Aktivitäten. Das Gestalten eines Löwenmarsches als eigene Klangszene vor dem Anhören des Stückes wäre eine gute Hinführung. Erfahrungsgemäß wird hier stärker die Gefährlichkeit des Löwen hervorgehoben als sein majestätischer Charakter. Das Brüllen des Löwen dürfte hier jedoch in jedem Falle gestaltet werden und wird meist beim ersten Anhören sofort erkannt. Falls keine Klangszene erstellt wird, so ergibt das Raten des Titels aus einer Auswahl von drei bis fünf Möglichkeiten eine gute Hörmotivation.

Der rhythmische Charakter des Stückes reizt zur Bewegung. Hier muss zunächst nichts vorgegeben werden. Jeder bewegt sich in der Rolle eines Löwen frei zur Musik. Dazu kann die Musik mehrmals wiederholt werden, damit die Tänzer sich richtig einfühlen und verausgaben können. Die Erzieherin wird darauf achten, ob sich die Bewegungen zu den drei genannten Musikteilen unterscheiden. Wahrscheinlich wird sich bei Teil B allmählich eine fauchende bzw. brüllende Geste in der ganzen Gruppe verbreiten. Aus der gemeinsamen Überlegung, welche Bewegungen zu welchen Stellen der Musik besonders gut passen, kann ein Löwentanz mit der Gruppe entwickelt werden.

Ein anderer Schwerpunkt wäre das Erfinden einer Geschichte. Hier empfiehlt es sich zunächst mit geschlossenen Augen zu hören und der Fantasie freien

Lauf zu lassen. Auch dabei wird das Musikstück mehrmals wiederholt. Danach werden die Bilder, die den Einzelnen beim Hören aufgetaucht sind, erzählt. Aus diesen Bruchstücken kann schließlich eine kleine Handlung zusammengestellt werden. Die Erzieherin achtet darauf, dass sich die Geschichte an der Grobgliederung der Musik, d. h. an den drei Teilen orientiert. Als Idee für eine Handlung wäre denkbar, dass der Löwe mit seinem Gefolge von seinen Untertanen empfangen wird (Teil A), seine Stärke zeigt (Teil B) und sich wieder zurückzieht (Teil C). Gemeinsam wird dazu ein szenisches Spiel entwickelt.

Durch die klare Gliederung ist das Stück auch für das Mitspielen mit Instrumenten gut geeignet. Als markanteste Stelle empfiehlt sich das Brüllen des Löwen für den Beginn. Die Gruppe überlegt gemeinsam, welche Instrumente diese Stellen mitspielen sollen. Trommelwirbel oder schnelles Schütteln von Rasseln wären ebenso passend wie wischende Glissandi auf Xylophonen. Auch dem majestätischen Schreiten sowie den hohen Einwürfen lassen sich leicht Instrumente zuordnen. Beim Mitspielen können keine wirklichen Fehler gemacht werden. Jeder spielt zu seiner Stelle nach seiner Vorstellung. Es ist nicht erforderlich, dass alle Spieler einer Stelle genau gleich spielen. Eine allmähliche Angleichung geschieht von alleine. Die Erzieherin wird zunächst mit Einsätzen helfen und sich später ebenfalls mit einem Instrument beteiligen.

Diese Ideen sollten die allgemeinen Ausführungen über Höraufgaben am konkreten Beispiel verdeutlichen. Dies soll nicht heißen, dass mit einer Gruppe all diese Aktivitäten durchgeführt werden sollten. Es ist Aufgabe der Erzieherin für ihre Gruppe geeignete Höraufgaben auszuwählen. Außerdem sollte sie darauf achten nicht jedes Stück in der gleichen Weise zu erschließen, sondern in den Methoden zu wechseln.

Aufgaben

1 Führen Sie die Höraufgaben zum Löwenmarsch alleine oder mit ihrer Lerngruppe aus.

2 Wählen Sie eine konkrete Zielgruppe für das Hören des Löwenmarsches und stellen Sie für diese Zielgruppe die passenden Höraufgaben und Aktivitäten zusammen.

3 Hören Sie andere Abschnitte aus dem Karneval der Tiere und entwickeln Sie dazu Höraufgaben.

5.3.2 Hörbeispiel: Der Gnom

Der Gnom entstammt der Orchestersuite *Bilder einer Ausstellung*. Das Werk wurde 1867 von dem russischen Komponisten Modest Mussorgsky für Klavier geschrieben und 1922 von Maurice Ravel für Orchester bearbeitet. Es beschreibt in zehn Sätzen Bilder von Viktor Hartmann, die auf einer Ausstellung in Petersburg gezeigt wurden. Die einzelnen Sätze werden mit einer Promenade verbunden, die den Betrachter von Bild zu Bild führt. Der Gnom ist das erste Bild der Suite und folgt auf die einleitende Promenade.

Hörskizze

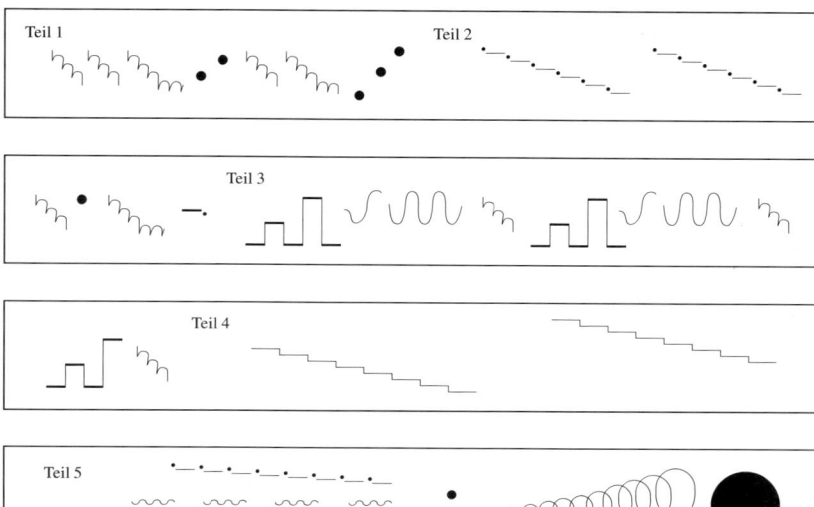

Das Stück beruht auf Wiederholungen und Variationen einiger zentraler Motive. Der Aufbau lässt sich jedoch nicht so einfach mit wiederkehrenden Teilen beschreiben wie in dem vorangegangenen Beispiel. Zur besseren Orientierung sind in der Hörskizze fünf Teile kenntlich gemacht. Die Gliederung der musikalischen Themen ist jedoch unregelmäßig und unklar. Sie entspricht damit der Vorstellung eines unberechenbaren Zwergs, der witzig und erschreckend zugleich ist. Trotz einiger Wiederholungen ist das Stück voller Überraschungen und vermittelt eine geheimnisvolle, teilweise bedrohliche Atmosphäre. Aufgrund dieser Merkmale ist es eher für das Hören mit größeren Kindern bzw. Jugendlichen und Erwachsenen geeignet.

Die möglichen Höraufgaben sind dennoch ähnlich. Die Vorbereitung des Hörens durch eine eigene Klangszene über einen geheimnisvollen Zwerg ist ebenso denkbar wie das Raten des Titels aus mehreren möglichen.

Besonders angezeigt ist hier jedoch das freie Bewegen als Gnom. Die Unregelmäßigkeit der Musik gibt der Bewegung ständig neue Impulse. Da die Musik ungewöhnlich und bizarr ist, fordert sie auch entsprechend extremere Bewegungsideen heraus. Daher sind mehrfache Wiederholungen und Besprechungspausen sinnvoll um sich immer stärker in die Musik einfühlen und Mut für eine eigenständige Bewegungsgestaltung entwickeln zu können. Phasen, in denen sich alle gleichzeitig bewegen, können mit Vorstellungen Einzelner abwechseln.

Eine freie Bewegungsform ist auch mit einer vorgegebenen Struktur möglich: Zwei Gnome verfolgen sich in einem Wald. Die Bäume werden durch die restliche Gruppe dargestellt. Dabei können Musikteile verabredet werden, in denen die Gnome stillstehen müssen und die Bäume sich einen anderen Platz suchen. Aus solchen Elementen kann sich auch wieder eine feste Handlungsfolge ergeben, die als szenische Gestaltung geübt wird.

Obwohl das Stück keine flüssige rhythmische Struktur aufweist, ist auch die Entwicklung eines Gnomentanzes in Kreisform möglich. Entsprechend der in der Hörskizze unterschiedenen Musikteile werden Bewegungsformen vereinbart, die von allen gleichzeitig ausgeführt werden. Dazu werden die einzelnen Teile mehrfach vorgespielt und Ideen entwickelt und erprobt. Der musikalische Ablauf bleibt so immer besser im Gedächtnis und Schritt für Schritt ergeben sich die Stationen eines Gruppentanzes.

In ganz ähnlicher Form ist auch das Mitspielen mit Instrumenten einzuüben. Je nach Alter der Gruppe kann dabei sogar eine Hörskizze zu Hilfe genommen werden. So haben die Spieler eine Art Partitur, an der sie mitlesen können. Das erleichtert das Sprechen über die Musik, das Finden von Ideen und das Treffen von Verabredungen zum Mitspielen.

Durch die extremen Stimmungen, die die Musik vermittelt, ist das Stück ganz besonders für das spontane Malen nach Musik geeignet. Hierbei hat es sich bewährt das Stück zunächst ein bis zwei Mal mit geschlossenen Augen zu hören und dann zu weiteren Hördurchgängen zu malen. Während des Malens können nun auch größere Musikpausen gelassen werden. Zwischendurch erklingt das Stück aber immer wieder, bis jeder sein Bild beendet hat. Ob gegenständlich oder abstrakt gemalt wird, ist die Entscheidung jedes Einzelnen. Es gibt hier nichts Richtiges oder Falsches, nichts Gutes oder Schlechtes. Jedes Bild ist ein individueller Ausdruck, der von der Musik angeregt worden ist. Die Erzieherin kann lediglich darauf hinwirken, dass jeder sich Zeit lässt und während des Malens mit sich und der Musik alleine bleibt.

Aus dem spontanen Malen ergibt sich eine Projektidee für das Gesamtwerk *Bilder einer Ausstellung*. Man kann die ursprüngliche Entstehung des Werkes umkehren und nun Bilder zu jedem Abschnitt gestalten. Dies ist auch arbeitsteilig möglich. Abschließend kann die gesamte Suite „Bilder einer Ausstellung" während des gemeinsamen Anschauens der Bilder gehört werden.

Aufgaben

1 Führen Sie die Höraufgaben zu *Der Gnom* alleine oder mit ihrer Lerngruppe aus.

2 Wählen Sie eine konkrete Zielgruppe für das Hören des Stückes und stellen Sie für diese Zielgruppe die passenden Höraufgaben und Aktivitäten zusammen.

3 Hören Sie andere Abschnitte aus *Bilder einer Ausstellung* und entwickeln Sie dazu Höraufgaben.

4 Wählen ein Musikstück aus den Werkhinweisen auf S. 133 f. oder aus Ihrem eigenen Plattenschrank. Beschreiben Sie den musikalischen Ablauf. Entwickeln Sie Höraufgaben und führen Sie diese mit Ihrer Lerngruppe durch.

5.4 Zum pädagogischen Wert des Musikhörens

Die wesentlichen pädagogischen und musikpädagogischen Absichten, die durch das Musikhören mit Gruppen verfolgt werden, sind unabhängig vom Alter für alle Gruppen gleich:

- Im aktiven Musikhören erlebt die Gruppe das Gegenteil der oberflächlichen Musikberieselung. Sich Zeit nehmen und sich von einem Musikstück *intensiv beeindrucken lassen* – darauf kommt es an.
- Durch die Höraufgaben wird dem Höreindruck eine entsprechende Ebene des Ausdrucks gegeben. Da die Musik in erster Linie die emotionale Seite anspricht, wird damit das *Ausdrücken von Gefühlen* ermöglicht.
- Bei freiem Bewegen oder Malen ist der spontane Gefühlsausdruck in besonderem Maße angesprochen. Dadurch sollen Gefühlsäußerungen ermöglicht und gefördert werden. Dies beabsichtigt eine *Lockerung, Entkrampfung und Enthemmung* der Persönlichkeit.
- Eindruck und Ausdruck sind die beiden wesentlichen Seiten des Erlebens. Somit zielt aktives Musikhören auf die Entwicklung und Förderung der *Erlebnisfähigkeit.*
- Durch gemeinsames Hören in der Gruppe lernen die Gruppenmitglieder unterschiedliche, ihnen bislang unbekannte Musikrichtungen kennen. Dies trägt dazu bei einen eigenen *musikalischen Geschmack* zu entwickeln.

Je jünger die Gruppenmitglieder sind, desto stärker sind noch die folgenden allgemeinen Förderaspekte zu bedenken:

- Durch das Musikhören wird zunächst eine *Höraufmerksamkeit sowie eine Hörsensibilität* entwickelt. In der frühen Lebensphase erfolgt das Lernen vorwiegend über das Gehör, da dieser Sinn zuerst ausgebildet und besonders wach ist. Die Förderung der Höraufmerksamkeit und -sensibilität wirkt daher nicht nur positiv auf das musikalische Verhalten, sondern auch auf die allgemeine Begabungsentwicklung ein.
- Durch Übung von Bewegungsabläufen von der freien Bewegung bis hin zur kompletten Tanzform werden die *Bewegungsfreude* und die *rhythmische Bewegungsfähigkeit* gefördert.
- Das Sprechen über das Gehörte, über musikalische Abläufe und Auffälligkeiten ist ungewohnt und etwas abstrakt und fördert daher in besonderem Maße die Fähigkeit zur *sprachlichen Artikulation.*
- Einige Höraufgaben verlangen gemeinsame Planung und zeitgenaues Zusammenwirken und beeinflussen somit positiv das *Sozialverhalten.*
- Durch die Entwicklung eigener Interpretationen beim Malen, Bewegen oder Erfinden von Geschichten wird *kreatives Verhalten* angeregt.

Je jünger die Kinder sind, desto eher ergeben sich auch **Aufgaben für die Elternarbeit**. Da das Hörverhalten von Eltern und Kindern sich in der Regel nicht grundsätzlich unterscheidet, ist es sinnvoll Eltern den pädagogischen Wert differenzierten Musikhörens zu verdeutlichen. Dies gelingt weniger durch Erklärung als durch praktische Erfahrung im Tun. Gute Möglichkeiten dazu ergeben sich z. B. bei Hospitationen an offenen Nachmittagen in Kin-

Die Pauke

Als Pauke bin ich ganz schön groß,
mein Kessel ist aus Holz.
Ich habe einen warmen Ton
und darauf bin ich stolz.

dergärten. Auch ein Elternabend kann unter dieses Thema gestellt werden. Dabei sollte dem Gespräch aber eine praktische Durchführung vorausgehen.

Ein besonderer Aspekt für die *Elternmitarbeit* ist dann gegeben, wenn sich unter den Eltern Instrumentalisten finden. Diese können ihr Instrument in der Gruppe vorstellen und erläutern. Auch wenn die Spielfähigkeiten nicht perfekt sind, Kinder sind von einem Vorspiel eines Vaters oder einer Mutter immer begeistert. Dies festigt die Stellung des Kindes in der Gruppe und fördert neben dem Interesse an dem Instrument auch das Zusammengehörigkeitsgefühl. Es ist gut denkbar, dass mit dem Elternvorspiel in der Kindergruppe das aktive Hören seinen Anfang nimmt.

Literaturhinweise

ABEL-STRUTH, S.: Musikalischer Beginn in Kindergarten und Vorschule, Bd. 2 Praktikum, Teil B S. 45–90, Bärenreiter Verlag Kassel 1972

GROSSE-JÄGER, H.: Freude an Musik gewinnen, Kap. 4, S. 143–153, Herder Verlag, Freiburg 1983

GROSSE-JÄGER, H. (Hrsg.): Musikpraxis, Arbeitshilfen für Musik im Kindergarten und Grundschule, Zeitschrift vierteljährlich, Fidula Verlag Boppard.
Viele Hefte enthalten Anregungen zum Arbeitsgebiet Musikhören. In größerem zeitlichem Abstand werden die behandelten Musikstücke auf einem Tonträger angeboten.

GROSSE-JÄGER, H.: Die Geschichte von Babar, dem kleinen Elefanten, Musikpraxis-Extra Bd. 2, Fidula Verlag, Boppard 1996

NEUHÄUSER/REUSCH/WEBER: Musik zum Mitmachen, Folge 1–5, jeweils Tonträger mit ausführlichem Begleitheft, Verlag Diesterweg, Frankfurt/Main

Werkhinweise

Klassik

Die folgenden Werkhinweise beziehen sich auf im weiteren Sinne klassische Musik, d. h. auf Musikwerke der sogenannten E-Musik. Sie erheben keinerlei Anspruch auf Vollständigkeit, sondern sind lediglich eine kleine Auswahl von größeren Werken mit mehreren Sätzen oder Abschnitten.

George Bizet: Jeux d'enfants, Orchestersuite
Edward Grieg: Peer-Gynt-Suiten 1 und 2, Orchestersuiten mit jew. 4 Sätzen
Leopold Mozart: Die musikalische Schlittenfahrt, Orchesterwerk mit 13 Sätzen
Modest Mussorgsky: Bilder einer Ausstellung, Orchestersuite mit 10 Sätzen
Francis Poulenc: Babar, Orchesterwerk mit 32 Abschnitten
Serge Prokofjew: Peter und der Wolf, Symphonische Dichtung mit Erzähler
Camille Saint Saëns: Karneval der Tiere, Orchestersuite mit 14 Sätzen
Bedrich Smetana: Die Moldau, Symphonische Dichtung für Orchester
Robert Schumann: Album für die Jugend, Klavierstücke
Georg Philipp Telemann: Die Wassermusik, Orchestersuite
Georg Philipp Telemann: Don Quichotte – Suite, 7 Sätze
Peter Tschaikowsky: Nussknacker – Suite, 8 Sätze
Antonio Vivaldi: Die vier Jahreszeiten, Konzertzyklus für Streichorchester

Instrumentale Ausschnitte aus Musicals und Filmmusik

Hier ist es wichtig die Entwicklung zu verfolgen um aktuelle Titel einbringen zu können. Bisher haben sich folgende Ausschnitte bewährt:

J. Hock: Aufstellung, Züge; aus: Das Match
K. Doldinger: Das Boot; aus: Das Boot
H. Faltermeyer: Axel F; aus Beverly Hills Cop
L. Muffen, A. Clayton: Theme From Mission Impossible; aus: Mission Impossible
C. M. Schönberg: Ouvertüre; aus: Miss Saigon
P. Townsend: Ouvertüre; aus: Tommy
P. Vangeris: Conquest Of Paradise; aus: 1492
A. L. Webber: Jellicle Ball; aus: Cats
ders.: Rennen der Züge; aus: Starlight Express
Vers.: Variations, Thema mit 23 Variationen; verwendet bei: Song And Dance
ders.: Auto-Verfolgungsjagd; aus: Sunset-Boulevard
ders.: Ouvertüre; aus: Das Phantom der Oper
ders.: Joseph Megamix; aus: Joseph
E. Woolfson: Freudiana (instr.); aus: Freudiana
H. Zimmer: Leaving Wallbrook; aus: Rain Man
ders.: Dieses Land; Zum Sterben schön; Hyänen; Unter dem Sternenhimmel; aus: König der Löwen

Pop, Rock, Jazz

Für das aktive Hören eignen sich vor allem Instrumentalstücke, in denen außermusikalische Inhalte verarbeitet werden:

C. Bley: Escalator Over The Hill, Konzeptalbum
K. Doldinger: Loco-Motive; mit: Passport
W. Dauner: Der Urschrei des Musikers, Konzeptalbum
Emerson, Lake and Palmer: Pictures at an exhibition, Konzeptalbum
Genesis: Foxtrott, Konzeptalbum
Genesis: The Lamp Lies Down On Broadway
R. Miles: Children

6   Popularmusik

Seit den Fünfziger- und Sechzigerjahren entwickelte sich aus der Jazzmusik, die immer mehr zu einer eigenen Kunstform erwuchs und nicht mehr nur Unterhaltungsmusik war, die heutige Popularmusik. Schon mit dem Rock' n' Roll der Fifties und der Beatmusik der Sixties zeigte sich, dass eine neue Jugendkultur aus der Taufe gehoben wurde. Mit ihrer Kommerzialisierung stieg auch ihre Verbreitung, Akzeptanz und ihr Stellenwert in der Gesellschaft. Nach wie vor sind aber hauptsächlich Jugendliche die größte Zielgruppe der Popularmusik wie man unschwer an Jugendzeitschriften und -sendungen erkennen kann.

Musik und insbesondere Popmusik gewinnt in der Jugendphase eine besondere psycho-dynamische Bedeutung. Der emotionale Gehalt der Musik bietet ein wichtiges Ventil für das Ausleben von emotionalen Spannungen. In den Texten werden häufig Stimmungen, Gefühle und auch Problemstellungen angesprochen, die die Lebenssituation und Interessen von Jugendlichen kennzeichnen. Dazu gehören in erster Linie alle Themen, die mit Liebe und Sexualität zu tun haben. Aber auch die Ablehnung von Autoritäten, die Beschreibung besonderer Erlebnisweisen, die Bezugnahme auf Drogenkonsum, die Propagierung von Individualität gegen die vereinnahmende Gesellschaft u. v. m. sind Inhalte, in denen Jugendliche ihre Gefühle und Gedanken wiedererkennen und mit denen sie sich identifizieren können. Einen Identifikationsreiz üben ebenfalls die Stars aus, auf die mit Hilfe der Medienbeeinflussung ein hohes Maß an emotionaler Energie projiziert wird. Darüber hinaus stärkt die Vorliebe für die gleiche Musikrichtung bzw. die gleiche Gruppe das Wir-Gefühl und die gegenseititge Bestätigung in der Gruppe. Dies alles sind Gründe, warum Jugendliche sehr viel Zeit mit ihrer Musik verbringen und warum in allen Erhebungen über das Freizeitverhalten von Jugendlichen das Hören von Musik einen dominanten Platz einnimmt.

Auch für die praktische Beschäftigung mit Popmusik sind Jugendliche in der Regel hoch motiviert. Aufbauend auf der täglichen Hörerfahrung bietet die musikalische Struktur von einfachen Formen der Popmusik hierzu gute Möglichkeiten. Dabei geht es nicht darum zukünftige Musiker oder Bandmitglieder heranzubilden. Der pädagogische Wert liegt in erster Linie im Ermöglichen von Erfolgserlebnissen und der damit verbundenen Stärkung des Selbstwertgefühls, ebenso aber im vertieften sinnlichen Erleben und Begreifen der Musik und in der auf die Gruppe bezogenen Erfahrung.

Aufgaben **1** Worin liegt die psychodynamische Bedeutung der Popmusik für Jugendliche?

2 Untersuchen Sie mehrere aktuelle Pop-Songs auf die in den Texten angesprochenen Inhalte. Entwickeln Sie eine Themenliste.

6.1 Die Pop/Rock-Band

Zu den Hauptbereichen der heutigen Popularmusik zählen die Pop- und Rockmusik mit ihren vielfältigen Abzweigungen sowie der Schlager, aber auch nach wie vor der Jazz. Die klangliche Gestaltung beruht vorwiegend auf der Rhythmusgruppe mit Sängern und Solisten. Dabei kommt jedem Bandmitglied eine besondere Funktion zu, die auf den Gesamtklang maßgeblichen Einfluss hat und somit eigene Gesetzmäßigkeiten besitzt.

In den folgenden Erläuterungen werden vielfach branchentypische, meist englische Bezeichnungen und Fachbegriffe verwendet. Sie sind am Ende des Kapitels in der Tabelle *Wichtige Pop-Begriffe* erklärt.

6.1.1 Die Rhythmusgruppe

Die wichtigste Komponente der Rockband ist die *Rhythmusgruppe*, die das musikalische Gerüst für den Sänger oder den Solisten bildet und somit das Rückgrat der Band darstellt. Zur Rhythmusgruppe gehören das Schlagzeug (Schlagzeugset und Percussionsinstrumente), Bass (meist elektrisch), Keyboards (womit alle Tasteninstrumente gemeint sind) sowie die Gitarre (elektrisch sowie auch akustisch).

Das **Schlagzeug** übernimmt in der Band die Rolle des Dirigenten, da es hauptsächlich die kleinste Rhythmuseinheit (z. B. Sechzehntelnoten) ausspielt und so für rhythmische Klarheit und Sicherheit sorgt. Weiter werden aber auch rhythmische Akzente von ihm unterstützt und die musikalische Form (Intro, Strophe, Refrain usw.) durch Überleitungen wie Breaks und Fill-ins (kurze rhythmische, zum Anfang des nächsten Taktes leitende Figur, häufig auf Toms gespielt) durch das Schlagzeug klar definiert. Die einzelne Verteilung am Schlagzeugset sieht folgendermaßen aus:

Die **Bass-Drum** (oder Kick-Drum) spielt hauptsächlich auf den Taktanfang sowie zum Taktanfang hin und ergänzt sich mit der Snare-Drum. Die Bass-Drum unterstützt also den Taktschwerpunkt und rhythmische Akzente.

Der **Snare-Drum** kommt durch den Backbeat – ein Stilmerkmal, das sich durch alle Arten der Popularmusik zieht – eine enorm wichtige Hauptaufgabe zu. Die Snare-Drum spielt nahezu durchgehend einen Schlag auf die zweite und vierte Zählzeit (= Backbeat) jedes 4/4-Taktes und bildet so den Gegenpol zum harmonischen Wechsel, der meist auf der ersten oder dritten Zählzeit eines Taktes liegt. Harmonie und Rhythmus stören sich daher nie gegenseitig.

Die **Becken** werden in zwei Gruppen unterteilt: zum einen Hi-hat und Ride-Becken, zum anderen Crash-, Splash- und Chinabecken. Letztere sind für Akzente und besondere Effekte zuständig. Auf der Hi-hat oder dem Ride-Becken wird die kleinste Rhythmuseinheit in durchlaufenden Schlägen ausgespielt. Hier sind im Wesentlichen drei Grundrhythmen zu unterscheiden: *Achtel-Beat, Sechzehntel-Beat und Triolen-Beat*. Bei letzterem wird eine Viertelnote in drei Achtelnoten unterteilt. Die Hi-hat spielt also acht, sechszehn oder bei Triolen zwölf Schläge in einem 4/4-Takt. Beim Triolenbeat werden häufig auch triolisch-swingende Achtel gespielt, was wiederum acht Schläge pro 4/4-Takt ergibt.

Achtelbeat

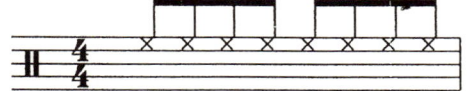

Sechzehntelbeat

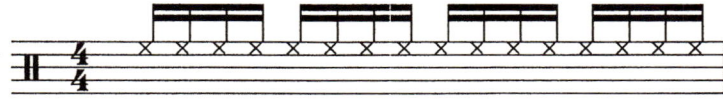

Triolenbeat

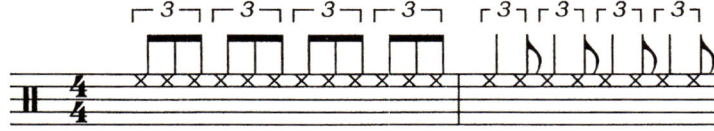

Zusammen spielen Bass-Drum, Snare-Drum und Becken meist eine sich ständig wiederholende Begleitfigur über ein bis zwei Takte (= *Pattern*).

Die **Toms** dienen vorwiegend dazu Überleitungen, so genannte Breaks zu spielen. Die meisten Schlagzeugsets haben zwei Hängetoms und ein Standtom.

In der Regel gilt folgende Drumset-Notation:

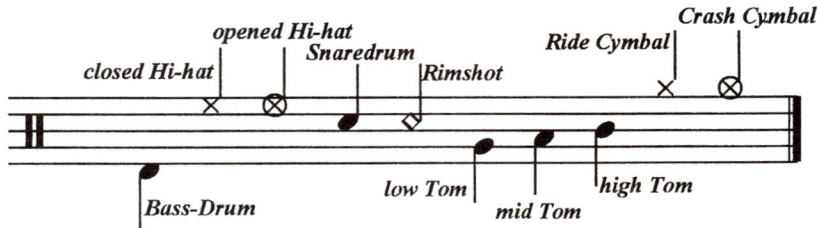

Ein **E-Bass** hat in der Regel vier Saiten, die den vier tiefen Saiten der Gitarre entsprechen, aber zwei Oktaven tiefer liegen. Der Bass spielt zwar offensichtlich oft eine untergeordnete Rolle, ist aber im harmonischen Kontext die entscheidende Komponente. Er bestimmt, welche harmonische Funktion ein Akkord besitzt. Er spielt zunächst immer den Grundton des Akkords. Als Variation benutzt er häufig noch die Quinte des jeweiligen Grundtons. Rhythmisch orientiert sich der Bass an der Bass-Drum und bildet mit ihr zusammen das Fundament.

Keyboards und Gitarre spielen eigentlich die gleiche Rolle in der Band. Sie sind für die Harmonien sowie für überleitende Melodien zuständig und wechseln sich meistens in dieser Rollenaufteilung ab. Aufgrund ihres enormen Klangspektrums und Soundangebotes (besonders beim Synthesizer) sorgen sie zusätzlich für ein klanglich abwechslungsreiches Arrangement. Gitarre und Keyboards spielen mit den vorgegebenen Harmonien hauptsächlich kleine, sich wiederholende rhythmische Figuren – so genannte Patterns – die sich mit dem Bass ergänzen. Dabei wird der Akkord als Ganzes oder als Arpeggio (gebrochene Form vgl. Kap. Stabspiele) aufgesplittet benutzt.

6.1.2 Solisten und Sänger

Diese beiden Mitglieder der Rockband werden häufig auch als *Frontleute* bezeichnet, da sie im Mittelpunkt des Geschehens stehen und somit den Kontakt zum Publikum aufbauen und halten. Sie sind in den Augen der Jugendlichen meistens die Stars und dienen somit als Identifikationsfigur. Musikalisch sind sie dafür zuständig das Hauptthema (Melodie) vorzustellen oder in Improvisationen Abwechslung zu schaffen.

Die Sänger setzen sich aus dem/der *Leadsänger/in* und dem *Background-chor* zusammen. Dabei unterstützt der Backgroundchor besondere Passagen wie den Refrain durch Dopplung der Hauptmelodie, den Einsatz einer zweiten Stimme oder er singt ergänzende Melodien. Zur Stimmgestaltung lässt sich sagen, dass im Rock-Pop-Bereich überwiegend in der Bruststimme gesungen wird, um eine möglichst natürlich klingende Klangfarbe und somit eine große Ausdrucksmöglichkeit zu erzielen. Der Stimmumfang liegt bei den Frauen im Wesentlichen im Tonbereich von f bis d" und bei Männern von c bis f'.

Solisten gibt es in jeder Instrumentengattung, wobei im Rock-Pop-Bereich die E-Gitarre, das Keyboard und das Saxophon überwiegen. Häufig sind die Solisten auch gleichzeitig Mitglieder der Rhythmusgruppe und treten nur an geeigneter Stelle als Solisten in den Vordergrund. Eine solche Stelle, die als „Solo" bezeichnet wird, ist häufig eine Strophe oder ein Refrain, über den eine Improvisation gespielt wird, um so das starre Schema des Songs etwas aufzubrechen und zu bereichern.

Aufgaben

1 Erläutern Sie die Funktionen der Instrumente der Rhythmusgruppe.

2 Hören Sie sich einen Pop-Song mehrmals an. Achten Sie bei jedem Hördurchgang auf ein Instrument der Band und versuchen Sie die Funktion im Arrangement nachzuvollziehen.

6.2 Stile der Popularmusik

Die heutige Popmusik besteht aus einer nahezu unüberschaubaren Anzahl verschiedener Stilistiken, die wiederum miteinander vermischt werden und so neue Formen bilden können. Der folgende Überblick beschränkt sich auf die Wichtigsten. Nach einer kurzen Charakteristik des Stils wird jeweils ein typisches Begleit-Pattern (Pattern = Muster) der Rhythmusgruppe wiedergegeben.

Mainstream

Unter Mainstream versteht man die Popmusik, die sich an bestehenden Normen der kommerziellen Vermarktung orientiert und häufig in den großen Radiostationen zu hören ist. Auch die Orchestrierung und ihr Rhythmus beinhalten viele für die Popmusik notwendigen Klischees. Der Bass doppelt rhythmisch die Bass-Drum und spielt vorwiegend Grundton und Quinte. Keyboards und Gitarre spielen Akkorde und füllen oder unterstützen damit den Bassgroove, der meist achtelorientiert ist. Der Schlagzeugrhythmus ist meist ein 8-Beat-Pattern, d. h., die Hi-hat spielt vorwiegend durchgehende Achtel. Bekannte Vertreter des Mainstream sind z. B. Phil Collins, Bon Jovi, aber auch Michael Jackson.

Bei dem nachfolgenden Pattern handelt es sich um einen 8-Beat Main-stream-Rhythmus:

Funk

In der Funk-Musik ist der Backbeat das wichtigste rhythmische Grundele-ment, da er den Groove zusammenhält. Die anderen Instrumente spielen häufig sehr synkopische Elemente, die sich am 16tel-Beat des Schlagzeugs orientieren. Genaues rhythmisches Spiel ist hier unbedingt erforderlich. Der E-Bass spielt häufig einen geslapten Bass, d. h. die Saiten werden mit dem Daumen seitlich angeschlagen, so dass ein sehr spitzer, perkussiver Klang entsteht. Typische Vertreter des Funk sind James Brown, Earth Wind & Fire und Jamiroquai.

Soul

Soul-Musik hat ihren Ursprung in der Gospel-Musik und ist auf den Gesang hin orientiert. Eine Soulstimme besitzt eine sehr starke Ausdrucksfähigkeit und umspielt die Melodie mit vielen kleinen Trillern und Verzierungen. Es wird fast ausschließlich mit der Bruststimme gesungen um Natürlichkeit und Aus-druck zu erreichen. Daher bezeichnet man die Sänger auch als „Soul-Shouter". Die anderen Instrumente versuchen nicht zu sehr in den Vordergrund zu treten. Sie bilden eine solide Basis, die meist Achtelsynkopen bevorzugt. Wichtige Vertreter der Soulmusik sind Whitney Houston, Maria Carey, Stevie Wonder, aber auch Simply Red.

Reggae

Der Reggae hat einen politischen Hintergrund. Er entstand Mitte der Siebzigerjahre und kombinierte karibische Rhythmen und Instrumente mit der westlichen Rockmusik, um in den Texten auf die Unterdrückung der Jamaikaner aufmerksam zu machen. Der Groove ist meist triolisch gespielt (Triolenbeat), wobei die mittlere Achtel häufig ausgelassen wird, so dass swingende Achtel entstehen. Die Bass-Drum spielt hier meist den Backbeat und erzeugt so eine große Dynamik, während Snare und Hi-hat den Rhythmus umspielen und Akzente setzen. Der Bass spielt vorwiegend tiefe Grundtöne und die Keyboards oder Gitarren füllen die Lücken. Ein weiteres typisches Instrument sind Steel-Drums (leere Ölfässer, auf deren Böden mit kleinen Hämmern gespielt werden kann). Wichtige Künstler des Reggeae sind bzw. waren Bob Marley, Peter Tosh und Eddie Grant.

Hip Hop & Rap

Hip Hop-Musik entstand in den Slums der amerikanischen Großstädte. Es handelt sich um eine sehr urbane Musik, die auch in ihrem Sound stark von der Technisierung geprägt wird. Es kommen hier in der Regel Drum-Computer oder Drum-Loops (= bestehende Schlagzeugrhythmen, die digital herausgeschnitten und dann hintereinanderkopiert werden) zum Einsatz. Der Gesang besteht aus rhythmisch gesprochenen Texten (= Rap), die meist einen starken sozialen Charakter haben. Auch dominieren hier die Synthesizer. Musikalisch hat der Hip Hop seine Wurzeln in der Funk- und Soul-Musik, also in der schwarzen Kultur. Der Rhythmus ist meist ein langsamer 16-Beat, zum Teil wird auch ein Triolenbeat mit swingenden Sechzehnteln gespielt. Wichtige Vertreter sind und waren hier Grandmaster Flash, Curtis Blow oder Puff-Daddy.

Hardrock

Hardrock gilt als der Ursprung aller nachfolgenden harten Rockarten wie Heavy Metal, Speed Metal, Death-Rock oder auch Independant. Er entstand Mitte der Siebzigerjahre als Gegenbewegung zur Disco-Musik. Hier dominieren die verzerrten E-Gitarren-Sounds, die durch Riffs (= kurze, rhythmische Melodiephrase) den Groove bestimmen. Das Schlagzeug spielt hier meist mit geöffneter Hi-hat und einer sehr laut gespielten Snare- und Bass-Drum. Der Bass unterstützt dies durch einen durchgehenden Achtelgroove. Auf Keyboards wird meist verzichtet. Bekannte Hardrockgruppen sind AC/DC, Kiss und Metallica.

Art-Rock

Der Art-Rock ist heute nicht mehr so populär wie er in den Siebzigerjahren war. Er fordert von den Musikern ein überdurchschnittliches Beherrschen des Instruments und fördert die Virtuosität der Musiker. Dadurch entsteht ein bombastisches Klanggebilde, das sich häufig am Orchester-Sound orientiert. Oft werden ungerade Rhythmen wie 5/8 oder 7/4 verwendet und die Songs sind durch die vielen Songteile überdurchschnittlich lang. Alle Instrumente sind relativ gleichberechtigt, wobei Keyboards und Gitarren oft schnelle Akkordbrechungen spielen. Zum Art-Rock zählen folgende Gruppen: Genesis, Yes, It Bites und Mike Oldfield.

Keyboard

Bass

Drums

Fusion

Unter dem Begriff Fusion versteht man ursprünglich das Vermischen von verschiedenen Musikrichtungen. Er wird aber heutzutage als Überbegriff für den modernen Jazzrock benutzt, der seine Elemente aus den Bereichen Jazz, Pop und Latin bezieht. Es handelt sich vorwiegend um eine instrumentale Musikrichtung. Die Musiker müssen ihre Instrumente ausgezeichnet beherrschen sowie eine gute musikalische Bildung besitzen, da die Improvisation ein wichtiges Stilelement der Fusion-Musik ist. Zu den bisher genannten Instrumenten kommen Blasinstrumente wie Saxophon bzw. Trompete hinzu, die meist zusammen mit der Gitarre das musikalische Thema spielen. Die Musik ist von starken rhythmischen Akzenten (Synkopen und Breaks) geprägt. Bekannte Gruppen sind: Steps Ahead, Yellowjackets, Pat Metheny Group und Wheather Report.

Keyboard

Bass

Drums

Trendorientierte Musikstile

Immer wieder tauchen Musikstile auf, die eine mehr oder weniger kurze Zeit als „angesagt" gelten. Sie bedienen sich oft an bereits bestehendem Musik-material, welches untereinander neu kombiniert wird, um so etwas Neues zu erschaffen. In den Siebzigerjahren entstand die Disco-Welle und als Gegen-part dazu die Punk-Bewegung. In den Achtzigerjahren entstand durch das Aufkommen neuer Technologien (neue Synthesizer und Drum-Computer) die Wave-Musik und in den Neunzigerjahren sind Techno und Grunge die bedeu-tendsten trendorientierten Musikstile. Hier ist der „Sound" (d. h. Instrumente, Synthesizer- oder Computersounds, sonstige Effekte) das wichtigste Stilele-ment.

Besondere Aspekte der Liedtexte

Zum Teil stehen Musikstile in enger Verbindung zu gesellschaftlichen, politi-schen oder religiösen Tendenzen. Hier hat der Liedtext eine besondere Bedeutung, da er zum Ausdruck einer Gesinnung dienen soll. Dabei wird die Popmusik häufig zu einem Propagandawerkzeug missbraucht. Hier ist auf Texte mit okkultistischen, anarchistischen oder faschistischen Tendenzen ebenso hinzuweisen wie auf gewalt- oder drogenverherrlichende Texte. Im Gegensatz dazu stehen anspruchsvolle Texte der Liedermacher und Songwri-ter, die zwar ebenfalls ihre Ansichten zum Ausdruck bringen, aber vielmehr auf soziale Missstände hinweisen. Der Ursprung der Liedermacher und Folksänger liegt in den Sechzigerjahren, als auch die Popmusik ihren ersten Boom erlebte. Wichtige Vertreter sind Bob Dylan, Joan Baez, Bruce Spring-steen und in Deutschland Reinhard Mey, Hannes Wader und Konstantin Wecker.

Aufgaben

1 Hören Sie sich charakteristische Beispiele der einzelnen Stile an und versuchen Sie die beschriebenen Gestaltungsmerkmale nachzuvollzie-hen.

2 Versuchen Sie aktuelle Gruppen dem stilistischen Raster zuzuordnen.

6.3   Das Song-Arrangement

Wie es in den verschiedenen Bereichen der Klassik Gliederungsprinzipien gibt, treten ebensolche auch in der Popularmusik auf. Ein Pop/Rock-Song besteht in der Regel aus einem *Intro,* welches die Einleitung zum Song darstellt, mehreren *Strophen,* die leicht variiert werden können, der *Bridge,* die eine Überleitung zum Refrain schafft, und dem *Refrain,* der den zentralen Teil des Songs darstellt und nicht oder nur wenig variiert wird. Im Folgenden wird an einem Songbeispiel der Aufbau eines Arrangements und die Methode der Vermittlung erläutert.

6.3.1   Aufbau eines Arrangements

In der Arbeit mit Jugendlichen ist das Erarbeiten eines Popsongs eine hervorragende Möglichkeit die Jugendlichen musikalisch zu motivieren, eine inhaltliche und musikalische Auseinandersetzung in Gang zu bringen und dadurch auch eine kritische Sichtweise für die Popmusik zu entwickeln. Zunächst sind dafür am besten Songs geeignet, die bei den Jugendlichen schon einen hohen Bekanntheitsgrad haben. Dadurch wird das auditive Lernen mehr in den Vordergrund gerückt und somit ein schnellerer Erfolg erzielt. Stücke, die bei Jugendlichen bekannt sind, sind meistens in den Hitparaden (Charts) vertreten oder sind mittlerweile schon Klassiker, die immer wieder in den Medien gespielt werden. Günstig ist es, die Stücke gemeinsam mit der Gruppe auszuwählen.

Als Arbeitsmaterial ist neben dem Klangbeispiel auf einem Tonträger ein so genanntes *Lead-sheet* erforderlich, wie es hier für den Beispielsong „Billie Jean" abgedruckt ist. Ein Lead-sheet enthält lediglich die drei wichtigsten Elemente eines Songs: Text, Melodie und Akkorde. Die Akkorde sind als Buchstabensymbole direkt über dem Notentext angegeben. Dabei versteht sich ein Buchstabe (z. B. C) als Dreiklang bestehend aus Grundton, Terz und Quinte (c, e und g). (Siehe dazu auch Kapitel Musiklehre Abschnitt 3.2.) Ist dem Buchstaben noch eine Ziffer zugeordnet (z. B. C7), sind damit Optionen gemeint, d. h. Töne, die zusätzlich zu dem Dreiklang hinzukommen. Dabei bezeichnet die Ziffer das Intervall zwischen dem Grundton des Akkordes und dem Optionston (C7 = Septime, also Akkordtöne c, e, g und b). Ist neben dem Akkordbuchstaben nach einem Schrägstrich ein zweiter Buchstabe angegeben (z. B. C/D) ist damit ein vom Grundton des Akkordes abweichender Basston gemeint (also Akkord C über dem Basston D, gelesen: C über D).

Ein Lead-sheet enthält damit alle notwendigen Informationen für die Entwicklung eines Arrangements und das Nachspielen des Songs. Lead-sheets zu Klassikern und aktuellen Songs finden sich in einem vielfältigen Angebot von Songbooks. Für das Nachspielen eines Songs ist es nicht notwendig das Original haargenau zu kopieren. Vielmehr ist es grundsätzlich möglich die markanten Aspekte des Songs mit eigenen, einfacheren Mitteln nachzubilden. Diese sind die Hauptmelodie (= Thema) und Zwischenmelodien, die Soundauswahl und die Begleit-Patterns, die den Groove enthalten.

Billie Jean

Musik & Lyrics by Michael Jackson. Arrangement by Jochen Hock
Rechte: Neue Welt GmbH, München

She was more like a beau-ty queen from a mo-vie scene
She told me her name was Bil-lie Jean as she caused a scene

I said don´t mind, but what do you mean I am the one
then ev-ery head turned with eyes that dreamed be-ing the one

who will dance on the floor in the round.
who will dance on the floor in the round.

she said I am the one who will dance

on the floor in the round.

Bridge

Peop-le al-ways told me be care-ful of what you do - - - and don´t

go a-round break-ing young girls´ hearts - -. My

mo-ther al-ways told me be care-ful of who you love - -. And be

care-ful of what you do ´cause the lie be-cames the truth hey - -.

Die *Originalmelodie* sollte möglichst genau wiedergegeben werden, da in ihr die größte Wiedererkennung liegt. Ist der Stimmumfang des Originalsängers aber zu groß, sollte das Thema auf mehrere Sänger aufgeteilt werden, die das Stück in verteilten Rollen bewältigen können. Im Songbeispiel „Billie Jean" würde sich eine Aufteilung zwischen Strophe und Refrain empfehlen. Ebenso ist es nicht sinnvoll den besonderen Gesangsstil eines Interpreten mit allen Schnörkeln und Verzierungen zu imitieren. Auch Zwischenmelodien, seien sie vom Backgroundchor oder von einem Instrument gespielt, tragen viel zur Wiedererkennung bei. Sie können aber, falls sie zu schwierig sein sollten, vereinfacht werden. Dies kann melodisch oder rhythmisch erfolgen.

Bei der *Soundauswahl* muss man sich an den zur Verfügung stehenden Instrumenten orientieren. Aber heutzutage bieten bereits günstige Keyboards einen nicht zu unterschätzenden Fundus an Klängen, die als Ersatz für nicht zur Verfügung stehende Instrumente dienen oder auch als eigenständiger Klang eingesetzt werden können. So werden die Stimmen für Strings und E-Piano in den nachfolgenden Begleit-Patterns zu „Billie Jean" in der Regel von Keyboardsounds übernommen. Da meist nur wenige Keyboards vorhanden sind, empfiehlt es sich die Funktionen des Keyboards mit zusätzlichen Stabspielen zu ergänzen um mehrere Spieler beteiligen zu können. Auch die E-Gitarre kann ohne weiteres von mehreren akustischen Gitarren ergänzt werden. Wenn sie auch nicht so deutlich zu hören sind, so können sie doch gut im Gesamtklang mitschwimmen. Für nicht so versierte Spieler ergibt dies einen wertvollen Übungseffekt.

Die wichtigste Aufgabe für die Erarbeitung eines Arrangements ist die Entwicklung der *Begleit-Patterns*. Diese können ausschließlich aus den Tönen der angegebenen Akkorde gebildet werden (siehe auch Kap. 9.2). Ihr Vorteil liegt darin, dass man das rhythmische Grundmuster einmal erlernt auf alle Akkorde übertragen kann und so schnell ein flüssiges Spiel erreicht wird. Dabei wird man versuchen die prägnanten rhythmischen Aspekte des Originals im Ansatz zu kopieren. Die Harmonien können durch das Weglassen der Optionstöne vereinfacht werden. Bei dem Song „Billie Jean" kann für die Strophe und den Refrain das gleiche Pattern verwendet werden. Für die Bridge wird ein zweites Pattern vorgeschlagen. In der Regel genügt es ein Pattern nur für einen Takt und einen Akkord aufzuschreiben, da es auf jeden anderen Akkord übertragen werden kann.

Billie Jean – Pattern für Strophe und Refrain:

Enthält ein Takt nur einen Akkord, wird das gleiche Pattern lediglich mit den Tönen dieses Akkords gespielt.

Billie Jean – Pattern für Bridge:

1 Hören Sie einen Popsong und versuchen Sie die verschiedenen Teile zu erkennen.

2 Erläutern Sie den Aufbau eines Lead-sheets.

3 Erläutern Sie die Elemente eines Song-Arrangements.

4 Übertragen Sie die angegebenen Begleit-Patterns auf alle harmonisch verschiedenen Takte des Song-Beispiels „Billie Jean".

Aufgaben

6.3.2 Einstudierung eines Arrangements

Bei der Einstudierung eines Popsongs sollte durchaus pragmatisch vorgegangen werden. Ziel ist es zunächst einmal durch das Nachspielen eines Songs der Gruppe ein Erfolgserlebnis zu verschaffen. Von enormem Vorteil ist es, wenn die Gruppenleiterin selbst ein Instrument beherrscht. Am günstigsten ist ein Harmonieinstrument wie z. B. Keyboard oder Gitarre, da sich diese Instrumente sowohl zur Begleitung als auch zum Vorspielen der Melodie eignen und so eine hervorragende Hilfe darstellen. Außerdem ist es unerlässlich mit der eigenen Stimme zu arbeiten. Wenn schon die Gruppenleiterin Hemmungen im Singen zeigt, werden sich kaum die Jugendlichen dazu bewegen lassen. Es ist nicht notwendig mit der eigenen Stimme zu glänzen, sondern vielmehr mit einer Unbefangenheit an das Singen heranzugehen um so die Jugendlichen mitzureißen und Hemmungen gleich zu Beginn abzubauen. Spielt man kein Instrument, kann ein Playback oder auch das Original zu Anfang einer Stunde als Übungsmaterial dienen. Instrumentale Playbacks zu aktuellen Songs finden sich häufig auf den entsprechenden Maxi-Singles.

Zu Beginn werden die Begleit-Patterns erarbeitet. Dabei ist es wichtig die Instrumente effektiv auf die Jugendlichen zu verteilen. Der *Schlagzeugpart* wird meist nicht von einem Jugendlichen allein bewältigt werden können, so dass es sinnvoll ist, diesen wieder auf mehrere Personen aufzuteilen. Am günstigsten geschieht dies in der Aufteilung in Hi-hat/Ride-Becken für die erste Person und Bass-Drum/Snare für die zweite. Auf Toms und sonstige Becken kann zunächst verzichtet werden, da Breaks erfahrungsgemäß die Vermittlung nur verkomplizieren. Wichtig ist, dass die „Schlagzeuger" ein sicheres Timing (= Tempogefühl) besitzen und durchhalten können.

Der *Bass* kann von einem Jugendlichen, der schon Gitarrenerfahrung hat, übernommen werden. Er sollte sich zu Beginn nur auf den Grundton, der in gleichbleibenden Notenwerten auf Ganze, Halbe oder Viertel gespielt werden kann, beschränken. Ist der Jugendliche rhythmisch sehr bewandert, kann er auch versuchen sich an das Pattern der Bass-Drum anzuhängen. Für das Songbeispiel „Billie Jean" ist im Pattern auf S. 148 ein Basslauf in Achteln angegeben. Dies könnte nur von einem geübten E-Bass-Spieler bewältigt werden. Daher sollte der Basslauf von einem Keyboard mit Bass-Sound übernommen werden. Der E-Bass spielt dann die Basstöne der Keyboardstimme.

Das *Keyboard* sollte zunächst als harmonische Stütze dienen. Dreiklänge, zunächst nur in der Grundstellung, sind auch von Jugendlichen ohne Tastenerfahrung zu bewältigen. Dazu ist es aber erforderlich, dass die Gruppenleiterin sich mit den Akkordsymbolen des Lead-sheets genügend auskennt und so die Dreiklänge der vorgegebenen Harmonien vermitteln kann. Sind mehrere Keyboards vorhanden, können diese dazu benutzt werden die Hauptmelodie zu verdoppeln und somit zu unterstützen, oder auch Zwischenmelodien zu übernehmen. Diese Aufgabe erfordert allerdings schon einige Erfahrung mit Tasteninstrumenten. Als Ergänzung können, wie bereits erwähnt, Stabspiele hinzugenommen werden.

Die *Gitarre* ergänzt sich mit den Keyboards, dazu ist es aber unbedingt notwendig, dass die Betreffenden schon ausreichend Gitarrenerfahrung besitzen, da aus dem Stegreif heraus nicht mit der Gitarre gespielt werden kann.

Bei der *Einstudierung* werden zunächst die einzelnen Songteile getrennt eingeübt. Es ist sinnvoll mit dem bekanntesten Teil – in der Regel dem Refrain – anzufangen, da er den Jugendlichen am vertrautesten ist und so zu einem schnellen Erfolgserlebnis führt. Dabei muss zunächst geklärt werden, was jeder Einzelne zu spielen hat. Die jeweiligen Pattern der Instrumente müssen von der Gruppenleiterin vorgespielt werden. Hilfreich ist hierbei wieder die Vokalisation, das heißt das Vorsingen auch instrumentaler Parts, sowie das gezielte Einsetzen von Gesten, wobei auch rhythmisches Bewegen schon eine hilfreiche Geste sein kann. Das Begleit-Pattern wird zunächst auf jedem Akkord getrennt geübt. Darauf folgt das Üben des Akkordwechsels in kleinen Abschnitten von vier oder acht Takten. Der zu übende Teil soll nicht unterbrochen, sondern vielmehr als Schleife immer wiederholt werden. So wird ein „Feeling" für den Rhythmus entwickelt und die Form des Songteils gefestigt und verinnerlicht.

Wird das Begleit-Pattern für den Refrain einigermaßen sicher beherrscht, tritt der Gesang hinzu. Um den Sängern etwas mehr Sicherheit zu geben, sollte das Thema vom Gruppenleiter oder einem Gruppenmitglied, welches diesen Part schon beherrscht, mitgespielt bzw. gesungen werden. Die anderen

Songteile werden in gleicher Weise vermittelt. Da die Begleit-Pattern häufig gleich bleiben, sind die Spieler durch das Üben des Refrains nun sicherer und können die neue Harmoniefolge schneller mitvollziehen.

Methodische Schritte für die Einstudierung eines Pop-Arrangements

- Einsatz eines eigenen Instrumentes zur Leitung und Ünterstützung.
- Vor- und Mitsingen des Themas und der Zwischenmelodien.
- Musikalische Einsätze, Überleitungen oder Breaks durch Gesten verdeutlichen.
- Beginnen beim Refrain.
- Erarbeitung des Begleit-Patterns für jeden Akkord.
- Üben der Akkordwechsel in kleinen Abschnitten.
- Hinzufügen des Gesangs.
- Einüben der anderen Songteile.
- Üben der Übergänge zwischen den einzelnen Teilen.
- Zusammenhängendes Spielen des ganzen Songs.

Meist besteht eine Jugendgruppe aus wesentlich mehr Mitgliedern, als bei einer Rockgruppe vertreten sind. Um die ganze Gruppe zu beteiligen, können – wie bereits erwähnt – die Stimmen von Keyboard und E-Gitarre auch von Stabspielen und akustischen Gitarren mitgespielt werden. Für Gruppen mit entwickelten musikalischen Fähigkeiten und guter materieller Ausstattung sind *zusätzliche klangliche Erweiterungen* möglich.

Dies geschieht am einfachsten durch die Hinzunahme von *Percussionsinstrumenten*, die das Schlagzeug ergänzen. Wichtig ist bei den Percussionsinstrumenten, dass sie ebenfalls wie das Schlagzeug einfache Patterns, also rhythmische Ostinati spielen. Ein Tambourin kann die Snare-Drum und somit den Backbeat doppeln. Ein Shaker kann sich an die Hi-hat anlehnen. Die Conga kann auch ein ganz eigenes Pattern bilden.

Eine weitere klangliche Bereicherung bilden die *Keyboards.* Durch ihre Soundmöglichkeiten können sie einen Bläsersatz imitieren (Brass-Sounds), mit Streicherklang eine Oberlinie oder zweite Stimme spielen (String-Sounds) oder auch mit synthetischen weichen Klängen einen füllenden Klangteppich bilden (Pad-Sounds). Aber auch originale Sounds von Tasteninstrumenten wie z. B. Piano, E-Piano, Organ oder Clavinet bereichern einen Song ungemein.

Auch die *Gitarre* kann mitmilfe von so genannten Effektprozessoren, die zwischen Gitarre und Verstärker geschaltet werden, klanglich sehr abwechslungsreich eingesetzt werden. Die am häufigsten verwendeten Effekte sind Verzerrer und Chorus.

Natürlich können auch Instrumente, die nicht zur klassischen Rockbesetzung gehören, zum Einsatz kommen. Jedes vorhandene Instrument, das von den Jugendlichen gespielt werden kann, kann eingesetzt werden. Dies erfordert einige Experimentierfreude, bringt aber auch manchmal ungewöhnliche und durchaus faszinierende Klangergebnisse zutage.

Aufgaben

1 Erläutern Sie die methodischen Schritte der Vermittlung eines Pop-song-Arrangements.

2 Üben Sie die Begleit-Patterns zu „Billie Jean" auf den entsprechenden Instrumenten.

3 Gestalten Sie das Songbeispiel mit Ihrer Lerngruppe. Gehen Sie dabei gemäß der methodischen Schritte vor.

4 Bereiten Sie ein Song-Arrangement zu einem selbstgewählten Pop-song vor und studieren Sie es mit einer Jugendgruppe oder mit Ihrer Lerngruppe ein.

6.4 Kreative Gestaltungsmöglichkeiten

6.4.1 Percussions-Arrangements

Seitdem Latinrockgruppen wie „Santana" Percussionisten als festen Bestandteil in die Band integrierten, hat die Percussion ihren festen Platz in der Popularmusik gewonnen. Gerade wenn man beginnt mit Jugendlichen musikalisch zu arbeiten, bieten Percussionsensembles gute Möglichkeiten, da die Handhabung der Instrumente jedem Gruppenmitglied sehr schnell vermittelt werden kann und so wirklich für alle eine Integration ins musikalische Geschehen stattfindet.

Auch hier hat sich die Verwendung von Basis-Patterns bewährt, auf die immer wieder zurückgegriffen werden kann und die gleichzeitig die musikalische Form strukturieren.

Beispiel eines Basis-Patterns

Zur Erarbeitung des Patterns wird zunächst jede Stimme unisono (= einstimmig von allen) geübt. Dabei kann ein Song im entsprechenden Stil und Tempo als Playback eingesetzt werden. Das erhöht die Motivation der Übung und ergibt gleichzeitig die Wirkung eines Metronoms. Allmählich wird dann in immer mehr Instrumentengruppen aufgeteilt, bis jede Stimme vertreten ist. Mit dem vollständigen Pattern können nun vielfältige Übungen gestaltet werden:

- Auf- und Abbau: Jede Stimme setzt im Abstand von vier Takten ein, bis das vollständige Pattern steht. Anschließend wird wieder im viertaktigen Abstand abgebaut.
- Wechsel zwischen Gesamtpattern und Einzelstimme: Nach vier Takten Gesamtpattern folgen vier Takte nur der ersten Stimme. Nach wiederum vier Takten Gesamtpattern folgt die zweite Stimme usw.
- Wechsel von zwei Hälften: Das Gesamtpattern wird in zwei Instrumentengruppen aufgeteilt. Die beiden Gruppen wechseln in zwei-vier oder achttaktigem Abstand.
- Solo über Pattern: Das von allen leise gespielte Pattern ist die Begleitung für ein beliebig langes Solo.
- Pattern und Break: Alle spielen sechs Takte Pattern. Auf den siebten und achten Takt improvisiert jeder einen freien Rhythmus um danach rechtzeitig wieder mit dem Pattern zu beginnen. Nach der ersten Übung werden die Breakrhythmen im siebten und achten Takt reihum solistisch gespielt.
- Pattern und Unisonorhythmus: Aus den Elementen des Patterns wird ein vier- oder achttaktiger Unisonorhythmus gebildet. Pattern und Unisonorhythmus wechseln nun regelmäßig ab.

Aus solchen Übungen ist leicht ein Arrangement für ein Vortragsstück zu entwickeln. Dabei werden lediglich die Übungen, die der Gruppe am besten gefallen und gelingen, festgehalten und in eine Reihenfolge gebracht. Auch die Wiederholung einzelner Teile ist sinnvoll.

Nach der ausführlichen Übung mit einem vorgegebenen Basis-Pattern ist es mit den meisten Guppen auch möglich gemeinsam ein Pattern zu erarbeiten. Dabei ist es günstig, wenn die Leiterin die Rhythmen mit Noten festhalten kann. Es ist aber nicht unbedingt erforderlich.

1 Spielen Sie das angegebene Basis-Pattern mit Ihrer Lerngruppe. **Aufgaben**

2 Erproben Sie die im Text erläuterten Spielweisen mit dem Basis-Pattern.

3 Entwickeln Sie aus dem angegebenen Basis-Pattern ein Arrangement für ein Percussionsstück.

4 Entwickeln Sie alleine oder mit einer Gruppe ein eigenes Basis-Pattern.

6.4.2 Improvisationsmöglichkeiten mit der Pentatonik

Besonders in der Arbeit mit Jugendlichen wird das individuelle Spiel immer mehr in den Vordergrund rücken. Damit wird dem Wunsch nach persönlichen Ausdrucksmöglichkeiten nachgegeben und neue Kreativität gefördert. Eine hervorragende Möglichkeit diesem Wunsch nachzukommen ist die Improvisation.

Die pentatonische Tonleiter entsteht, indem man aus der Dur- oder der Moll-Tonleiter die Halbtonschritte entfernt. Ausgehend von C-Dur und A-Moll ergeben sich folgende Tonreihen:

C-Dur Pentatonik

A-Moll Pentatonik

Ebenso wie die Tonleitern in C-Dur und A-Moll umfassen auch die C-Dur Pentatonik und die A-Moll Pentatonik die gleichen Töne. Nur die Reihenfolge unterscheidet sich. Durch das Entfernen der beiden Halbtonschritte können in einer Improvisation keine „falschen" Töne vorkommen (vgl. Kap. 7.2.3 und 9.1.1). Die pentatonische Tonleiter eignet sich am besten für die Improvisation von Melodien oder Akkordfolgen mit einem klaren Dur- oder Moll-Charakter. Das heißt, dass sich die Akkorde auf die Haupt- und Nebendreiklänge einer Tonart beschränken (siehe Kap. Gestaltungen mit Stabspielen). Für die Tonarten C-Dur und A-Moll sind dies die folgenden Akkorde.

 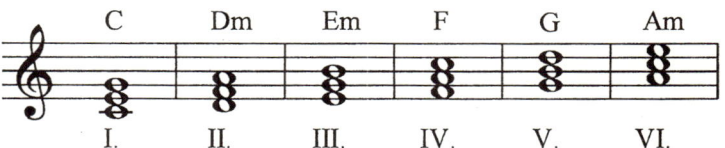

Ein gutes Übungsmodell ist die Akkordverbindung der II.- V.- und I. Stufe, die sehr häufig in Songs vorkommt. In C-Dur wären das die Akkorde Dm – G – C. Aber auch andere Verbindungen aus den sechs Akkorden können ausprobiert werden.

> Beispiel einer viertaktigen II-V-I Folge für **Improvisation in C-Pentatonik**:
>
> Dm / G / C / C // Jeder Buchstabe steht für einen Takt.
>
> Beispiel für eine Akkordfolge für **Improvisation in A-Moll Pentatonik**:
>
> Am / C / Dm / Em //

Zunächst muss für die Akkorde ein Begleit-Pattern festgelegt und geübt werden. Ein Teil der Gruppe übernimmt dann die Begleitung, der andere Teil improvisiert. Bei der Improvisation kann melodisch völlig frei gespielt werden, da mit der pentatonischen Tonleiter nichts „falsch" klingt. Das Augenmerk liegt vielmehr auf Tempo und Rhythmus des Spiels. Der Spaß und der Erfolg der Improvisation hängt im Wesentlichen von der rhythmischen Sicherheit und Lockerheit der Spieler ab. Gerade in der Improvisation mit der pentatonischen Tonleiter können diese Aspekte besonders gut geübt werden. Zur Hilfestellung ist es möglich ein einfaches rhythmisches Ostinato von einem oder zwei Takten vorzugeben, das der Melodieimprovisation zu Grunde liegt. Solche Ostinati können ebenfalls von den Spielern selbst gebildet werden. Reizvoll ist es auch aus diesen Rhythmen heraus eine feste Melodie zu entwickeln, die von allen Solisten unisono gespielt werden kann.

Mit einem solchen melodischen Thema ist schließlich die Gestaltung einer *Rondoform* möglich. Bei einer Rondoform wechselt sich die von allen gespielte Thema-Melodie mit Soloimprovisationen ab. Thema und Soli dauern jeweils vier oder acht Takte. Bezeichnet man die Thema-Melodie mit A und die Soli mit weiteren Buchstaben so kann die Rondoform schematisch zusammengefasst werden mit: A B A C A D A E A

1 Bilden Sie eine Akkordfolge, die einer II-V-I-Verbindung entspricht.

2 Schreiben Sie die passende pentatonische Tonleiter dazu auf.

3 Erproben Sie andere Akkordfolgen für die Improvisation.

4 Gestalten Sie mit Ihrer Lerngruppe eine Rondoform.

Aufgaben

6.4.3 Improvisation mit der Bluestonleiter

Grundlage der Bluestonleiter ist die Moll-Pentatonik. Für einen Blues in A wird also die A-Moll Pentatonik verwendet. Diese fünf Töne werden häufig noch durch die erniedrigte Quinte (= fünfte Stufe) zu einer Sechstonreihe ergänzt.

A-Blues-Tonleiter

Die *Form eines Blues* entspricht immer dem gleichen harmonischen Ablauf (Bluesschema). Er geht über 12 Takte und beschränkt sich auf die Hauptakkorde der entsprechenden Dur-Tonart, für einen Blues in A also die Hauptakkorde von A-Dur. Diese befinden sich auf der ersten, vierten und fünften Stufe der Dur-Tonleiter. Die auf der Moll-Pentatonik beruhende Bluestonleiter erzeugt dazu deutliche Reibungen, die aber wesentlich zur Stilistik des Blues gehören und nicht als solche empfunden werden. Es gibt also auch hier keine „falschen" Töne. Die Akkorde beinhalten häufig die kleine Septime, was diese Reibungen noch verstärkt. Die Bluestonleiter eignet sich am besten für die Improvisation zu Stücken mit einer „bluesigen" Färbung wie Blues, Boogie Woogie oder Rock'n Roll.

Bluesschema für einen Blues in A; jeder Akkord steht für einen Takt:

A / A / A / A7 / D7 / D7 / A / A7 / E7 / D7 / A7 / E7
I   I   I   I   IV   IV   I   I   V   IV   I   V

A =   I. – Stufe
D =   IV. – Stufe
E =   V. – Stufe

Grundlage der Melodieimprovisation ist das *Begleitarrangement.* Dazu ist es zunächst erforderlich für die Akkorde ein Begleit-Pattern zu bilden. Zu beachten ist dabei, dass ein Blues mit swingenden triolischen Achteln gespielt wird. Das Üben des Patterns, der Akkordwechsel und des gesamten Schemas geschieht am besten mit der ganzen Gruppe, da sich hierbei jeder gut in das „Blues-Feeling" einfinden kann.

Über dem harmonischen Ablauf des Bluesschemas kann nun mit der Bluestonleiter improvisiert werden. Am Anfang empfiehlt es sich die Gruppe in zwei Hälften aufzuteilen: Eine Hälfte spielt die Begleitung, die andere Hälfte improvisiert – alle gleichzeitig und durcheinander. Dadurch werden Hemmungen abgebaut. Später kann eine Form mit Soloimprovisationen verabredet werden: Das Bluesschema wird ständig wiederholt; reihum improvisiert jeder über eine Strophe. Diese Form kann als *Chorusimprovisation* bezeichnet werden, da jeder über eine Bluesstrophe (= Chorus) improvisiert.

Beim *Improvisieren* sollte man zunächst einfach „drauflosspielen". Tempo und Rhythmus des Spiels sind auch hier wichtiger als richtige Töne und passende Melodien. Nach einigen Wiederholungen kann versucht werden bei den Akkordwechseln immer mit dem Grundton des neuen Akkordes zu beginnen. An dieser Aufgabe kann lange gearbeitet werden. Sie zwingt die Solisten dazu, während ihres Spiels den harmonischen Ablauf genau mitzuverfolgen. Erfahrungsgemäß werden die besseren Spieler dadurch so motiviert, dass sie sich aus der Improvisation heraus eine eigene Bluesmelodie zurechtlegen und auswendig behalten.

Bei sehr interessierten Gruppen kann aufbauend auf dieser Spielerfahrung Improvisationstechnik im engeren Sinne geübt werden. Eine bewusste

Improvisation setzt sich aus kleinen melodischen Bausteinen zusammen, die meist mehrmls hintereinander wiederholt werden. Solche Bausteine werden auch „Riffs" genannt. Nach und nach können die bereits erlernten Riffs miteinander kombiniert und dadurch wieder neue gewonnen werden. So entsteht ein musikalisches „Vokabular", mit dem gearbeitet, sprich improvisiert werden kann.

Einige Bluesriffs für Blues in A

Aufgaben

1   Erläutern Sie den Unterschied zwischen einer pentatonischen Tonleiter und einer Bluestonleiter. Worin bestehen die verschiedenen Einsatzmöglichkeiten?

2   Gestalten Sie in Ihrer Lerngruppe einen Blues mit Chorusimprovisationen.

3   Spielen Sie die Bluesriffs und versuchen Sie diese auch auf andere Tonarten zu übertragen.

4   Verwenden Sie die Riffs in Improvisationsversuchen.

6.4.4   Entwicklung eigener Songs

Das Entwickeln eigener Songs ist leichter, als man zunächst vermutet. Insbesondere durch die Zusammenarbeit in der Gruppe kommen viele Talente und Ideen zusammen, mit denen die Hindernisse überwunden werden können, die man alleine vielleicht nicht schaffen würde. Außerdem muss nicht gleich ein völlig eigenständiger Song entstehen.

Für den Anfang empfiehlt es sich, die Melodie und die Akkorde eines vorhandenen Liedes zu nehmen und mit einem *neuen Text* zu versehen. Eine lohnende Aufgabe ist es bereits einen englischen Text in einen gereimtem und singbaren deutschen Text zu übersetzen. Zu Liedern, deren Textinhalt geistlos oder problematisch erscheint, könnten „Gegentexte" entworfen werden, die die Geistlosigkeit entlarven oder gegensätzliche Aussagen vertreten. Mit dieser Methode können auch die Gefahren von Textinhalten (z. B. Okkultismus, Gewaltverherrlichung, Drogen) bearbeitet werden. Ebenso können Texte entwickelt werden, die zu dem Originaltext in keinem Bezug stehen. In jedem Fall muss sich der neue Text in Betonung, Zeilenlänge und Reimform der vorgegebenen Melodie unterordnen. Andererseits kann sich der Rhythmus durch den neuen Text auch ein wenig verändern. Durch derartige Übungen kann viel über die Singbarkeit von Texten erfahren werden.

Das kommt der Gruppe zu Gute, wenn sie sich daran macht *eigene Texte* für selbst zu findende Melodien zu schreiben. Dazu muss ein Thema festgelegt und eine Reimform gefunden werden. Vieles hängt hier von der ersten Textzeile ab. Sie gibt die Länge und die Betonungen für die folgenden Zeilen vor. Für den Refrain und eventuell eine Bridge können dann wieder neue Formen gefunden werden. Die Strophen sollten sich aber im Aufbau gleichen.

Für das *Vertonen* des Textes gibt es grundsätzlich zwei verschiedene Vorgehensweisen. Man kann sich zuerst eine Melodie ausdenken und anschließend die passenden Akkorde dafür suchen. Besonders für Gitarristen ist aber auch die umgekehrte Reihenfolge möglich. Man wählt zuerst einen zum beabsichtigten Songcharakter passenden Schlagrhythmus aus. Zu diesem Schlagrhythmus kann zu einem beliebigen Akkord der Text rhythmisch gesprochen werden. Im nächsten Schritt wird zu dem Text eine Akkordfolge entwickelt. Die Akkorde werden aus den Haupt- und Nebenakkorden einer Tonart ausgewählt (siehe Kap. Musiklehre). Aus dem rhythmischen Sprechen zu der Akkordfolge ergeben sich nun immer mehr melodische Ideen, die allmählich zu einer Gesamtmelodie verschmelzen.

Eine weitere Möglichkeit für das Schreiben von Songs ist die Verwendung des im vorhergehenden Abschnitt beschriebenen Bluesschemas. Das Bluesschema bietet nicht nur eine Akkordfolge, sondern auch eine Gliederung des Textes an. Der typische Bluestext gliedert die 12 Takte in drei Viertaktgruppen. Auf die Takte 1–4 wird eine Aussage getroffen, auf die Takte 5–8 wird diese Aussage wiederholt, auf die Takte 9–12 erfolgt dann eine Folgerung oder Weiterführung. Für jede Strophe ist somit nur ein Reimpaar erforderlich. Im folgenden Beispiel der ersten Strophe des Backwater Blues wird dies deutlich.

Backwater Blues

	A		A7	
Takt 1–4:	When it rains five days and the sky turns dark as night,
	D7		A7	
Takt 5–8:	when it rains five days and the sky turns dark as night,
	E7	D7	A7	E7
Takt 9–12:	there's trouble taking place in the lowlands at night.

Natürlich kann man auch von diesem Textschema abweichen, aber gerade für den Anfang bietet es eine gute Unterstützung. Da das Bluesschema jeder in vielen Blues und Rock'n Roll Songs schon oft gehört hat, ergibt sich die Melodiebildung aus dem spontanen Singen. Durch das Üben der Begleitakkorde im swingenden Rhythmus entsteht das „Blues-Feeling", das durch die festgelegte Akkordfolge und die dazugehörige Bluestonleiter erzeugt wird. Diese Bluestonleiter wird durch unsere Hörgewohnheit beim Singen zum Bluesschema meist bereits unbewusst verwendet.

1 Erstellen Sie eine Liste von Themen, zu denen Liedtexte geschrieben werden könnten.

2 Bilden Sie Kleingruppen und entwickeln Sie einen eigenen Song. Wählen Sie eine der vorgestellten Methoden aus.

6.4.5 Aufnahme- und Computertechnik

Eine Aufnahme kann für das Üben eines Songs ein genauso wichtiges Ziel darstellen wie eine Vorführung. Für eine so genannte Live-Aufnahme, bei der der gesamte Song in einem Aufnahmevorgang eingespielt wird, ist lediglich ein Stereokassettenrecorder mit Aufnahmemöglichkeit für zwei Mikrofone erforderlich.

Eine bedeutend bessere Qualität lässt sich aber mit Mehrspuraufnahmen erzielen. Hierbei können die einzelnen Mitglieder oder Teile der Gruppe nacheinander aufgenommen werden ohne das Vorhergehende zu löschen. Für jede Aufnahmegruppe ist eine unterschiedliche Klangregelung möglich. Ebenfalls kann jede einzelne Spur im Nachhinein noch mit Effekten wie Hall, Echo oder Chorus bearbeitet werden.

> *Folgende Grundausstattung ist für Mehrspuraufnahmen notwendig:*
> * *Vier- oder Achtspurrekorder auf Kompaktkassettenbasis mit integriertem Mischpult.*
> * *Etwa drei dynamische Mikrofone, wovon eines ein Gesangsmikro sein sollte.*
> * *Ein Multieffektprozessor, der dem aufgenommenem Material Hall, Delay oder Chorus hinzufügen kann.*
> * *Ein hochwertiges Kassetten-Tapedeck oder besser noch ein DAT-Recorder zum Mastern.*

Zum Vergleich mit professioneller Aufnahmetechnik ist es sicher sinnvoll mit der Gruppe ein Tonstudio zu besuchen und sich einige Tips beim Toningenieur zu holen.

Die Möglichkeiten der Mehrspurtechnik können durch Verwendung eines Computers mit einem *Sequenzerprogramm* um ein Vielfaches gesteigert werden. Der PC kann dazu eingesetzt werden, selbst Playbacks zu erstellen, eigene Arrangements zu entwickeln oder auch eigene Songs zu produzieren. Die geschieht, indem man durch ein Keyboard gespielte Noten mit dem PC aufnimmt und dann weiterverarbeitet. Die bereits eingespielten Noten können mit einem frei gewählten Klang z. B. Bass wiedergegeben werden. Zu diesen bereits eingespielten Noten können weitere aufgenommen werden. Auch diesen können unterschiedliche Klänge zugeteilt werden. So entsteht ein Arrangement mit verschiedenen Instrumenten. Das Prinzip ist ähnlich dem einer Mehrspuraufnahme in einem Tonstudio.

Viele solcher Sequenzerprogramme bieten auch einen Notenausdruck des eingespielten Materials an. So können erstellte Arrangements auch in Notenform ausgedruckt werden und zum weiteren Arbeiten genutzt werden. Durch die Arbeit mit einem Sequenzerprogramm erhalten die Jugendlichen einen Einblick in die gängige Produktionsweise von aktuellen Platten.

Darüber hinaus kann der PC als Aufnahme- und Manipulationsmedium für beliebiges Audiomaterial genutzt werden. Dies bedeutet, dass z. B. eine Stimme mit dem Mikrofon aufgenommen, digital zerlegt und gespeichert wird (wie bei einer Compact Disk). Dies funktioniert mit jedem Audiomaterial. Die Aufnahmen können dann mit Hilfe des PC geschnitten, zusammengefügt, rückwärts abgespielt, gemischt usw. werden. So können Klangcollagen selbst erstellt oder ein Video nachvertont werden.

> **Zum musikalischen Arbeiten am Computer ist folgende Ausstattung erforderlich:**
> - *Ein aktueller Prozessor mit ausreichendem Arbeitsspeicher und ausreichend großer Festplatte.*
> - *Eine Sound- oder MIDI-Karte – sie dient dazu ein MIDI-fähiges Keyboard, als Eingabemedium oder Klangerzeuger, mit dem PC zu verbinden.*
> - *Ein Keyboard mit MIDI-Anschluss, General MIDI Soundbelegung, multitimbraler Klangerzeugung und/oder einer Soundkarte mit Wavetables.*
> - *Ein Sequenzerprogramm, welches via MIDI Noten aufnehmen und abspielen kann.*
> - *MIDI und Audiokabel.*

6.5   Zum pädagogischen Wert der Popularmusik

In den methodischen Erläuterungen der vorangegangenen Abschnitte wurde immer von Jugendlichen oder Jugendgruppen gesprochen. Die Relevanz der Popmusik und der hier erarbeiteten Inhalte und Methoden geht jedoch über die Jugendarbeit im engeren Sinne hinaus. Der verstärkte Konsum der Popmusik betrifft bereits Kinder ab dem Alter von etwa zehn Jahren, so dass in der Hort- und vor allem auch in der Heimerziehung eine aktive Auseinandersetzung mit der Musik der Jugend geboten erscheint. Dabei können folgende musikpädagogische und allgemeinpädagogische Ziele verfolgt werden:

- Mit der Popmusik geht die Erzieherin auf Inhalte ein, die die Jugendlichen intensiv beschäftigen und an die Emotionen geknüpft sind. Die Jugendlichen fühlen sich dadurch ernst genommen und werden mit einem entsprechenden Engagement an die Sache herangehen. Dies wirkt sich insgesamt positiv auf den *pädagogischen Bezug* aus.
- Durch die Informationen und praktischen Übungen erhält der Jugendliche Einblicke und Kenntnisse, die er auf andere Songs, ja auf die Popmusik überhaupt übertragen kann. Dadurch wird ein *bewussteres und auch kriti-*

scheres Hören angebahnt und die Beeinflussbarkeit durch die Medien reduziert.

- Das Hören von Popmusik ist zweifelsohne ein musikalisches Erleben für den Jugendlichen. Durch die aktive Beschäftigung wird diese *Erlebnisebene entscheidend bereichert und vertieft.*
- Dabei kann sich der Jugendliche nicht mehr nur als passiver Konsument, d. h. als Objekt, sondern als aktiver Gestalter, d. h. als Subjekt des Erlebens begreifen. Dies ist der eigentliche Kern des hierbei zu spürenden *Erfolgserlebnisses*, das die wichtigste Nahrung für die Entwicklung des *Selbstwertgefühls* darstellt.
- Besonders wichtig im Erleben der Jugendlichen ist die Gemeinschaft mit Gleichaltrigen. Das Erfolgserlebnis des Musizierens wird noch dadurch gesteigert, dass es in der Gruppe erfolgt. Die Jugendlichen erfahren gegenseitige *Bestätigung* und die Absicherung ihrer Identität im *Wir-Gefühl* der Gruppe.
- Im popmusikalischen Musizieren werden an motivierenden Inhalten wichtige *musikalische Kenntnisse* vermittelt *und Fähigkeiten* geübt.
- Dadurch kann bei Einzelnen das Interesse an einer intensiveren Beschäftigung mit einem Instrument oder mit der Stimme entstehen, so dass *individuelle Talente* entdeckt und gefördert werden können.

Je jünger die Jugendlichen sind, desto eher ergeben sich Aufgaben für die **Elternarbeit**. Neben der Verdeutlichung der oben genannten Ziele sollte vor allem die psychodynamische Funktion des Musikkonsums und der Zusammenhang zur Identitätsentwicklung des Jugendlichen besprochen werden. Dadurch können Eltern darauf vorbereitet werden, dass ihre älter werdenden Kinder ein starkes Interesse haben, einen eigenen – als individuell erlebten – Musikgeschmack zu entwickeln, der sich zumindest teilweise von dem Eltern und der älteren Generation absetzen muss. Gerade diese Abgrenzung führt aber nicht selten zur Ablehnung durch die Eltern und zum anhaltenden Konfliktstoff in der gesamten Jugendphase. Wenn die Jugendlichen aber erleben, dass ihre Eltern Interesse an ihrem Musikgeschmack haben und ihn nicht ablehnen, dann wird sich auch bei ihnen eine bleibende Gesprächsbereitschaft einstellen. Anstelle des anhaltenden Konfliktstoffes wird die Musik damit zu einem wichtigen Kommunikationsinhalt in der Jugendphase. Durch die Teilnahme an den musikalischen Interessen ihrer Kinder können Eltern auch ihren eigenen Erfahrungsbereich erweitern. Gerade dadurch können sie zur gesamten Persönlichkeitsentwicklung ihrer Kinder beitragen, weil die Jugendlichen sich ernstgenommen fühlen und ein positiver pädagogischer Bezug aufrechterhalten bleibt.

Auch die Einbeziehung der Eltern in das musikalische Geschehen kann diese Ziele unterstützen. Eltern sind immer ein dankbares und auch ein wichtiges Publikum für die Vorstellung der erarbeiteten Ergebnisse. Eventuell ergibt sich auch die Möglichkeit einzelne Eltern als Mitglieder der Musikgruppen oder als Gastspieler zu gewinnen. Vielleicht werden sogar Eltern angeregt frühere Interessen wieder zu verfolgen und gründen eine Elternband.

Wichtige Pop-Begriffe

Backbeat
Rhythmischer Akzent auf der zweiten und vierten Zählzeit jedes 4/4 Taktes; wichtiges Stilelement der Popularmusik.

Backgroundchor
Chor, der den Leadsänger ergänzt.

Bass-Drum
Größte Trommel des Schlagzeugsets, manchmal auch als Fußpauke bezeichnet.

Blues
Eine durch die Verschmelzung afrikanischer mit westlicher Musik entstandene Musikrichtung, die immer eine 12-taktige Form und eine eigene Tonskala besitzt. Er ist auch der Ursprung des Rock'n Roll und besitzt eine große Tradition im Jazz.

Boogie-Woogie
Schneller triolisch gespielter Pianostil, der meist auf der Bluesform aufbaut.

Brass-Sounds
Ein durch Keyboards synthetisch erzeugter Klang, der Blechbläser nachahmt.

Break
Kurze Pause oder auch eine rhythmische Überleitung zu einem neuen Songteil durch das Schlagzeug.

Chorus(-Effekt)
Ein Soundeffekt, der durch eine ständige leichte Verstimmung (= Modulation) einen schwebenden Sound erzeugt.

Clavinet
Ein häufig in der Funk-Musik eingesetztes Tastenistrument, welches einen sehr spitzen perkussiven Sound besitzt.

Conga
Eine beinhohe auf dem Boden stehende Trommel, die vorwiegend in brasilianischer Musik eingesetzt wird.

Crash-, Splash-, Chinabecken
Becken unterschiedlicher Größe mit kurzem, aber prägnanten Klang; werden für Akzente verwendet.

DAT-Recorder
Digitales Kassetten-Aufnahmegerät, das Aufnahmen in der Qualität einer CD erlaubt.

Demo
Eine Aufnahme, die möglichst gut den Stil einer Musikgruppe „demonstriert". Wird häufig von Konzertveranstaltern vor Abschluss eines Vertrages über einen Konzertauftritt verlangt.

Distortion
Verzerrung, meist bei E-Gitarren eingesetzt.

E.-Piano
Ein elektronisch erzeugter, dem Klavier ähnlicher Sound (z. B. Rhodes-Piano, Digital-Piano).

Festplatte
Speichermedium eines Personalcomputers.

Frontleute
Leadsänger/innen und Solisten, die den Kontakt zum Publikum herstellen und halten.

General MIDI
Eine genormte Soundbelegung bei Keyboards oder Soundkarten; z. B. Programmplatz 01 = Piano, 049 = Strings usw.

Groove
Stilistisch genau getroffenes, rhythmisches Zusammenspiel einer Band oder eines einzelnen Bandmitglieds.

Hi-hat
Zwei übereinanderliegende Becken, die durch eine Fußmechanik geschlossen und geöffnet werden können.

Hip – Out	Zwei aus der schwarzen Umgangssprache übernommen Begriffe, die bestimmen, was momentan als akzeptiert und gut bzw. als altmodisch gilt.
Keyboards	Sammelbegrif für alle Arten von Tasteninstrumenten wie z. B. Piano, Orgel, Synthesizer, E-Piano, Clavinet, Homekeyboard …
Latin	Sammelbegriff für alle Lateinamerikanischen Musikstile (Samba, Bossa, Mambo usw.) und deren Verschmelzung mit der Jazzmusik.
Leadsänger/in	Hauptsänger/in
Lead-sheet	Melodie in Notenform mit dazugehörenden Harmoniesymbolen und Text.
Leadvocals	Der musikalisch führende Sänger, der das Hauptthema singt (wird auch als Frontmann bezeichnet).
Mastern	Einer Aufnahme in Bezug auf ihre klanglichen Eigenschaften den letzten Feinschliff geben und diese Aufnahme dann sichern.
MIDI	Abkürzung für „Musical Interface for Digital Instruments" und beschreibt eine Steckverbindung, die an vielen Keyboards vorhanden ist und zum Datenaustausch benutzt wird.
Multitimbral	Bedeutet die Möglichkeit mehrere Sound eines elektronischen Klangerzeugers gleichzeitig nutzen zu können.
Optionen	Akkorderweiterungen, die mit den Stufenbezifferungen angegeben werden z. B. 7, Maj7, 13, sus, #5 usw.
Ostinato/Ostinati	Eine sich immer wiederholende musikalische Phrase.
Pad-Sounds	Ein durch Keyboards synthetisch erzeugter Klang, der eine weiche Fläche (Streichern ähnlich) erzeugt.
Pattern	Kurze rhythmische bzw. auch melodische Ostinati, die zur Begleitung von der Rhythmusgruppe benutzt werden.
Pentatonik	Eine auf 5 Töne aufbauende Tonskala, in der keine Halbtonschritte vorkommen.
Percussiver Klang	Allgemeine Bezeichnung für den Klang von Rhythmusinstrumenten im Gegensatz zum Ton eines Melodieinstruments.
Percussives Spiel	Ein Melodieinstrument wie ein Rhythmusinstrument spielen, d. h. die Töne werden nur sehr kurz angespielt bzw. gedämpft, so dass ein „percussiver Klang" entsteht.
Popularmusik	Sammelbegriff für moderne Musik wie Rock, Pop, Schlager und Jazz, wobei der Schwerpunkt meist auf dem Rock-Pop-Bereich liegt.
RAM	Arbeitsspeicher eines Personalcomputers.
Rhythmusgruppe	Bildet das musikalische Gerüst, den so genannten Background, für die Sänger/innen und Solisten.
Ride Becken	Großes Becken mit einem trockenen Ton; wird meist zum Rhythmushalten benutzt.
Riff	Kurze, rhythmisch prägnante Melodiephrase

Sequenzer	Die Möglichkeit durch MIDI gespielte Töne aufnehmen und abspielen zu können. Sequenzer gibt es in Keyboards eingebaut (= Hardware-Sequenzer) oder auch als PC-Programm (= Software-Sequenzer).
Shaker	Ein innen hohler Stab, der mit Reis oder ähnlichem gefüllt ist und ein rasselndes Geräusch erzeugt.
Snare-Drum	Auch als kleine Trommel bezeichnet; erhält durch ein über das Resonanzfell gespannten Schnarrteppich einen kurzen, lauten und rasselnden Ton.
Solo	Meist eine Improvisation über einen Teil eines Songs; manchmal auch das instrumental gespielte Hauptthema eines Instrumentalisten.
String-Sounds	Ein durch Keyboards synthetisch erzeugter Klang, der ein Streichorchester nachahmt.
Synthesizer	Elektronisches Tasteninstrument
Toms	Aufgeteilt in Hänge- und Standtoms unterschiedlicher Größe werden diese Trommeln dazu benutzt Akzente zu spielen oder die Form durch sogenannte Breaks zu unterstützen.
Vokalisation	Vorsingen einer rhythmischen oder melodischen Phrase, meist durch kurze Silben (z. B. da ba du dab)
Wavetable	Auf einer Soundkarte digital gepeicherte Klänge, die mit Hilfe eines Software-Programms oder eines MIDI-Keyboards genutzt werden können.

Literaturhinweise

ANGERMANN, L., KALSCHEUER, E.: „Special-Songs", KJG-Verlag 1997; das Heft enthält etliche der bekanntesten populären Songs in Lead-sheet-Form mit den dazugehörenden Patterns.

BERENDT, J. E.: Das große Jazzbuch, Fischer Verlag, Frankfurt/Main 1988

FIEDLER, W.: Songwriter's Guide. Das Handbuch für die Komponier- und Arrangierpraxis, AMA Verlag, Brühl 1996

HEUGER, M., PRELL, M.: Popmusic – yesterday, today, tomorrow, ConBrio Verlag, Regensburg 1995

HOCK, J., MERGET, G.: Patterns and Pieces, Reihe Metronomics Bände 2 und 3, Fidula Verlag, Boppard 1996

LUGERT, W. D., SCHÜTZ, V.: Zeitschrift für die Praxis des Musikunterrichts, Vierteljahreszeitschrift mit CD, Institut für Didaktik populärer Musik, Oldershausen. Jedes Heft enthält u. a. Arrangements aktueller Songs.

ROHRBACH, K.: Rockmusik – Grundlagen, Institut für Didaktik populärer Musik, Oldershausen 1992

RUMPF, W.: Stairway to Heaven – Kleine Geschichte der Popmusik von Rock'n'Roll bis Techno, Verlag C. H. Beck, München 1996

7 Musiklehre

In diesem Kapitel werden die elementaren Grundkenntnisse der Musiklehre erläutert. Es dient zum Verständnis der Grundlagen und soll zum Nachlesen und zum Nachschlagen herangezogen werden. Der Gebrauch der hier beschriebenen Elemente erfordert jedoch eine kontinuierliche Übung. Im Kapitel 8 wird der Umgang mit Rhythmen erarbeitet. Im Kapitel 9 wird der Umgang mit Melodien und Akkorden geübt.

7.1 Die Notenschrift

Töne bestehen aus einer Tonhöhe und einer Tondauer. Um diese festzulegen, werden Noten in ein Notensystem eingetragen. Dies bezeichnet man als Notation.

7.1.1 Das Notensystem

Das Notensystem besteht aus fünf Notenlinien sowie vier Zwischenräumen. Eröffnet wird ein solches Notensystem immer mit einem Notenschlüssel. Die wichtigsten Notenschlüssel sind der Violinschlüssel, der Bassschlüssel und der Percussionsschlüssel. Ein Notenschlüssel legt die Position eines Bezugstons im Notensystem fest und bestimmt damit den Tonraum, den das Notensystem umfasst.

 Der Violinschlüssel (auch G-Schlüssel) umkreist die zweite Linie und legt dadurch die Position des Tones „G^1" (= eingestrichenes G) fest. Er ist der gebräuchlichste von allen Notenschlüsseln. Die meisten Melodieinstrumente werden in ihm notiert. Die Melodiestimme eines Liedes steht grundsätzlich im Violinschlüssel.

 Der Bassschlüssel (auch F-Schlüssel) beginnt auf der vierten Linie und gibt damit die Position des Tones „f" (= kleines F) an. Er wird verwendet, wenn tiefe Noten notiert werden sollen. Tiefe Instrumente wie z. B. Posaune, E-Bass und Männerstimmen im Chorsatz werden im Bassschlüssel notiert.

 Der Percussionsschlüssel findet Verwendung, wenn ausschließlich Rhythmen für das Schlagzeug und andere Rhythmusinstrumente notiert werden.

7.1.2   Tonhöhe und Notennamen

Um die Tonhöhe einer Note festzulegen, erhält sie einen bestimmten Platz im Notensystem, das heißt, sie liegt auf einer bestimmten Linie oder in einem bestimmten Zwischenraum. Je höher die Note im Notensystem ist, desto höher ist auch ihre Tonhöhe. Für Töne, die unter- oder oberhalb des Notensystems liegen, bedient man sich so genannter Hilfslinien. Die Namen der Noten sind vom Alphabet abgeleitet und beschränken sich eigentlich auf die ersten sieben Buchstaben also A-B-C-D-E-F-G. Im deutschen Sprachraum wird die Note B jedoch mit dem Buchstaben H bezeichnet, so dass die Übereinstimmung mit dem Alphabet gar nicht mehr ersichtlich ist. In der internationalen Musiksprache ist hingegen die Bezeichnung B üblich. Die Töne im Violinschlüssel heißen also:

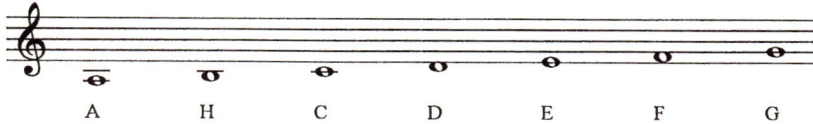 

Diese Töne werden auch als *Stammtöne* bezeichnet. Die Stammtonreihe setzt sich nach oben und nach unten in weiteren Wiederholungen fort. Jede Wiederholung der Stammtonreihe stellt einen Oktavbereich dar. Um die Oktavbereiche zu unterscheiden, erhalten sie folgende Bezeichnungen: Subkontra-Oktave, Kontra-Oktave, große Oktave, kleine Oktave, eingestrichene Oktave, zweigestrichene Oktave, dreigestrichene Oktave, viergestrichene Oktave. Ein neuer Oktavbereich beginnt jeweils beim Ton C. Zur genauen Bezeichnung erhält ein Ton somit einen kleinen oder großen Buchstaben mit der entsprechenden Anzahl von Strichen oder eine hochgestellte Ziffer. Das folgende Notenbild enthält die drei wichtigsten Oktavbereiche:

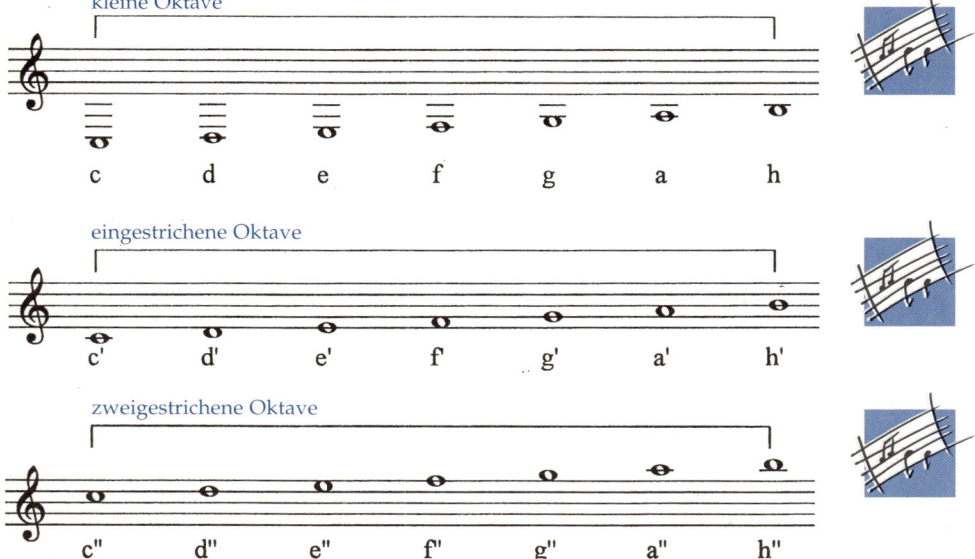

Noten ab der kleinen Oktave abwärts können leichter im Bassschlüssel gelesen werden. Das folgende Notenbild zeigt von c' ausgehend die kleine und die große Oktave abwärts im Bassschlüssel.

c' h a g f e d c H A G F E D C

Versetzungszeichen

Mit Hilfe von Versetzungszeichen kann jeder Stammton noch um einen Halbton erhöht oder erniedrigt werden. Um eine Note um einen Halbton zu erniedrigen, schreibt man das Versetzungzeichen ♭ vor die jeweilige Note. Auch die Namen der Noten ändern sich:

H	⟹	B
E	⟹	Es
A	⟹	As
D	⟹	Des
G	⟹	Ges
C	⟹	Ces
F	⟹	Fes

Das gleiche Verfahren wird mit dem Versetzungszeichen ♯ angewandt um eine Note um einen Halbton zu erhöhen. Die Namen ändern sich dann folgendermaßen:

F	⟹	Fis
C	⟹	Cis
G	⟹	Gis
D	⟹	Dis
A	⟹	Ais
E	⟹	Eis
H	⟹	His

Somit ergeben sich für den gleichen Ton unterschiedliche Namen:

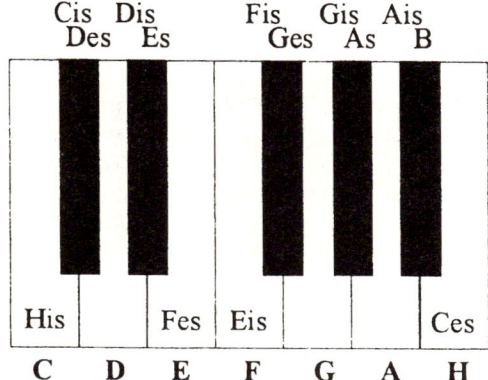

<mark>Ein Versetzungszeichen gilt für die Dauer eines Taktes.</mark> Steht ein Verset-zungszeichen am Anfang eines Musikstückes, gilt es für dessen gesamte Dauer und wird dann *Vorzeichen* genannt. Aufgehoben werden kann ein Ver-setzungszeichen durch ein *Auflösungszeichen* ♮, das ebenfalls <mark>für die Dauer des jeweiligen Taktes gilt.</mark>

7.1.3 Tondauer, Notenwerte und Takte

Um die Länge des erklingenden Tones festzulegen, erhält die Note einen bestimmten Notenwert. Dieser wird durch ein unterschiedliches Aussehen der Notenformen gekennzeichnet. Jedem Notenwert ist ein gleich langer Pausenwert zugeordnet – das Zeichen für Stille.

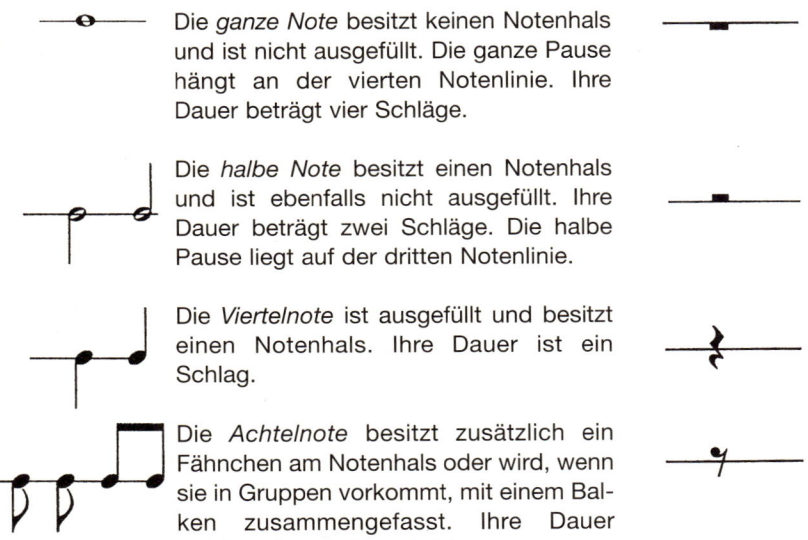

Die *ganze Note* besitzt keinen Notenhals und ist nicht ausgefüllt. Die ganze Pause hängt an der vierten Notenlinie. Ihre Dauer beträgt vier Schläge.

Die *halbe Note* besitzt einen Notenhals und ist ebenfalls nicht ausgefüllt. Ihre Dauer beträgt zwei Schläge. Die halbe Pause liegt auf der dritten Notenlinie.

Die *Viertelnote* ist ausgefüllt und besitzt einen Notenhals. Ihre Dauer ist ein Schlag.

Die *Achtelnote* besitzt zusätzlich ein Fähnchen am Notenhals oder wird, wenn sie in Gruppen vorkommt, mit einem Bal-ken zusammengefasst. Ihre Dauer beträgt einen halben Schlag.

 Die *Sechzehntelnote* wird durch zwei Fähnchen, bzw. durch zwei Balken gekennzeichnet. Ihre Dauer ist ein viertel Schlag.

 Die Tondauer kann des Weiteren durch einen Punkt hinter der Note um die Hälfte ihres Wertes verlängert werden. Eine *punktierte Viertelnote* dauert somit eineinhalb Schläge; eine *punktierte Halbe* dauert drei Schläge.

Die Taktarten

Der Takt ist eine Maßeinheit, die die Notenwerte eines Musikstückes in gleich große Gruppen gliedert. Ein 4/4-Takt hat die Dauer von vier Viertelnoten. Diese werden als *Zählzeiten* eines Taktes bezeichnet. Die obere Zahl der Taktbezeichnung beschreibt dabei die Anzahl, die untere Zahl die Art der Notenwerte für die Festlegung der Zählzeiten. Ein 4/4 Takt hat also vier Zählzeiten, ein 3/4-Takt hat drei Zählzeiten. Die erste Zählzeit ist in jeder Taktart betont, die anderen Zählzeiten sind unbetont. Die gebräuchlichsten Taktarten sind: 4/4-Takt, 2/4-Takt, 3/4-Takt und 6/8-Takt.

Aufgaben

1 Wie heißen die folgenden Töne?

2 Notieren Sie 4/4- und 3/4-Takte unter Verwendung von Halben und Vierteln.

3 Notieren Sie 4/4- und 3/4-Takte unter Verwendung von Halben, Vierteln und Achteln.

4 Notieren Sie 4/4- und 3/4-Takte mit beliebigen Noten und Pausenwerten.

7.2 Die Tonleitern

Die Tonabstände der aufeinander folgenden Töne der Stammtonreihe sind nicht gleich. Sie unterscheiden sich in Ganz- und Halbtonschritte. Eine Klaviertastatur kann dies verdeutlichen:

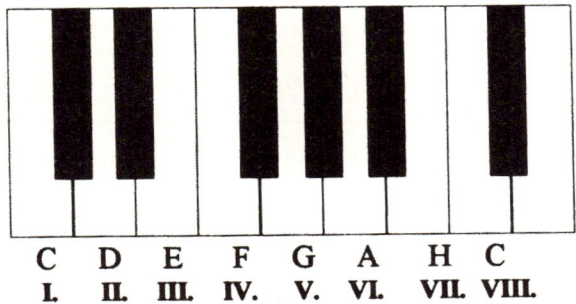

Die weißen Tasten des Klaviers entsprechen der Stammtonreihe. Geht man von Taste zu Taste, also weiß – schwarz – weiß – schwarz – weiß – weiß – schwarz ..., erhält man ausschließlich Halbtonschritte. Geht man dagegen nur auf den weißen Tasten aufwärts, erhält man sowohl Ganzton als auch Halbtonschritte. Die Halbtonabstände der weißen Tasten kommen, wie in der Abbildung zu sehen ist, zwischen den Tönen E und F und zwischen den Tönen H und C vor. Diese Halbtonabstände zwischen E und F und zwischen H und C werden als *natürliche Halbtöne* bezeichnet. Sie sind die einzigen Halbtonschritte, die ohne Verwendung von Versetzungszeichen notiert werden können.

7.2.1 Die Dur-Tonleiter

Beginnt man die Stammtonreihe mit dem Ton C, so erhält man die C-Dur Tonleiter. Jeder Ton einer Tonleiter erhält eine nummerierte Stufe. Die natürlichen Halbtöne liegen somit zwischen der III. und IV. sowie zwischen der VII. und VIII. Stufe.

C-Dur-Tonleiter

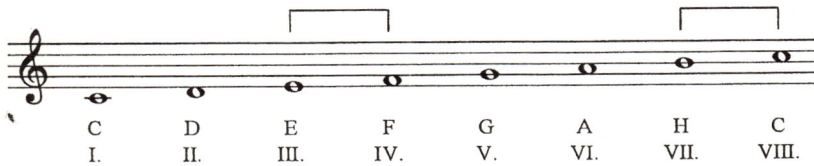

Diese Lage der Halbtonschritte zwischen der III. und IV. und VII. und VIII. Stufe ist nun das wesentliche Merkmal für eine Durtonleiter. Beginnt man eine Tonleiter auf einem anderen Ton der Stammtonreihe, so liegen die natürlichen Halbtonschritte zwischen anderen Stufen. Um die Halbtonanordnung einer Dur-Tonleiter herzustellen, müssen dann einzelne Töne mit den Versetzungzeichen erhöht oder erniedrigt werden. Für die *Tonleiter in F-Dur* genügt es den Ton H auf B zu erniedrigen. Die Halbtonschritte liegen damit zwischen A und B und zwischen E und F. Das Versetzungszeichen wird als Vorzeichen an den Anfang der Notenzeile gestellt.

F-Dur-Tonleiter

 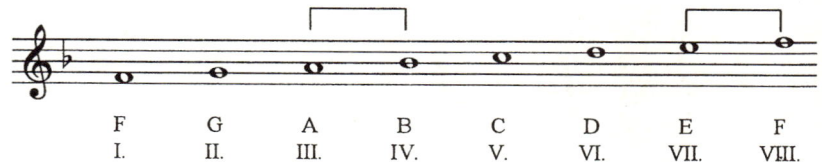

F	G	A	B	C	D	E	F
I.	II.	III.	IV.	V.	VI.	VII.	VIII.

Für die *Tonleiter in G-Dur* wird der Ton F auf Fis erhöht. Die Halbtonschritte liegen nun zwischen H und C und zwischen Fis und G.

G-Dur-Tonleiter

 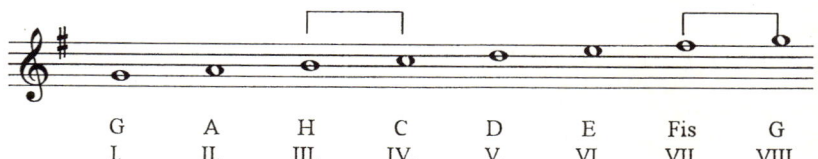

G	A	H	C	D	E	Fis	G
I.	II.	III.	IV.	V.	VI.	VII.	VIII.

Auf diese Weise erhält jede Tonleiter eine feststehende Anzahl von Vorzeichen. An den Vorzeichen ist ebenfalls die Tonart eines Musikstückes zu erkennen, das heißt, dass das Musikstück vorwiegend das Tonmaterial der betreffenden Tonleiter verwendet.

Vorzeichen der wichtigsten Dur-Tonarten

7.2.2 Die Moll-Tonleiter

Beginnt man die Stammtonreihe mit dem Ton A, so liegen die natürlichen Halbtonschritte zwischen der II. und III. und zwischen der der V. und VI. Stufe. Diese Position der Halbtonschritte ist das Merkmal der Moll-Tonleiter. Die entstehende Tonleiter heißt nun *A-Moll*.

A-Moll-Tonleiter

 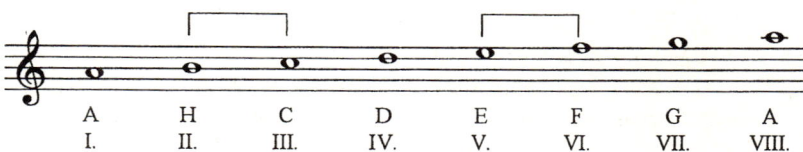

A	H	C	D	E	F	G	A
I.	II.	III.	IV.	V.	VI.	VII.	VIII.

Die A-Moll-Tonleiter besitzt ebenso wie die C-Dur-Tonleiter keine Vorzeichen. Auch zu jeder anderen Dur-Tonleiter gibt es eine Moll-Tonleiter, die die gleichen Vorzeichen aufweist. Diese werden als *parallele Tonleitern bzw. parallele Tonarten* bezeichnet. Der Grundton (= Anfangston) der Moll-Tonleiter liegt dabei immer eine kleine Terz unter dem Grundton der parallelen Dur-Tonleiter.

Vorzeichen der wichtigsten Moll-Tonarten

Um die *Tonart* eines Musikstückes genau zu bestimmen, muss somit außer den Vorzeichen noch der Schlusston bzw. der Schlussakkord beachtet werden. Ein Musikstück endet in der Regel mit dem Grundton der betreffenden Tonleiter bzw. mit dem Akkord der ersten Stufe.

7.2.3 Die pentatonische Tonleiter

Der Begriff *Pentatonik* leitet sich aus der griechischen Zahl *penta* (= fünf) ab. Somit wird in der pentatonischen Tonleiter der Tonabstand einer Oktave in fünf Töne eingeteilt. Sie entsteht durch Entfernen des vierten und des siebten Tones der Dur-Tonleiter.

C – Pentatonik

Zu jeder Dur-Tonleiter kann so die entsprechende pentatonische Tonleiter gebildet werden. Die Tonabstände der pentatonischen Tonleiter sind nun: Ganzton – Ganzton – eineinhalb Töne – Ganzton – eineinhalb Töne. Die pentatonische Tonleiter enthält also keine Halbtonschritte. Daher weist sie keinen Dur- oder Moll-Charakter auf. Dennoch wird vor allem in der Pop-Musik von Dur- und Moll-Pentatonik gesprochen. Die Moll-Pentatonik entsteht dabei ebenfalls durch Entfernen der Halbtonschritte aus der Moll-Tonleiter. Dabei fällt der zweite und der sechste Ton weg. (zu Verwendung von pentatonischen Tonleitern vgl. Kap. 4.2 und 9.9.1)

1 Notieren Sie die Tonleitern der angegebenen Dur- und Moll-Tonarten und kennzeichnen Sie die Position der Halbtonschritte.

2 Leiten Sie daraus die jeweilige pentatonische Tonleiter ab.

3 Suchen Sie aus einem Liederbuch Beispiele für die hier genannten Tonarten. Prüfen Sie den Zusammenhang zwischen Vorzeichen und Schlusston.

Aufgaben

7.3 Akkorde

Ein Akkord ist ein Zusammenklang von mehreren Tönen mit bestimmten Tonabständen.

7.3.1 Intervalle

Der Abstand zwischen zwei Tönen wird Intervall genannt. Die Intervallbezeichnungen sind aus den lateinischen Ordnungszahlen abgeleitet. Sie können als Abstände der Töne einer Dur- oder Moll-Tonleiter vom Grundton verdeutlicht werden.

Intervallbezeichnungen

Prim   kleine Sekunde   große Sekunde   kleine Terz   große Terz   Quarte

Quinte   kleine Sexte   große Sexte   kleine Septime   große Septime   Oktave

Bei Sekunde, Terz, Sexte und Septime gibt es jeweils kleine und große Formen, die sich durch einen Halbton unterscheiden. Die große Terz und die große Septime treten in der Dur-Tonleiter auf. Daher wird zum Teil auch von Dur-Terz und Dur-Septime gesprochen. Die kleine Terz und die kleine Septime treten in der Moll-Tonleiter auf und werden auch als Moll-Terz und Moll-Septime bezeichnet.

7.3.2 Akkordaufbau

Dur- und Moll-Akkorde sind Dreiklänge. Sie bestehen also aus drei Tönen im Abstand von Grundton, Terz und Quinte. Der Unterschied zwischen Dur- und Moll-Dreiklang liegt in der Terz. Im Dur-Akkord wird die große Terz und im Moll-Akkord die kleine Terz verwendet. Dementsprechend unterscheidet sich der Klangcharakter der Akkorde: Der Moll-Akkord wird allgemein eher als weich und traurig empfunden, der Dur-Akkord eher als hart und fröhlich.

C-Dur-Dreiklang

C-Moll-Dreiklang

In der *Akkordbezifferung* werden für Dur-Akkorde Großbuchstaben verwendet: *C-Dur = C*. Moll-Akkorde werden entweder mit Kleinbuchstaben oder mit einem angehängten „m" bezeichnet: *C-Moll = c oder Cm*.

Mit drei Tönen können auch *verminderte oder übermäßige Akkorde* gebildet werden. Bei verminderten Akkorden werden zwei kleine Terzen übereinandergelegt. Zur Akkordbezeichnung wird dem Großbuchstaben eine hochgestellte Null oder die Abkürzung „dim" für „diminuiert" beigefügt: *C vermindert = C° oder Cdim*. Übermäßige Akkorde bestehen aus zwei großen Terzen und werden mit einem Pluszeichen kenntlich gemacht: *C übermäßig = C+*.

Zu einem Dur- oder Moll-Akkord können noch Zusatztöne (Optionen) hinzukommen und so den Dreiklang zu einem Vier- oder Fünfklang erweitern. Diese werden mit einer Ziffer kenntlich gemacht. Die Ziffer bezeichnet das Intervall zwischen dem Zusatzton und dem Grundton des Akkordes: *C7 = C-Dur-Akkord mit zusätzlicher Septime* (siehe auch Kap. 6.3.1).

Akkordbezifferung	
C-Dur	*C*
C-Moll	*Cm oder c*
C vermindert	*Cdim oder C°*
C übermäßig	*C+*
C-Dur mit Option	*C7, C6, C9, C4*
C-Moll mit Option	*Cm7, Cm6, Cm9, Cm4*

7.3.3 Haupt- und Nebenakkorde

Auf jeder Stufe einer Dur-Tonleiter kann ein Dreiklang gebildet werden. Auf der ersten, vierten und fünften Stufe ergeben sich Dur-Akkorde. Auf der zweiten, dritten und sechsten Stufe ergeben sich Moll-Akkorde.

Haupt- und Nebenakkorde in C-Dur

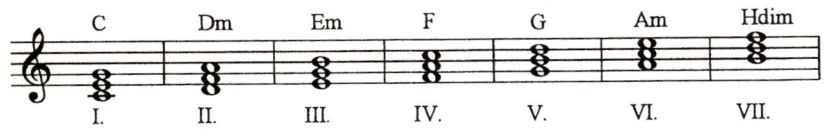

Die *Hauptakkorde*, die zur harmonischen Begleitung von Melodien hauptsächlich herangezogen werden, liegen immer auf der ersten, vierten und fünften Stufe. Die Akkorde der zweiten, dritten und sechsten Stufe werden als *Nebenakkorde* bezeichnet.

Für eine Moll-Tonleiter ergeben sich Dur- und Moll-Akkorde auf anderen Stufen. Dennoch sind auch hier die Hauptakkorde auf der ersten, vierten und fünften Stufe. Die Nebenakkorde finden sich auf den Stufen drei, sechs und sieben.

Haupt- und Nebenakkorde in A-Moll

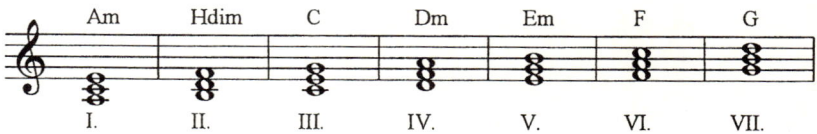

	Am	Hdim	C	Dm	Em	F	G
	I.	II.	III.	IV.	V.	VI.	VII.

Eine Akkordverbindung ist eine Folge unterschiedlicher Akkorde. Akkordverbindungen zwischen den Hauptakkorden werden als Kadenzen bezeichnet. Sie sind für die harmonische Begleitung von Liedmelodien besonders wichtig. Die Kadenzen der meist verwendeten Tonarten sind im Kapitel „Gestaltung mit Stabspielen" (Abschnitt 2.2) aufgeführt.

Aufgaben

1 Notieren Sie die Dur-Akkorde auf den Grundtönen D, E, A und H.

2 Notieren Sie die Moll-Akkorde auf den Grundtönen C, F, G und H.

3 Notieren Sie die Haupt- und Nebenakkorde der Tonarten G-Dur, D-Dur, F-Dur und B-Dur.

4 Notieren Sie die Haupt- und Nebenakkorde der Tonarten E-Moll, H-Moll, D-Moll und G-Moll.

Literaturhinweise

ALBRECHT, E.: Grundlagen der Musikerziehung für Erzieher und Sozialpädagogen, Stam Verlag, Köln 1987

HAUNSCHILD, F.: Die neue Harmonielehre, AMA-Verlag, Brühl 1994

HEMPEL, CH.: Neue allgemeine Musiklehre, Schott Verlag, Mainz 1997

GESELBRACHT, E.: Der musikalische Trichter, Fidula Verlag, Boppard 1985

8 Übungen mit Rhythmen

Spielen – Lesen – Notieren

Im Kapitel Musiklehre werden die rhythmischen Grundlagen der Musik mit Notenwerten, Pausenwerten und Taktarten erläutert. Das theoretische Verständnis dieser Aspekte bereitet in der Regel keine großen Schwierigkeiten, wohl aber der praktische Umgang damit. Für die musikpädagogische Arbeit der Erzieherin ist dies aber von besonderer Bedeutung. Das Verstehen von notierten, d. h. mit Noten aufgeschriebenen, Musikstücken, Liedern oder Musiziervorschlägen erfordert in erster Linie die Fähigkeit zur praktischen Umsetzung der enthaltenen Rhythmen. Ebenso ist das Ausdenken und Anleiten rhythmischer und harmonischer Begleitformen nur auf der Grundlage von entwickelten rhythmischen Fähigkeiten möglich. Die Tonfolge einer Melodie kann sich jeder mit nur geringen Kenntnissen auf einem Stabspiel zusammensuchen. Der Rhythmus muss ohne Hilfsmittel verstanden und umgesetzt werden. Dies ist ohne längerfristige kontinuierliche Übung nicht möglich.

Die Conga
Als Conga bin ich groß und rund,
mein Fell ist hart gespannt.
Man schlägt mich mit den Händen an,
dafür bin ich bekannt.

Dieses Kapitel bietet daher ein Übungsprogramm für das Verstehen und praktische Umsetzen der rhythmischen Notation. Es ergänzt somit das Kapitel Musiklehre, in welchem zugunsten eines zusammenhängenden theoretischen Überblicks auf umfassende praktische Aufgaben verzichtet wurde.

Die Übungen sind in erster Linie für Entwicklung der eigenen rhythmischen Fähigkeiten gedacht. Sie können jedoch zum großen Teil auch für das rhythmische Musizieren in Gruppen mit Kindern, Jugendlichen oder Erwachsenen eingesetzt werden. Hierbei ist die ständige Verbindung mit rhythmischer Notation nicht erforderlich.

8.1 Übungen mit Noten- und Pausenwerten

8.1.1 Rhythmen mit Ganzen-, Halben- und Viertel-Noten

Die einfachen und wichtigen Taktarten sind der 4/4-, der 3/4- und der 2/4-Takt. Der 4/4-Takt tritt in unserem Kulturkreis am häufigsten auf und ist für das rhythmische Verständnis zentral. In den Übungen wird daher der Schwerpunkt auf den 4/4-Takt gelegt.

Mit Kombinationen aus Ganzen, Halben und Vierteln gibt es genau sechs Möglichkeiten einen 4/4-Takt auszufüllen. Für den 3/4-Takt ergeben sich nur drei Möglichkeiten.

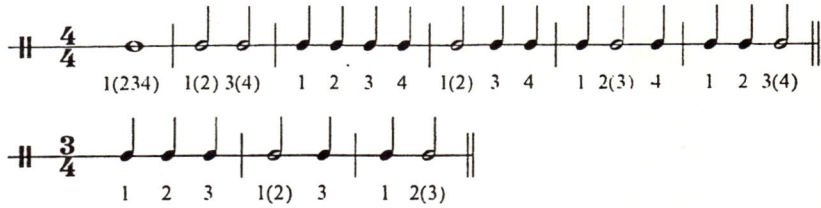

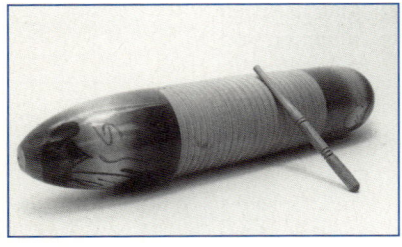

Das Guiro

Als Guiro hab' ich Rillen
und bin aus Holz gebaut.
Streicht mich mit einem Stäbchen,
dann kling' ich schrill und laut.

Wie im Kapitel Musiklehre erklärt, wird ein Takt in Zählzeiten eingeteilt. Nach diesen Zählzeiten werden die Rhythmen ausgezählt. Dabei sind die Zählzeiten, die im Rhythmus nicht zu hören sind, eingeklammert. Das Auszählen von Rhythmen dient vor allem dem Verstehen der rhythmischen Notation und der Fähigkeit sich einen Rhythmus selbständig zu erarbeiten. Es wird daher hier kontinuierlich geübt. In der Spielpraxis mit Gruppen soll darauf nicht Bezug genommen werden.

Aufgaben

1 Spielen Sie die oben stehenden Rhythmen mit Klanggesten (klatschen, patschen, stampfen) oder mit beliebigen Rhythmusinstrumenten. Sprechen Sie dabei die Zählzeiten laut mit.

2 Gruppenübung – Echospiel im 4/4-Takt: Die möglichen sechs Takte sind für alle sichtbar notiert. Ein Spieler spielt zwei beliebige Takte vor. Die Gruppe wiederholt sofort ohne Pause. Daraufhin spielt wiederum ohne Pause der Nächste vor usw.

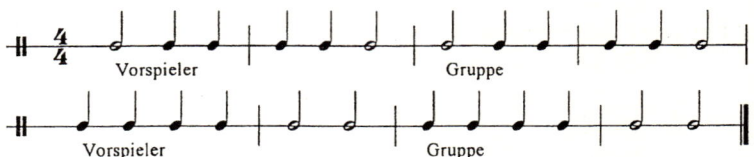

3 Bilden Sie aus vier verschiedenen Takten ein achttaktiges rhythmisches Thema. Beispiel:

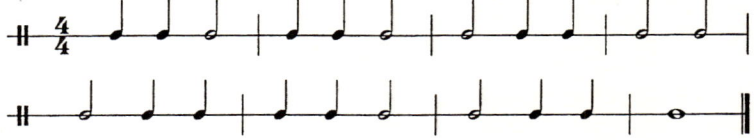

4 Gruppenübung: Spielen Sie den Rhythmus abwechselnd mit zwei verschiedenen Instrumentengruppen, z. B. Handtrommeln und Klangstäben. Erproben Sie verschiedene Möglichkeiten des Wechsels: viertaktig, zweitaktig und eintaktig. Begleiten Sie mit einer dritten Instrumentengruppe in durchlaufenden Ganzen, Halben oder Vierteln. Notieren Sie die Übung mit rhythmischer Notation.

5 Gruppenübung – Auf- und Abbau: Spielen Sie mit sechs verschiedenen Instrumentengruppen. Jede Gruppe spielt einen Takt als Ostinato, d. h. in ständiger Wiederholung. Die Gruppen setzen in zweitaktigem Abstand nacheinander ein bis alle spielen. Danach wird in der gleichen Reihenfolge wieder abgebaut. Fertigen Sie davon eine rhythmische Notation an.

6 Gruppenübung – Liedbegleitung: Begleiten Sie ein bekanntes Lied mit durchlaufenden Vierteln, Halben und Ganzen. Teilen Sie in drei Instrumentengruppen auf und spielen Sie dreistimmig.

7 Rhythmusdiktat mit den sechs verschiedenen Takten: Jeder wählt zwei beliebige Takte aus, die er der Gruppe wiederholt vorspielt. Die Gruppe notiert die Rhythmen mit Notenwerten.

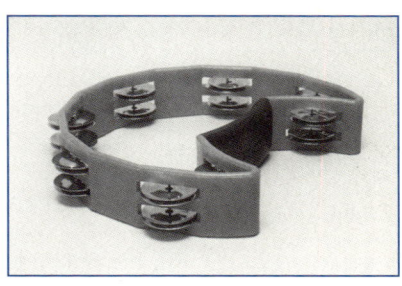

8.1.2 Rhythmen mit Halben- und Viertel-Pausen

Jedem Notenwert kann ein gleichlanger Pausenwert zugeordnet werden. In den folgenden Übungen treten nun zu den bisher verwendeten Notenwerten die Halbe- und die Viertel-Pause hinzu.

Mit der Verwendung der Pausenwerte können die bisher gebildeten Rhythmen in einer alternativen Schreibweise ausgedrückt werden. Das Abspielen mit einem Rhythmusinstrument lässt keinen Klangunterschied erkennen.

Das Tamburin

Mit meinen vielen Schellen
und dem Plastikring
bin ich für jede Rhythmusband
das helle Tamburin.

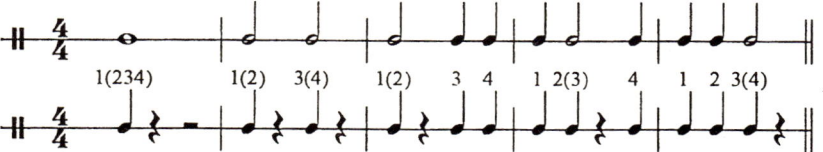

1 Schreiben Sie weitere Rhythmen mit Halben- und Viertel-Noten sowie Halben- und Viertel-Pausen. Zählen Sie die Rhythmen schriftlich aus und spielen Sie sie.

Aufgaben

Beispiele:

Für eine Halbe-Note mit folgender Viertel-Pause kann auch eine punktierte Halbe-Note stehen. Auch hier ist beim Abspielen mit einem Rhythmusinstrument kein Klangunterschied zu erkennen.

Beispiel:

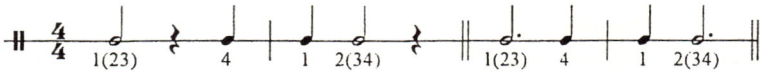

2 Gruppenübung – Auf- und Abbau: Jeder spielt einen Takt als Ostinato. Setzen Sie in viertaktigem Abstand reihum nacheinander ein, bis alle spielen; danach in gleicher Weise wieder abbauen.

3 Gruppenübung – Liedbegleitung: Begleiten Sie ein bekanntes Lied mit eintaktigen rhythmischen Ostinati aus Pausenrhythmen. Spielen Sie zunächst einstimmig alle das gleiche Ostinato. Teilen Sie dann drei verschiedene Ostinati auf drei Instrumentengruppen auf und spielen Sie dreistimmig.

8.1.3 Rhythmen mit Achtel-Noten

Für die Schreibweise der Achtel-Noten gibt es mehrere Möglichkeiten. Sie können mit Balken in Zweier- oder Vierergruppen gebündelt werden oder mit einem Fähnchen alleine stehen. Für das Auszählen wird zwischen die Hauptzählzeiten die Silbe „und" (geschrieben als +) eingefügt.

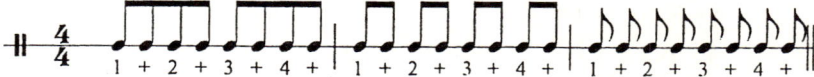

Aufgaben **1** Bilden Sie Rhythmen im 4/4-Takt mit Achtel-Noten und anderen Notenwerten und zählen Sie schriftlich aus.

Beispiele:

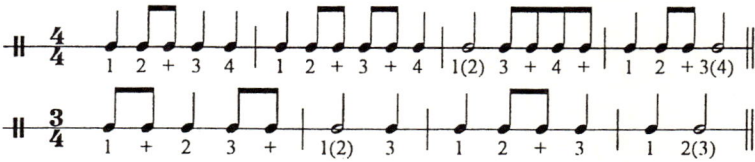

2 Bilden Sie Rhythmen im 4/4-Takt mit Einbeziehung von Achtel-Noten und Viertel-Pausen und zählen Sie schriftlich aus.

Beispiele:

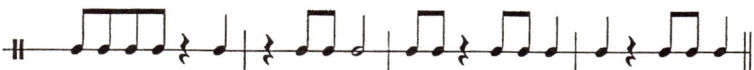

3 Gruppenübung – Echospiel: Jeder notiert für sich einen zweitaktigen Rhythmus mit freier Verwendung der bisher behandelten Noten- und Pausenwerte. Reihum spielt jeder seinen Rhythmus vor. Die Gruppe wiederholt ohne Pause. Ein Spieler spielt durchgehend den Grundschlag in Vierteln.

4 Bilden Sie ein achttaktiges rhythmisches Thema mit einer zweitaktigen Gliederung nach dem Schema a b a c. Gestalten Sie das Thema mit wechselnden Instrumentengruppen und Begleitung durch ein Ostinato.

Beispiel für ein Thema:

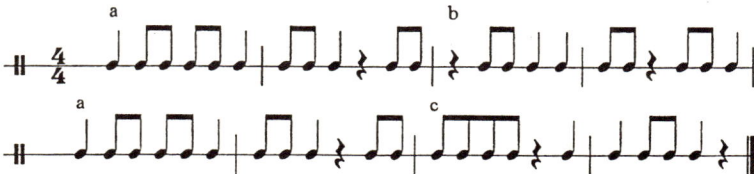

5 Bilden Sie achttaktige rhythmische Themen mit anderen Gliederungen.
Möglichkeiten: a a b b – a a b c – a a b a – a b c a

6 Gruppenübung – Rhythmusdiktat: Jeder notiert für sich einen zweitaktigen Rhythmus mit freier Verwendung der bisher behandelten Noten- und Pausenwerte. Die Beispiele werden wiederholt vorgespielt. Die Gruppe notiert die gehörten Rhythmen.

7 Spielen Sie das rhythmische Sprechstück „Meinungsverschiedenheit".
Probieren Sie dabei verschiedene Varianten aus:

- nur mit Sprache in zwei Gruppen abwechselnd,
- nur mit Instrumenten in zwei Gruppen abwechselnd,
- mit Sprache und Instrumenten im Kanon.

Meinungsverschiedenheit

aus: Heinz Benker: Mit Auftakt hebt die Sache an, Verlag Max Hieber, München 1985, hier leicht gekürzte Fassung

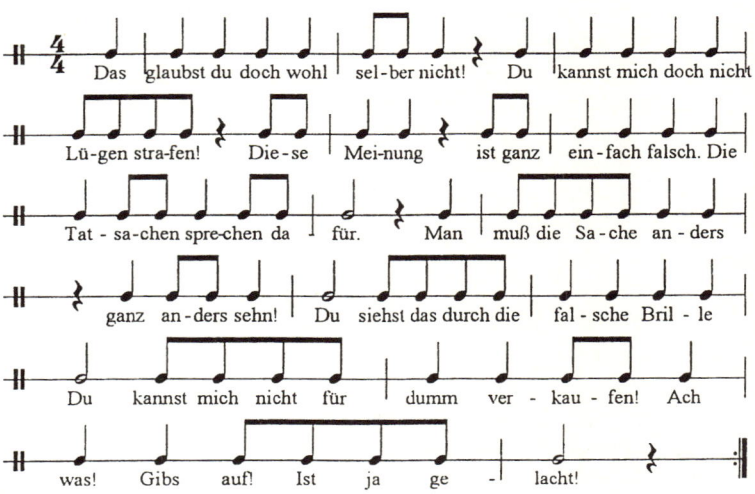

8 Wählen Sie einige der hier enthaltenen Instrumentenverse aus. Entwickeln Sie einen flüssigen Versrhythmus und fertigen Sie eine rhythmische Notation an.

9 Komponieren Sie in Gruppen ein eigenes Sprechstück. Beschränken Sie sich dabei auf Rhythmen, die Sie mit den bisher eingeführten Noten- und Pausenwerten notieren können.

8.1.4 Rhythmen mit punktierten Viertel-Noten und Achtel-Pausen

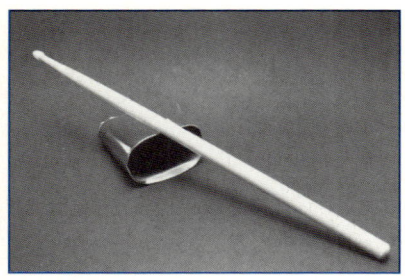

Die Kuhglocke
*Als Kuhglocke schlägt man mich
mit einem Trommelstock.
Ich klinge ziemlich kräftig,
am liebsten spiel ich Rock.*

Auf eine punktierte Viertel-Note folgt in den meisten Fällen eine Achtel-Note. Dies zusammen ergibt den typischen punktierten Rhythmus wie in den folgenden Beispielen.

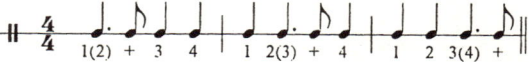

Eine punktierte Viertel-Note dauert genauso lange wie eine Viertel-Note und eine Achtel-Pause zusammen. Daher können die oben stehenden Rhythmen alternativ auch auf die folgende Weise geschrieben werden.

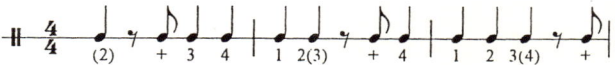

1 Bilden Sie Rhythmen mit punktierten Viertel- und folgenden Achtel-Noten und zählen Sie sie schriftlich aus. Zählen Sie beim Abspielen der Rhythmen zunächst laut mit.

2 Bilden Sie Rhythmen mit Achtel-Pausen, die nicht ebenfalls durch Verwendung der punktierten Viertel-Note ausgedrückt werden können. Solche Rhythmen haben synkopischen Charakter, d. h. die Betonungen liegen nicht auf den Hauptzählzeiten des Taktes, sondern auf den eigentlich unbetonten Zählzeiten. Sie sind daher schwerer zu spielen.

Beispiele:

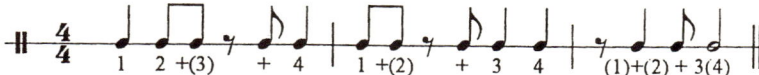

3 Gruppenübung – Liedbegleitung: Begleiten Sie ein bekanntes Lied mit eintaktigen rhythmischen Ostinati mit punktierten oder synkopischen Rhythmen. Da das gleichzeitige Singen und Spielen bei diesen Rhythmen schwieriger ist, empfiehlt sich eine Aufteilung in zwei Gruppen.

4 Gruppenübung – Auf- und Abbau: Bilden Sie vier eintaktige Ostinati mit punktierten oder synkopischen Rhythmen. Teilen Sie in vier Instrumentengruppen auf und schichten Sie die Ostinati übereinander, indem die Gruppen in viertaktigem Abstand nacheinander einsetzen, bis alle zusammenspielen; danach in gleicher Reihenfolge wieder abbauen. Es ist günstig, wenn eine fünfte Gruppe zunächst dazu durchlaufende Viertel spielt.

5 Gruppenübung – Arrangement: Entwickeln Sie aus dem Ostinatospiel eine verabredete Reihenfolge verschiedener Teile, in denen sich das Spiel einzelner Gruppen mit dem Spiel mehrerer Gruppen abwechselt.

6 Versuchen Sie auch die Gruppenübungen Echospiel und Rhythmusdiktat wie bereits beschrieben. Sie sind jedoch mit punktierten und vor allem synkopischen Rhythmen um einiges schwieriger.

8.1.5 Rhythmen mit Sechzehntel-Noten

Für das Auszählen von Rhythmen mit Sechzehntel-Noten wird an die Hauptzählzeiten sowie an das dazwischen geschobene „und" der Buchstabe „e" angehängt. Gesprochen: Eine unde zweie unde dreie unde viere unde.

Aufgaben **1** Bilden Sie Rhythmen aus Achtel- und Sechzehntel-Noten.

Beispiele:

2 Bilden Sie Rhythmen in freier Kombination aus Vierteln, Halben, Achteln und Sechzehnteln.

Beispiele:

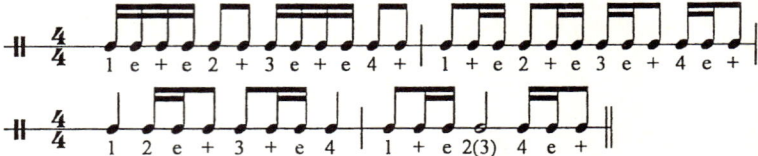

3 Gruppenübung – Rhythmusdiktat: Beschränken Sie sich dabei auf die Verwendung von Halben, Vierteln, Achteln und Sechzehnteln.

4 Das rhythmische Sprechstück „Was im Tierpark zu hören ist" für Stimme und Rhythmusinstrumente enthält alle erarbeiteten rhythmischen Elemente. Üben Sie zunächst jede Zeile getrennt. Teilen Sie dann immer mehr Gruppen ein bis alle zwölf Stimmen gleichzeitig erklingen.

Was im Tierpark zu hören ist

aus: Heinz Benker: Mit Auftakt hebt die Sache an, Verlag Max Hieber, München 1985

8.2   Übungen mit Taktarten und Dirigierfiguren

Die Dirigierübungen verfolgen nicht den Zweck, dass die Erzieherin beim Musizieren wie eine Chorleiterin vor ihrer Gruppe steht. Die Erzieherin wird in der Regel nicht dirigieren. Dennoch erfordert das Leiten ein körperliches Mitvollziehen der Musik. Das spontane Mitbewegen, das Geben von Einsätzen und Schlusszeichen wird durch das Üben der Dirigierbewegung vorbereitet. Insbesondere fördert die Dirigierübung aber die eigene rhythmische Sicherheit.

Beim Dirigieren wird der rhythmische Fluss der Musik auf einfachste Art in Bewegung übertragen, indem die Zählzeiten des Taktes an verschiedenen Stellen vor dem Körper angezeigt werden. Dadurch gelingt es, die rhythmische Ordnung besser zu durchschauen und mitzuvollziehen. Zum einen hilft das Dirigieren die unterschiedliche Charakteristik der Taktarten zu hören und zu verstehen. Zum anderen wird das musikalische Zeitgefühl geübt, d. h. das Einhalten des Tempos und das Gefühl für die Dauer kleiner musikalischer Einheiten von z. B. zwei, vier oder acht Takten. Diese Fähigkeiten sind für die musikalische Leitung von Gruppen äußerst wichtig.

In jeder Taktart erfolgt auf die Zählzeit 1 ein schwerer Schlag und auf die anderen Zählzeiten leichte Schläge. Bei einem schweren Schlag wird der Impuls nach unten gesetzt, bei einem leichten nach oben. Als Vorstellungshilfe kann man sich bei einem schweren Schlag am Auftippen eines Basketballes orientieren: Der Impuls geht nach unten. Der leichte Schlag ist eher mit einem Abfedern zu vergleichen wie z. B. beim nach oben Schlagen eines Luftballons.

Für jede Taktart ist eine vereinfachte und eine exakte Darstellung für beide Hände angeführt. Die vereinfachte Darstellung dient zur Verdeutlichung der Bewegungsrichtung und zur Vorstellungshilfe. Die Bewegung muss jedoch nach der exakten Darstellung ausgeführt werden. Besonders zu beachten sind die Impulse. Sie erfolgen genau an der Stelle der Zeichnung, an der die Ziffern stehen.

Zweiertakt
Bewegungsfolge: nach unten – hoch.

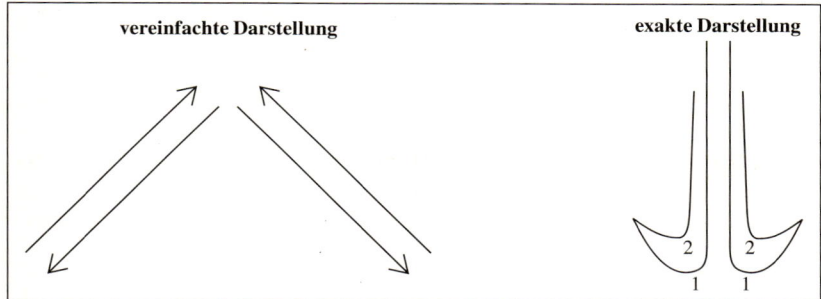

Bei der Aufwärtsbewegung gehen die Hände leicht nach außen, damit der Impuls auf die Zählzeit 2 nach innen ausgeführt werden kann.

Dreiertakt

Bewegungsfolge: nach unten – nach außen – hoch.

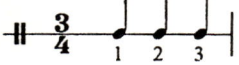

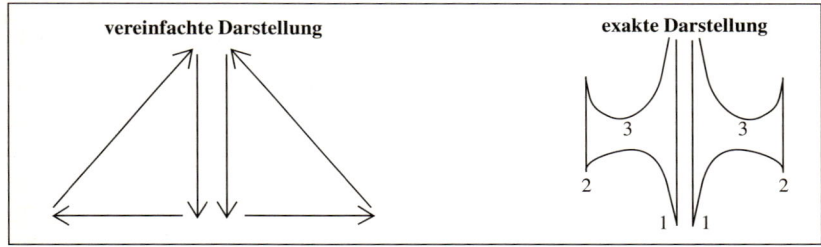

Vierertakt

Bewegungsfolge: nach unten – nach innen – nach außen – hoch.

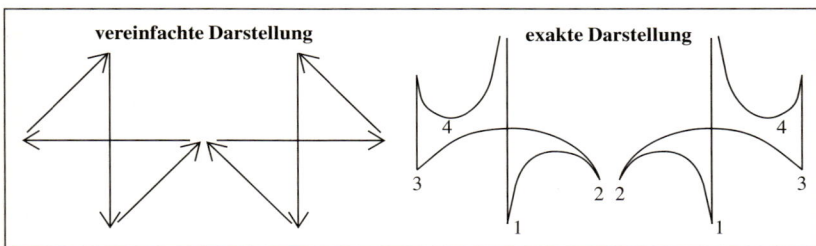

Aufgabe **1** Führen Sie die Dirigierfiguren zu Musik von einem Tonträger aus. Verwenden Sie dabei verschiedene Musikstile: klassische Musik verschiedener Epochen, Tanzmusik für Erwachsene, Kindertanzmusik, Rock- und Popmusik. Versuchen Sie zunächst die Taktart des Musikstückes durch hören herauszufinden. Achten Sie dann bei der Ausführung der Dirigierfigur darauf, ob Ihr Schlag auf die Zählzeit 1 mit dem Schwerpunkt der Musik übereinstimmt.

Das Einsatzzeichen

Das Einsatzzeichen wird auf der Zählzeit gegeben, die dem beabsichtigten Einsatz vorhergeht. Meist wird mit einem vollen Takt, also auf der Zählzeit 1 angefangen. Das Einsatzzeichen erfolgt dann auf der vorhergehenden Zählzeit 4 mit einer deutlichen Aufwärtsbewegung.

Das Schlusszeichen oder der Abschlag

Der Abschlag wird sehr individuell gehandhabt. In der Regel erfolgt auf der dem Abschlag vorhergehenden Zählzeit eine deutliche Aufwärtsbewegung – etwa wie bei der Einsatzgeste. Der Abschlag selbst kann dann mit einem kräftigen Impuls, z. B. mit einer Schleife („man bindet den Sack zu") oder mit dem Schließen der vorher offenen Hände gegeben werden.

Aufgaben **1** Gruppenübung – Einsatz: Der Dirigent wählt eine Taktart aus und gibt beliebig viele Takte vor. Die Gruppe setzt auf ein Einsatzzeichen hin ein und improvisiert mit beliebigen Rhythmusinstrumenten freie Rhythmen in der dirigierten Taktart.

2 Gruppenübung – Einsatz und Abschlag: Taktanzahl und Zählzeit des Abschlages werden vorher bekannt gegeben, z. B. 8 Takte, Abschlag auf die Zählzeit 1. Die Gruppe spielt wieder nach Einsatz des Dirigenten freie Rhythmen. Der Dirigent gibt auf die verabredete Zeit ein klares Schlusszeichen.

3 Gruppenübung – Wiedereinsatz nach Pause: Spielbeginn wie vorher; nach dem ersten Abschlag hält der Dirigent eine Pause von einigen Takten, zählt aber für sich im Takt weiter und gibt einen neuen Einsatz, usw. Variante: Es wird vorher eine Reihenfolge von Solisten festgelegt, die die so entstandenen Pausen mit Soloimprovisationen ausfüllen. Die Länge der Pausen kann nun auf vier Takte festgelegt werden.

8.3 Übungsrhythmen

Die abschließenden Übungsrhythmen sind im Schwierigkeitsgrad fortschreitend und wiederholen noch einmal
den Aufbau des Kapitels. Sie sind zur Festigung und län-
gerfristigen Übung sowohl alleine als auch in der Gruppe
gedacht. Ebenso können sie als Rhythmusdiktate dienen.

Bestimmen Sie beim Abspielen in der Gruppe immer
einen Dirigenten. Seine Aufgaben sind: Vorgeben eines
Taktes, Einsatzzeichen, Stabilisieren des Tempos durch
deutliches Dirigieren, Schlusszeichen. Die Erfahrungen
im Dirigieren sowie die Aufmerksamkeit, mit der Sie sich
beim Spielen dem Dirigenten zuwenden, geben Ihnen
zunehmende Sicherheit beim rhythmischen Musizieren
sowie beim Ablesen rhythmischer Notation.

Die Cabasa

Als Cabasa dreh ich mich
immer hin und her.
Die Perlen hältst du in der Hand,
das ist gar nicht schwer.

1) Ganze-, Halbe- und Viertel-Noten

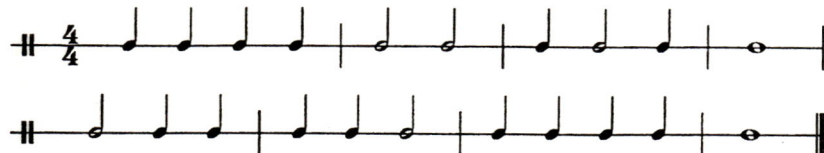

2) Halbe- und Viertel-Pausen

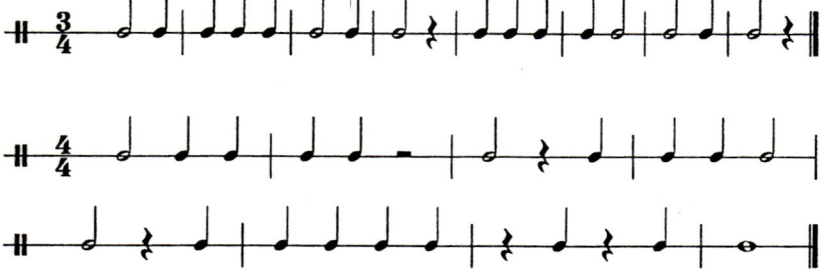

3) Achtel-Noten

4) Punktierungen

5) Sechzehntel-Noten

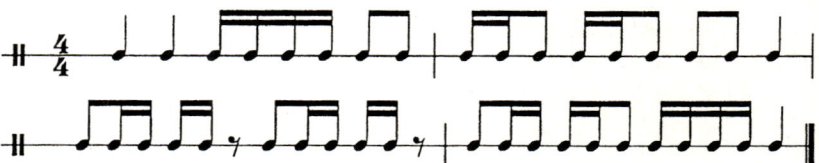

6) Synkopische Rhythmen

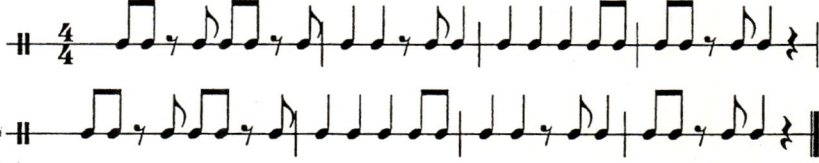

9 Gestaltung mit Stabspielen

Als Stabspiele bezeichnet man zusammenfassend die Orff'schen Melodieinstrumente Xylophon, Metallophon und Glockenspiel. Das Stabspiel ist das elementarste Melodieinstrument unseres Kulturkreises. Es ist daher für die praktische Arbeit in Gruppen ebenso geeignet wie für die Einübung der Erzieherin in die Grundlagen der Musiklehre. In diesem Kapitel werden zwei für die Praxis der Erzieherin wichtige Aufgabengebiete erarbeitet: die Vertonung von Versen und die harmonische Begleitung von Liedern mit dem Stabspiel.

9.1 Vertonung von Versen

Der Kindervers wurde bereits im Kapitel 1 „Kinderlied" als Grundlage von rhythmischen Spielen mit Sprache, Klanggesten und Rhythmus-Instrumenten behandelt. Aufgrund der überschaubaren Länge und des einfachen und klaren Sprachrhythmus eignen sich Verse – vorhandene wie selbst erstellte – auch zur eigenen Vertonung.

Das Xylophon

Als Xylophon hab' ich Stäbe,
aus ganz hartem Holz.
Auf mir sind alle Töne
und darauf bin ich stolz.

Wird hierzu eine *pentatonische Tonleiter* (vgl. Kap. 7.2.3) verwendet, so können die gesungenen Melodien auf einfachste Art von Kindern auf Stabspielen begleitet werden. Vertonung und Begleitung geschieht mit Hilfe des Stabspieles. Beides wird im Folgenden an einem Beispiel ausführlich dargestellt. Dabei geht es zunächst um die Möglichkeiten der Melodiebildung zu einem vorhandenen Text. Im zweiten Schritt wird beschrieben, wie pentatonische Melodien mit der Bordunquinte begleitet werden können. Die dabei vermittelten theoretischen Kenntnisse sind nur für die Erzieherin wichtig. Bei der praktischen Ausführung der Begleitung können jedoch Kinder beteiligt werden.

9.1.1 Bildung pentatonischer Melodien

Wie im Kapitel Musiklehre beschrieben entsteht die pentatonische Tonleiter, indem aus der Dur-Tonleiter der vierte und der siebte Ton herausgenommen wird. So entfallen die Halbtonschritte. Die pentatonischen Tonleitern auf den Grundtönen C, F und G enthalten somit keinen durch # oder b veränderten Ton. Dadurch können sie auf jedem einfachen diatonischen Stabspiel, das lediglich die Stammtöne (vgl. Kap. 7.1.2) enthält, ohne Halbtonplatten eingerichtet werden.

Die Beispiele sind hier stets in C-Pentatonik ausgeführt. Richten Sie dazu Ihr Stabspiel ein, indem Sie die Töne f und h entfernen. Die Grundlage der Melodie ist der Versrhythmus.
Versbeispiel:

> *Heute machen wir Musik,*
> *alle, die hier sind, spielen mit.*
> *Jeder spielt, so gut er kann,*
> *einer kommt nach dem andern dran.*

Versrhythmus

Jede Verszeile geht über zwei Takte. Der Rhythmus der ersten und der dritten sowie der zweiten und der vierten Zeile ist jeweils gleich.

Damit die Melodien einen einfachen, eingängigen und leicht singbaren Charakter erhalten, sollten die folgenden grundlegenden Prinzipien der Melodiebildung beachtet werden.

Die Leiermelodik

Der Begriff Leiermelodik leitet sich aus dem leiernden Vortrag von Kinderversen ab, der auf drei Töne beschränkt ist. Diese Töne befinden sich im Abstand einer kleinen Terz mit folgendem Ganzton, z. B. a–c–d. Eine solche Tonauswahl mit kleiner Terz und folgendem Ganzton enthält jede pentatonische Leiter an zwei Stellen, nämlich die Töne 3–4–5 (in C-Pentatonik e–g–a) und 5–6–7 (in C-Pentatonik a–c–d).

Töne der Leiermelodik in C-Pentatonik

Der leiernde Vortrag von Kinderversen verwendet die Töne meist in der immer gleichen Reihenfolge: c–c–a–d–c–c–a. Hier soll aber der Begriff Leiermelodik nicht nur für diese Leierform gelten, sondern insgesamt für die Beschränkung der Melodie auf die drei Töne im entsprechenden Tonabstand. Die Reihenfolge der drei Töne kann also beliebig gewählt werden. Da in jeder pentatonischen Leiter zwei Dreiergruppen mit diesen Tonabständen vorkommen, kann in der Melodiebildung gut zwischen diesen beiden Dreiergruppen abgewechselt werden.

Vers in Leiermelodik

Heu - te ma - chen wir Mu - sik, al - le, die hier sind, spie - len mit.

Je - der spielt so gut er kann, ei - ner kommt nach dem an - dern dran.

Die Stufenmelodik

In der Stufenmelodik wird kein Ton der Tonleiter übersprungen, sondern immer nur von einer auf die nächste Stufe weitergegangen. Somit kommen in der Stufenmelodik nur Tonwiederholungen und Tonschritte vor. Strenggenommen ist allerdings die kleine Terz als ein Tonsprung zu sehen. Da sie aber als Schritt in der pentatonischen Tonleiter enthalten ist, ist sie in diesem Zusammenhang eher als Tonschritt zu werten. Melodien, die sich in diesem Sinne nur auf Stufenfortschreitung nach oben oder unten beschränken, sind grundsätzlich leicht aufzufassen.

Vers in Stufenmelodik

Heu - te ma - chen wir Mu - sik, al - le, die hier sind, spie - len mit.

Je - der spielt so gut er kann, ei - ner kommt nach dem an - dern dran.

Sequenzen

Eine Sequenz ist die Wiederholung eines Motivs oder einer kurzen Melodie auf einer höheren oder tieferen Tonstufe. Für die Praxis ist es sinnvoll, ein Motiv aus zwei oder drei benachbarten Tönen zu bilden und dieses Motiv stufenweise nach oben oder unten zu rücken.

Vers mit Sequenzen

Heu - te ma - chen wir Mu - sik, al - le, die hier sind, spie - len mit.

Je - der spielt so gut er kann, ei - ner kommt nach dem an - dern dran.

Tonsprünge

Im obigen Beispiel treten mehrere Tonsprünge auf. Diese prägen sich durch die Wiederholung in den Sequenzen gut ein. Ansonsten sollte mit Tonsprüngen aber äußerst zurückhaltend umgegangen werden. Wenn etwa nach einer zwei- oder viertaktigen Melodiephrase ein neuer Teil beginnt, kann dieser Teil auf einer ganz anderen Tonleiterstufe ansetzen und somit einen Sprung erforderlich machen. Auch an einer anderen Stelle kann ein Sprung interessant sein. Im Anschluss schreitet die Melodie aber wieder mit den oben genannten Mitteln fort, so dass der Tonsprung immer mit folgenden Tonschritten und Wiederholungen ausgeglichen wird.

Gliederung der Melodie

Um eine klare Gliederung zu erzielen wird der achttaktige Rhythmus in vier Zweitaktgruppen aufgeteilt. Die Gliederung entsteht nun durch die Wiederholung, indem für die acht Takte lediglich zwei oder drei zweitaktige Melodien verwendet werden. Um die Gliederungsart zu benennen wird jeder zweitaktige Melodieausschnitt mit einem Kleinbuchstaben bezeichnet. Alle bisherigen Notenbeispiele weisen in diesem Sinne eine klare Gliederung auf.

- Beispiel in Leiermelodik: a b a b
- Beispiel in Stufenmelodik: a b a c
- Beispiel mit Sequenzen: a b a c

> **Prinzipien für die Melodiebildung**
> - *Anwendung der Leiermelodik,*
> - *Anwendung der Stufenmelodik,*
> - *Einbeziehen von Sequenzen,*
> - *Sparsame Verwendung von Tonsprüngen,*
> - *Gliederung der Melodie durch Wiederholung.*

Die Beachtung dieser Prinzipien führt mit Sicherheit zur Bildung von gut auffassbaren Melodien. Für singbare Melodien muss zusätzlich darauf geachtet werden, dass der Tonumfang im gut singbaren Bereich zwischen den Tönen a und d" liegt (vgl. Kapitel 8).

Aufgaben

1 Entwickeln Sie die pentatonischen Tonleitern in G, F und D aus den zugrunde liegenden Dur-Tonleitern.

2 Übertragen Sie die angegebenen Notenbeispiele auf je eine andere pentatonische Tonleiter.

3 Improvisieren Sie auf Ihrem Stabspiel Melodien. Wenden Sie dabei immer ein Prinzip der Melodiebildung an.

4 Improvisieren Sie Melodien und versuchen Sie dabei mehrere Prinzipien der Melodiebildung zu kombinieren.

5 Vertonen Sie einige der hier enthaltenen Instrumentenverse. Versuchen Sie dabei die besprochenen Prinzipien kombiniert zu verwenden.

6 Erfinden Sie selbst einen Text, den Sie mit den beschriebenen Mitteln vertonen.

9.1.2 Begleitung pentatonischer Melodien

Halbtonschritte erzeugen als Leittöne Spannungen, die bei der harmonischen Begleitung von Melodien das Beachten harmonischer Gesetzmäßigkeiten erforderlich machen. Das Fehlen von Halbtonschritten in der Pentatonik macht uns nun weitgehend frei von harmonischen Einschränkungen. Das macht das Spielen und insbesondere das Begleiten von pentatonischen Melodien viel einfacher als im Dur-Moll-Bereich.

Das Tonmaterial für die Begleitung ist die so genannte Bordunquinte. Der Begriff Bordun bezeichnet einen gleich bleibenden, liegenden Klang. Quinte bezeichnet allgemein einen Fünftonabstand. Hier ist der Abstand des Grundtones der Tonleiter (= erster Ton) zu dem fünften Ton der zugrunde liegenden Dur-Tonleiter (Quinte) gemeint, also für C-Pentatonik die Töne c und g. Bordunquinte bedeutet nun, dass mit den Tönen dieses Fünftonabstandes ein gleich bleibender Begleitklang gebildet wird.

Ein solcher gleich bleibender Begleitklang kann auf mehrere einfache Arten erzielt werden:

Der Doppelklang:

Grundton und Quinte werden in gleich bleibenden Notenwerten gleichzeitig angeschlagen.

Der Spaltklang

Grundton und Quinte werden in gleichbleibenden Notenwerten abwechselnd angeschlagen.

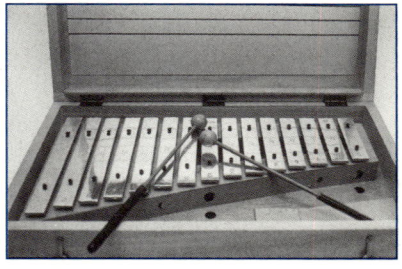

Der Ostinato

Ein Ostinato ist ein immer wiederkehrendes Motiv. Aus Grundton und Quinte wird mit den Mitteln des Doppel- oder Spaltklanges ein kleines Motiv über ein oder zwei Takte gebildet, das ständig wiederholt wird.

Das Glockenspiel

Als Glockenspiel sind meine Stäbe
dünn und ziemlich klein.
Deshalb klingen meine Töne
hell und zart und fein.

Ostinatobeispiele:

Aufgaben

1 Spielen Sie die Notenbeispiele mit Ihrem Stabspiel.

2 Übertragen Sie die Notenbeispiele in G-, F- und D-Pentatonik.

3 Erfinden Sie ostinate Begleitmotive am Instrument und schreiben Sie die gefundenen Motive mit Noten auf.

4 Entwickeln Sie Ostinati auf dem Papier und spielen Sie sie auf dem Instrument ab.

5 Schreiben Sie drei zusammenpassende Begleitstimmen für Xylophon, Metallophon und Glockenspiel mit Noten.

6 Singen Sie das Versbeispiel nach den aufgeschriebenen oder nach selbst komponierten Melodien und begleiten Sie sich mit den verschiedenen Begleitarten.

7 Übung für die Lerngruppe: Ein Teil der Gruppe spielt zur Begleitung mit der Bordunquinte. Der andere Teil improvisiert zunächst gleichzeitig dann nacheinander Melodien auf dem Stabspiel.

Arbeitsschritte für die Vertonung und Begleitung eines Verses
- *Vers in der passenden Taktart rhythmisch sprechen.*
- *Den gesprochenen Rhythmus mit Noten aufschreiben.*
- *Eine pentatonische Tonleiter und die dazugehörige Bordunquinte festlegen.*
- *Den aufgeschriebenen Rhythmus mit einem Prinzip oder mehreren Prinzipien vertonen. Hierbei kann man zuerst eine Melodie aufschreiben und dann auf das Instrument übertragen oder umgekehrt die Melodie am Instrument erfinden und im zweiten Schritt notieren.*
- *Die Melodie singen und selbst mit einer Begleitart der Bordunquinte begleiten.*

In der pädagogischen Praxis können auf diese Weise alle möglichen Texte, die im Rahmen eines mit der Gruppe behandelten Themas oder Projektes auftauchen, zu einem Gruppenlied vertont werden. Bei geübten Gruppen können hierbei auch Kinder beteiligt werden.

Versbeispiel: *Schwan weiß wie Schnee,*
schwimm über den See,
schwimm schwimm Schwan,
schwimm zu uns heran.
(Dorothée Kreusch-Jakob)

1 Vertonen Sie den Vers in F-Pentatonik. Gehen Sie dabei anhand der oben beschriebenen Arbeitsschritte vor.

2 Übertragen Sie Ihre Melodie in C-Pentatonik. Überprüfen Sie, ob die Melodie jetzt für Sie noch gut singbar ist. Nehmen Sie eventuell Veränderungen vor.

9.1.3 Das Rondospiel

Der Begriff Rondospiel leitet sich von Rundspiel ab und bezeichnet eine Form für das Zusammenspiel in der Gruppe. Dabei wird ein festes, von allen geübtes musikalisches Thema mit Zwischenteilen abgewechselt, in denen meist ein Spieler besonders hervortritt. Da an dem Thema alle gleichermaßen beteiligt sind, wird dieser Teil auch Tutti-Teil (tutti: ital. alle) genannt, die Zwischenstücke demgegenüber Soloteile. Zur schematischen Kennzeichnung erhält der Tutti-Teil den Buchstaben A. Die Soloteile sind immer etwas anders und erhalten zur Kennzeichnung je einen weiteren Buchstaben. Damit ergibt sich für das Rondospiel folgende Form:

A B A C A D A E A usw. je nach Anzahl der Soloteile.

Ein in Pentatonik vertonter Vers ist als Tutti-Teil für ein Rondospiel sehr gut geeignet. Ein Teil der Gruppe begleitet mit der Bordunquinte, ein anderer Teil begleitet mit Rhythmusinstrumenten wie in Kapitel 1 beschrieben. Ein dritter Teil singt oder spielt die Melodie. Für die Soloteile wird die Begleitung etwas reduziert, damit der Solospieler nicht übertönt wird. Die Solospieler improvisieren nun eine freie Melodie im Rhythmus des Verses. Nach jedem Solospieler setzt die Gruppe wieder mit dem Tutti-Teil ein. Für den Ablauf eines Rondospieles wird vorher die Anzahl und die Reihenfolge der Solisten festgelegt.

Aufbau eines Rondospiels
- *Tutti-Teil: vertonter Vers: gesungen, gespielt und begleitet.*
- *Solo-Teile: Melodieimprovisationen im Versrhythmus.*
- *Ablauf: Abwechslung zwischen Tutti- und Solo-Teilen in der Form: ABACADAEA usw.*

1 Erklären Sie den Begriff Rondospiel.

2 Spielen Sie in Ihrer Lerngruppe ein Rondospiel auf der Grundlage des Verses „Schwan weiß wie Schnee".

9.2   Harmonische Begleitung von Liedern

Auch bei Liedern kommt es vor, dass sie auf einer pentatonischen Tonleiter beruhen. Diese Lieder können ebenfalls mit der entsprechenden Bordunquinte begleitet werden. Die meisten Lieder sind allerdings in einer Dur- oder Moll-Tonart geschrieben, d. h., es wird eine Dur- oder Moll-Tonleiter verwendet (vgl. Kap. 7.2). Diese Lieder müssen mit Akkorden harmonisch begleitet werden. In handelsüblichen Liederbüchern stehen die erforderlichen Akkorde als so genannte Gitarrenbezifferung über dem Notenbild. Eine Erzieherin sollte in der Lage sein ein auf diese Weise mit Akkorden versehenes Lied auf dem Stabspiel harmonisch zu begleiten. Dies wird im folgenden Abschnitt geübt. In älteren Liederbüchern ist häufig keine Gitarrenbezifferung vorhanden. Die Akkorde können zwar aus dem Notenbild erschlossen werden, doch stellt dies für die meisten eine Überforderung dar. Dieses Ziel wird auch hier nicht verfolgt.

9.2.1   Akkorde auf dem Stabspiel

Wie im Kapitel Musiklehre erklärt, bestehen Dur- und Moll-Akkorde immer aus drei Tönen: Grundton, Terz und Quinte. Diese Töne sind auf dem Stabspiel leicht zu finden. Vom Grundton aus der übernächste Ton ist die Terz, von der Terz aus wieder der übernächste Ton ist die Quinte. Diese Anordnung mit der Reihenfolge Grundton-Terz-Quinte ist die Grundstellung eines Akkordes.

Für die Begleitung von Liedern in einfachen Tonarten werden folgende Akkorde benötigt:

Dur-Akkorde

Moll-Akkorde

Einige dieser Akkorde enthalten durch die Versetzungszeichen # oder b veränderte Töne. Für die Ausführung dieser Akkorde müssen chromatische und diatonische Stabspiele unterschieden werden. Chromatische Stabspiele enthalten in einem zusätzlichen Halbtonkasten alle Halbtonschritte wie die schwarzen Tasten beim Klavier. Veränderte Töne werden hier also auf dem Halbtonkasten gespielt. Diatonische Stabspiele enthalten nur eine Tonleiter. Für veränderte Töne müssen hier die entsprechenden Tonplatten ausgetauscht werden.

Akkorde können am Stabspiel voll oder gebrochen gespielt werden. „Gebrochen" bedeutet, dass die Dreiklangstöne nacheinander erklingen, „voll" bedeutet, dass die Töne gleichzeitig angeschlagen werden. Wenn nur zwei Schlägel verwendet werden, können bei vollem Akkordanschlag nur zwei Dreiklangstöne gespielt werden. In der Regel sind dies Grundton und Quinte. Für das Anschlagen des vollständigen Akkordes werden drei Schlägel benötigt. Es empfiehlt sich, zwei Schlägel mit der rechten Hand so zu fassen, dass Terz und Quinte gleichzeitig angeschlagen werden können. Für die Anwendung dieser Dreischlägeltechnik ist es erforderlich, dass alle Dreiklangtöne auf einem Tonkasten liegen. Bei chromatischen Stabspielen müssen für Akkorde mit veränderten Tönen also ebenfalls die Tonplatten ausgetauscht werden.

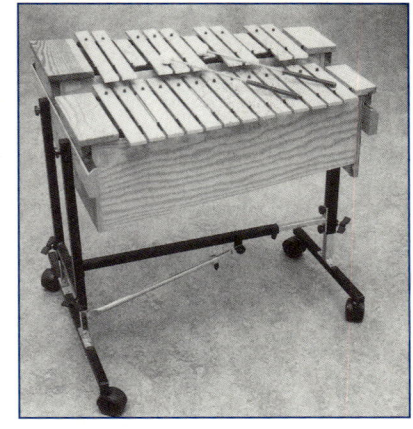

Das Metallophon
Ich bin ein Metallophon mit
Stäben aus Metall
Jeder Stab ein and'rer Ton,
das weiß man überall.

Spieltechniken für das Akkordspiel
* *Gebrochene Akkorde*
* *Doppelklang mit Grundton und Quinte*
* *Vollständiger Akkordanschlag mit Dreischägeltechnik*

| 1 | Suchen Sie die Akkorde auf dem Stabspiel. |

Aufgaben

| 2 | Spielen Sie die Akkorde mit den verschiedenen Spieltechniken. |

9.2.2 Akkordverbindungen

In einfachen Liedern ist die harmonische Begleitung auf die drei Hauptakkorde der entsprechenden Tonart beschränkt. Akkordverbindungen mit Hauptakkorden werden als Kadenzen bezeichnet. (vgl. Kap. 7.3.3) Im Folgenden sind die Kadenzen für die wichtigsten Tonarten aufgeführt.

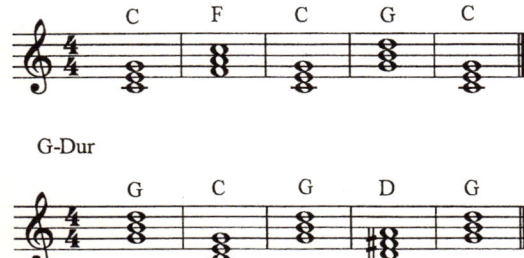

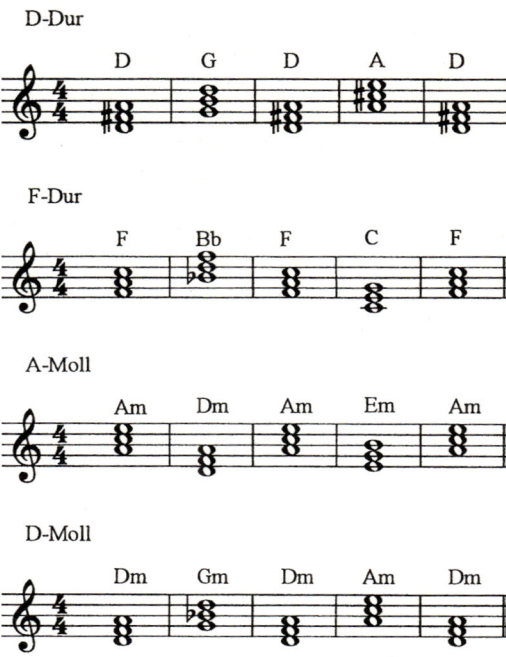

Es empfiehlt sich, auf dem Stabspiel diese Akkordverbindungen unabhängig von einem Lied zu üben.

Aufgaben

1 Spielen Sie die Akkordverbindungen wie im Notenbild angegeben in Dreischlägeltechnik.

2 Spielen Sie jeden Akkord jeweils zwei Takte in Halbennoten mit Grundton und Quinte.

3 Spielen Sie die Akkordverbindungen mit Dreischägeltechnik in Viertelnoten. Schlagen Sie dabei nicht den vollen Akkord an, sondern wechseln Sie regelmäßig zwischen linker und rechter Hand.

4 Spielen Sie die Kadenzen mit gebrochenen Akkorden in Viertelnoten in jedem Takt mit: Grundton-Terz-Quinte-Grundton.

5 Spielen Sie die Kadenzen in zweitaktigem Wechsel mit selbst erfundenen Ostinati mit den verschiedenen Techniken.

9.2.3 Liedbegleitung

Das Lied „Wenn sich die Igel küssen" ist in der Tonart C-Dur geschrieben. Die Gitarrenbezifferung beschränkt sich auf die Hauptakkorde C, F und G. Nach jedem Takt findet ein Akkordwechsel statt. Für die Liedbegleitung können die gleichen Spielweisen verwendet werden, wie sie bei den Akkordverbindungen geübt wurden. Zusätzlich kann als einfachste Variante lediglich der Grundton gespielt werden.

Schwieriger, aber auch interessanter ist die Begleitung, wenn diese Spieltechniken mit passenden Ostinatorhythmen verbunden werden. Im folgenden Notenbild ist für jede Spieltechnik ein Ostinatorhythmus angegeben. Jede der angeführten Begleitstimmen kann für sich stehen. Die verschiedenen Stimmen können aber auch auf mehrere Spieler oder Gruppen verteilt werden. Damit ergibt sich ein komplettes Begleitarrangement.

Reihenfolge der Begleitstimmen im angeführten Arrangement:
1. Grundton und Quinte
2. Gebrochene Akkorde
3. Volle Akkorde in Dreischlägeltechnik
4. Grundtöne

Wird dieses Arrangement von einem ganzen Stabspielensemble gespielt, so werden die Grundtöne von den tiefsten Instrumenten als Bassfunktion übernommen. Die erste Stimme hat die längsten Notenwerte und wird daher von den länger klingenden Metallophonen gespielt. Die zweite und dritte Stimme beruhen auf Achtelrhythmen. Diese spielen am besten die Xylophone, wobei zur Unterscheidung die gebrochenen Akkorde von den Sopranxylophonen und die Dreischlägeltechnik von den Altxylophonen übernommen werden kann.

Wenn sich die Igel küssen

Text und Musik: Johannes Kuhnen, KJG Verlag, Düsseldorf
Rechte: Kuhnen, Kempen

Aufgaben	**1** Spielen Sie jede Begleitstimme und singen Sie dazu die Liedmelodie.
	2 Teilen Sie in Ihrer Lerngruppe mehrere Begleitstimmen auf verschiedene Gruppen auf.
	3 Probieren Sie andere Begleitrhythmen zu dem Lied aus.
	4 Entwickeln Sie Begleitstimmen zu den Liedern aus Kapitel 1.
	5 Schreiben Sie zu einem Lied aus Kapitel 1 ein Begleitarrangement.

10 Die Stimme

Die Erzieherin ist in zweifacher Hinsicht mit der Stimme befasst. Zum einen ist sie selbst in hohem Maße stimmlich gefordert. Ihre Arbeit verlangt ständiges Reden mit Einzelnen, kleinen Gruppen oder der ganzen Kindergruppe. Darüber hinaus erfordern alle musikalischen Aktivitäten und insbesondere das Singen einen erhöhten Stimmeinsatz. Um diesen Anforderungen gerecht zu werden, muss sie eine tragfähige Stimme und einen schonenden, ökonomischen Umgang mit der Stimme entwickeln. Zum anderen wirkt die Erzieherin mit verschiedenen pädagogischen Maßnahmen direkt oder indirekt auf den Stimmgebrauch in ihrer Gruppe ein. Dies betrifft nicht nur die stimmbildenden Aspekte des gemeinsamen Singens (vgl. Kap. 1.1.7). Der Lärmpegel in der Gruppe, die Möglichkeiten sich zurückzuziehen, die Wertschätzung von Stillephasen, das stimmliche Vorbild der Erzieherin sind nur einige Aspekte, die die Stimmentwicklung der Kinder beeinflussen.

Beide Aufgaben setzen Grundkenntnisse über die Funktionsweise der menschlichen Stimme voraus. Die Erläuterungen dieses Kapitels dienen in erster Linie dazu, die Stimmfunktionen bei sich selbst bewusster zu erfahren und eine Einsicht in die Wichtigkeit eigener Stimmpflege zu vermitteln. Diesem Zweck dienen auch die angegebenen Übungen.

An dem Einsatz der menschlichen Stimme sind im Wesentlichen drei Faktoren beteiligt: die Atmung, die Tonerzeugung und die Resonanz. Auf diesen Faktoren beruhen die Singstimme und die Sprechstimme. Die Atmung beeinflusst darüber hinaus das gesamte Wohlbefinden und ist für die körperliche Belastbarkeit von grundlegender Bedeutung.

10.1 Die Atmung

Der Atmungsvorgang kann in *drei Phasen* eingeteilt werden. In der Einatmungsphase zieht sich das Zwerchfell zusammen und gibt der Lunge damit Platz sich nach unten zu vergrößern. Dadurch entsteht ein Unterdruck in der Lunge, der das Einströmen von Luft hervorruft. In der Ausatmungsphase gibt das Zwerchfell seine Kontraktion auf und geht in seine Ruhestellung zurück. Die Lunge wird wieder kleiner und gibt Kohlendioxid nach außen ab. In der nun folgenden Ruhephase herrscht für einen kurzen Moment Stillstand in der Atembewegung. In dieser Zeit kann sich das Zwerchfell völlig entspannen um für den neuen Atemimpuls bereit zu sein.

Der Hauptmuskel der Atmung und ihr aktiver Teil ist das *Zwerchfell.* Es liegt zwischen Brust- und Bauchhöhle und umfasst die gesamte Körperbreite. Es ist in seiner Ruhestellung kuppelförmig und ragt nach oben in den Brustraum hinein. Die Aktivität des Zwerchfells besteht in der Kontraktion und im Nachlassen der Kontraktionsspannung. Durch das Zusammenziehen wird die in den Brustraum ragende Kuppel nach unten gezogen. Das Zwerchfell drückt

so auf die unter ihm liegenden Organe und drängt sie nach vorne. Dies bewirkt die bekannte Bauchdeckenbewegung beim Einatmen (= Bauch- oder Tiefatmung). Neben dem Zwerchfell sorgen auch noch die Zwischenrippenmuskeln dafür, dass sich durch ihre Kontraktion die Rippen anheben und so Platz für den Lungenraum machen. Dies ruft eine Bauchdeckenbewegung oberhalb des Nabels und eine Weitung des Brustkorbs hervor (= Brustatmung). Für einen gesunden Atmungsvorgang ist das Zusammenspiel der *Bauch- und Brustatmung* erforderlich, weil dadurch der größte Raum für die Aufnahme von Sauerstoff bereitgestellt wird. Bei vielen Erwachsenen ist kaum noch eine Bauchatmung vorhanden. Statt dessen werden häufig die mittleren und oberen Rippen gehoben, was nur eine sehr geringe Luftaufnahme ermöglicht (= Schlüsselbeinatmung).

Das Kazoo

Als Kazoo hab' ich einen
ganz besond'ren Ton.
Mit deiner Stimme klinge ich
wie ein Saxophon.

Auch der Ausatmungsvorgang wird vom Zwerchfell gesteuert. In dem Maße und in der Zeitdauer, in der das Zwerchfell seine Kontraktionsspannung nachlässt, entweicht die eingeatmete Luft nach außen. Dies vollzieht sich beim ruhigen entspannten Atmen viel schneller als beim Einatmen. Wenn man bedenkt, dass Sprechen und Singen nichts anderes als tönende Ausatmung sind, so wird klar, dass das Zwerchfell die Fähigkeit erwerben muss, die Muskelkontraktion ganz allmählich nachzulassen um einen langen Ausatmungsvorgang zu ermöglichen. Diese Fähigkeit, die Zwerchfellspannung zu halten und ganz allmählich zu lockern, bezeichnet man als *Atemstütze*. Sie ist insbesondere für das Singen, aber auch für das flüssige Sprechen von größter Wichtigkeit.

Die wesentlichen Ziele für eine gesunde Atmung sind die kombinierte Bauch-Brust-Atmung, um für den Einatmungsvorgang genügend Raum bereitzustellen, sowie die Atemstütze, um beim Sprechen und Singen ökonomisch mit der eingeatmeten Luft umgehen zu können.

1 Durch Schnuppern und Hecheln können Sie die Zwerchfelltätigkeit spüren. Beim Schnuppern wird Luft durch die Nase in schnellen kurzen Zügen aufgenommen. Beim Hecheln erfolgen schnelle Ein- und Ausatmungsbewegungen durch den Mund. Beides dient zur Lockerung des Zwerchfells.

2 Im Liegen fällt die Bauchatmung am leichtesten. Legen Sie Ihre Hände etwas über dem Nabel auf Ihren Bauch und achten Sie auf das Heben und Senken der Bauchdecke. Versuchen Sie diese Atmungseinstellung im Stehen zu wiederholen.

3 Legen Sie in aufrecht sitzender oder stehender Haltung eine Hand über den Nabel und die andere genau gegenüber an die Wirbelsäule. Atmen Sie auf einen s-Laut so langsam wie möglich aus. Halten Sie den Atem kurz an, bis Sie einen richtigen Atemhunger verspüren. Lassen Sie dann die Luft dahin strömen, wo sich ihre Hände befinden. Durch den langgehaltenen Ausatmungsvorgang wird die Atemstütze geübt, durch das Einströmen der Luft wird die Tiefatmung aktiviert.

10.2 Die Tonerzeugung

Die Tonerzeugung geschieht im Kehlkopf. Er befindet sich am oberen Ende der Luftröhre in einem Muskelsystem eingebettet, das ihn nach oben, unten, vorne und hinten bewegen kann. Man spricht daher von einem flexiblen *Einhängemechanismus* des Kehlkopfes.

Im Kehlkopf befinden sich die so genannten *Stimmlippen.* Sie sind ein Muskelpaar, das zunächst die Funktion hat, die Luftröhre beim Schlucken zu verschließen um das Eindringen von Nahrung in den Luftraum zu verhindern. Sie sind darüber hinaus jedoch die Quelle der Tonerzeugung. Der Zwischenraum zwischen den beiden Stimmlippen wird als *Stimmritze* (oder auch Glottis) bezeichnet. Sie ist beim Schlucken geschlossen und bei normaler Atmung relativ weit geöffnet. Beim Stimmgebrauch kontrahieren sich die Stimmlippen und nähern sich gegenseitig an, so dass die Stimmritze die Form eines linearen Spalts einnimmt. In dieser Stellung werden die Stimmlippen durch die aufsteigende Luft der Ausatmung zum Schwingen gebracht, wodurch der Sprech- oder Sington entsteht.

Der in der Pubertät stattfindende Stimmbruch entsteht dadurch, dass bei Jungen der Kehlkopf etwa um die Hälfte wächst. Damit vergrößern sich auch die Stimmlippen erheblich, so dass die Stimme etwa um eine Oktave absinkt und ein kräftigerer vollerer Stimmklang entsteht. Ein ähnlicher, aber nicht so gravierender Wechsel findet auch bei Mädchen statt. Der Kehlkopf und die Stimmlippen wachsen nur gering, worauf die Stimme jedoch ebenfalls voller klingt.

Jede Stimme hat im Wesentlichen zwei verschiedene Klangfarbenbereiche, die als *Stimmregister* bezeichnet werden: das Brust- und das Kopfregister, auch Brust- und Kopfstimme genannt. Dies hängt von der Schwingungstätigkeit der Stimmlippen ab. Schwingen die Stimmlippen mit ihrer ganzen Masse, so klingt die Stimme voll und kräftig als Bruststimme, auch Vollstimme genannt. Schwingt jedoch nur der dünne innere Rand um die Stimmritze herum, das so genannte Stimmband, so klingt die Stimme dünn und fein als Kopfstimme, auch Randstimme genannt.

Der Übergang zwischen den beiden Registern hängt von der Tonhöhe ab. Die Schwingungstätigkeit der Stimmlippen nimmt mit zunehmender Tonhöhe ab und ist ab einer bestimmten, individuell verschiedenen Tonhöhe nicht mehr vorhanden. Die Schwingung der Randzone steigt mit der Tonhöhe und ist für die hohen Töne alleine verantwortlich. Das kann leicht nachvollzogen werden, indem man die Tonleiter nach oben singt. Ab einem bestimmten Ton schlägt das Register um. Bei einem gleichmäßig als Sirene nach oben gesungenen Ton kann der *Registerwechsel* als regelrechter Stimmknacks bemerkt werden. Daneben variiert das Register auch mit der Lautstärke. Leise Töne, auch in tieferer Lage, lösen eher die Randschwingung aus. Laute Töne, auch in höherer Lage, aktivieren die Vollschwingung der Stimmlippen.

Der durch die Tonhöhe ausgelöste Registerwechsel findet beim Singen häufig statt. Die genaue Höhe ist von der individuellen Stimme abhängig, jedoch lassen sich Tendenzen feststellen. Lässt man den Oktavunterschied zwischen Männer- und Kinderstimme beiseite, so liegt der Registerwechsel bei den meisten ungeübten Männer- und Kinderstimmen etwa im gleichen Bereich zwischen den Tönen h^1 und e^2. Auffallend ist, dass bei sehr vielen Frauen der Wechsel bedeutend früher zwischen g^1 und c^2 einsetzt. Die Lage der Sprechstimme wird als *Indifferenzlage* bezeichnet. Sie ist bei Kindern, Frauen und Männern ähnlich zwischen a und d^1, also im Bereich des Brustregisters.

Tonerzeugung

im Kehlkopf:
Ausatmungsluft strömt durch die Stimmritze
Stimmlippen geraten in Schwingung

Stimmregister

Vollschwingung der gesamten Stimmlippe	*Schwingung der Randzone (Stimmband)*
Brustregister	*Kopfregister*
Brust- oder Vollstimme	*Kopf- oder Randstimme*

Registerwechsel
zwischen g^1 und e^2

Sprechlage
zwischen a und d^1

Durch den recht tiefen Registerwechsel bei sehr vielen Erzieherinnen ergibt sich eine problematische Auswirkung für das Singen mit Kindergruppen. Um dem Registerwechsel und dem anstrengenderen Singen im Kopfregister aus dem Weg zu gehen, werden die Lieder häufig so tief angestimmt, dass die höchsten Liedtöne noch bequem in der Bruststimme gesungen werden können. Der größte Teil der Liedmelodie liegt damit häufig zwischen g und f^1, eine Lage, die im Wesentlichen die indifferente Sprechlage enthält. Diese Lage wird weder der Kinderstimme noch der Stimme der Erzieherin gerecht. Die Vermeidung der Kopfstimme ist zum Teil auch auf Hemmungen zurückzuführen. Die Stimme wird in dieser Lage oft als fremd und gekünstelt empfunden. Hier ist von der Erzieherin der Mut gefordert Hemmungen zu überwinden und sich mit dem eigenen Stimmklang zu identifizieren. Singen ist eine vom Sprechen abzugrenzende, anstrengendere Stimmtätigkeit, die den Registerwechsel und damit das Aktivieren der Stimmbandfunktion erfordert. Im Singen sollte die Sprechlage nicht ausgeschlossen, aber deutlich nach oben erweitert werden. Der Kernbereich des Singens mit Kindern sollte daher in der C-Oktave zwischen c und c^1 liegen, wobei die Melodiespitzen eines Liedes durchaus einige Töne darunter oder darüber liegen können.

Ziel des richtigen Stimmgebrauchs ist es beide Stimmregister verwenden zu können. Darüber hinaus ist anzustreben, den Übergang zwischen den Registern fließend zu gestalten, indem bei tiefen Tönen die Randschwingung und bei höheren Tönen die Vollschwingung jeweils teilweise beteiligt sind. Dadurch entsteht für die mittlere Tonhöhenlage eine gleichmäßige Registermischung.

Übungen

1 Hummelflug: Summen auf stimmhaftes „S" und dabei die Flugbewegungen einer Hummel nachahmen. Durch den schnellen, aber gleitenden Tonhöhenwechsel wird der Registerübergang geübt.

2 Fahrstuhl: Ebenfalls auf stimmhaftes „S" wird ein aufwärtsfahrender Fahrstuhl über vier Stockwerke dargestellt. Gehen Sie mit der Stimme gleichmäßig nach oben, halten Sie an drei beliebigen Stellen an und fahren Sie nach kurzer Pause bei der gleichen Tonhöhe fort. Der vierte Stock ist an der Grenze Ihres Tonumfangs. Von dort aus geht es ohne Pause gleichmäßig nach unten.

3 Autorennen: Auf einem Ton mit einem Atemzug lauter und wieder leiser werden; dabei die Tonhöhe beliebig wechseln. Durch das Anschwellen wird das Brustregister, durch das Abschwellen das Kopfregister auf der gleichen Tonhöhe aktiviert.

4 Sirene: Singen Sie auf einem Vokal gleichmäßig von oben nach unten und umgekehrt.

5 Oktavschaukel: Singen Sie Oktavsprünge mit Wechsel zwischen zwei Vokalen, z. B. o – a – o – a – o – a usw. Setzen Sie dabei nicht ab, sondern verbinden Sie die beiden Vokale fließend. Beginnen Sie in tiefer Lage und gehen Sie bei jeder Wiederholung einen Ton höher.

10.3   Die Resonanz

Der eigentliche Stimmklang entsteht erst durch die Resonanz, die die Schwingung der Stimmlippen in den Hohlräumen unseres Körpers erzielt. Die Räume oberhalb der Stimmlippen werden zusammen genommen als *Ansatzrohr* bezeichnet. Zu ihnen gehören der Rachenraum, der Mundrachenraum, der Nasenrachenraum und die Mundhöhle. Diese Räume bilden die so genannte *Kopfresonanz*. Unterhalb der Stimmlippen entsteht Resonanz im Brustraum, die als *Brust- oder Körperresonanz* bezeichnet wird.

Ziel der Stimmbildung ist es ein Gefühl für die Resonanzräume zu entwickeln und alle Resonanzbereiche anzusprechen. Am leichtesten ist es einen weiten Mundraum zu erzielen, da die Mundbewegung gut sichtbar und willentlich beeinflusst werden kann. Die Beeinflussung der anderen Räume entzieht sich dem direkten Zugriff und lässt sich nur über längere Stimmbildungsübung erreichen.

Mit Vokalen und Klingern (m, n, ng) kann man jedoch die Kopf- und die Brustresonanz insgesamt aktivieren. Bei den Vokalen „u" und „i" sowie bei allen Klingern liegt der Schwerpunkt auf der Kopfresonanz, bei den Vokalen „a", „o" und „e" auf der Brustresonanz. Dies kann gut nachvollzogen werden, indem bei frei gesungenen Tonfolgen mit diesen Lauten auf die Vibrationen im Brust- und im Kopfbereich geachtet wird.

Brust- und Kopfresonanz bedeuten nicht das Gleiche wie Brust- und Kopfregister. Dennoch besteht ein gewisser Zusammenhang, da die volle Stimmlippenschwingung eher die Brustresonanz und die Randschwingung eher die Kopfresonanz anspricht. Die Übungen zu den Stimmregistern wirken daher auch auf die Resonanzbildung ein. Ebenso bilden Körperspannung und richtige Atmung eine Grundlage für das Erschließen der Resonanzräume.

Übungen

1 | Die Gähnstellung weitet den Mundraum sowie das gesamte Ansatzrohr. Gähnen Sie laut hörbar und lassen Sie Ihren Gähnton wie einen Seufzer von ganz oben nach ganz unten gleiten. Achten Sie dabei auf die geweiteten Räume im Ansatzrohr.

2 | Singen Sie fünf Tonleiterschritte auf- und abwärts auf „m", auf „n" und auf „ng". Rücken Sie für jede Wiederholung einen Ton höher.

3 | Singen Sie ebenfalls auf den Klingern Oktavsprünge.

4 | Singen Sie auf die Silben do, da und de fünf Tonleiterschritte abwärts. Beginnen Sie im oberen Tonbereich und rücken Sie bei jeder Wiederholung einen Ton tiefer.

5 | Singen Sie lange Töne auf „m" mit kurz eingeschobenem dunklen „o": „mmmommmommm". Wiederholen Sie das Gleiche mit „nnnannnannn". Durch die unterschiedlichen Schwerpunkte der beteiligten Laute werden Kopf- und Brustresonanz angesprochen.

6 | Singen Sie Ihnen bekannte Liedmelodien nur auf Vokale oder Klinger.

Literaturhinweise

BAUM, G.: Abriß der Stimmphysiologie, Reihe Bausteine für Musikerziehung und Musikpflege, Schott Verlag, Mainz 1972

MOHR, A.: Handbuch der Kinderstimmbildung, Schott Verlag, Mainz 1997

NITSCHE, P.: Die Pflege der Kinder- und Jugendstimme, Reihe Bausteine für Musikerziehung und Musikpflege, Schott Verlag, Mainz 1970

PETERMANN, G.: Stimmbildung und Stimmerziehung, Verlag Luchterhand, Neuwied 1996

MYER, B.: Vocal basics, Der Weg vom Sprechen zum Singen, AMA Verlag, Brühl 1996

Sachwortverzeichnis

Instrumentenverse

Bildquellenverzeichnis

Fotos

Alle Fotos für die Instrumenten-Verse stammen von Thomas Rose, Klingenberg.

S. 73 aus: Abel-Struth, S.: Musikalischer Beginn in Kindergarten und Vorschule, Bd. 3 Materialien, Mappe 2, Bärenreiter Verlag, Kanel o. J.

S. 119 aus: Noll, G., Ramke, H. (Hrsg.): Musikunterricht Grundschule, Schülerbuch, Umschlagseite, Verlag Schott, Mainz 1976

Thomas Rose, Klingenberg: S. 15, 22, 28, 43, 47, 50, 53, 56, 66, 71, 76, 83, 85, 117, 124, 132, 136 (2x), 137, 138 (3x), 177, 178, 179, 182, 189, 191, 195, 199, 204

Michael Seifert, Hannover: Umschlagfotos

Zeichnungen

computer sign & graphic, Recklinghausen: S. 61, 62, 63, 77, 78

Leider ist es uns nicht gelungen, sämtliche Inhaber der Rechte zu ermitteln. Sollte jemand davon betroffen sein, bitten wir ihn, sich zu melden.